The Biblical Storytelling • 열왕기상(1)

모든 걸 가졌던 사람

The Biblical Storytelling • 열왕기상(1)

모든 걸 가졌던 사람 · 열왕기상(1)

2020년 6월 15일 초판 1쇄 인쇄
2020년 6월 20일 초판 1쇄 발행

저 자 • 조 관 호
발행인 • 조 경 혜
발행처 • 도서출판 그리심
07030 서울시 동작구 사당로2길 72 인정 인정 B동 b-01

등록번호 • 제 7-258호(1998. 4. 23)
출 판 사 • 전화 523-7589 팩스 523-7590
홈페이지 • http://grisim.biz
전자우편 • grisimcho@hanmail.net

ISBN 89-5799-439-9 94230
ISBN 89-5799-157-3 (세트)

모든 걸 가졌던 사람

사람들은
솔로몬을 부러워합니다.
솔로몬처럼 되고 싶어 하고
솔로몬처럼 되게 해 달라고 기도하기도 하며,
나는 아니더라고
내 자식은 솔로몬처럼 살면
좋겠다는 생각을 합니다.
그런데
정작 솔로몬은 너무 불쌍했습니다.
그는 스스로 인생이 헛되고
헛된 것이라고 했거든요.

contents

서 문

사람들은 솔로몬을 부러워합니다.

여러 가지 이유가 있겠지만 단순하게 생각하면 그의 풍요함 때문이 아닌가 합니다. 그는 소위 말하는 금 숟가락을 물고 태어났습니다. 아버지 다윗이 나라를 평정시켜 놓고 세상을 떠났기 때문에 왕위에 오르면서부터 순탄했습니다. 게다가 그의 권력을 지탱해주는 주변 사람들도 든든했습니다. 그가 남긴 업적은 엄청났습니다. 성전 건축과 궁전 건축을 비롯한 수많은 건축물들이 대표적입니다. 그런데 건축 사업이 엄청난 것에 비해 실제로 그가 힘들인 것은 없었습니다. 그의 아버지 다윗이 그러한 일을 할 수 있도록 대부분 준비해 두었기 때문입니다. 다시 말하면 건축을 위한 실제적 고생은 다윗이 한 것이고 솔로몬은 이미 완벽하게 준비된 것들을 가지고 일만 했던 것입니다. 즉 솔로몬은 쉽게 영광을 얻었다는 말입니다.

그는 두뇌가 남달랐습니다. 지혜의 왕이라는 별명이 그것을 말합니다. 수많은 연구를 했고 책도 썼습니다. 식물은 물론 동물과 광물에 대해서도 연구를 했고 사람과 인생에 관해서도 연구했습니다. 심지어는 미친 것까지도 연구해서 궁금한 것들에 대한 대답을 찾고자 했던 사람입니다. 그의 저서들은 온 세상 사람들이 읽고 싶어하는 가치 있는 책이기도 하고 베스트 셀러(best seller)였습니다. 그의 지혜는 법정(法廷)에서도 탁월했습니다. 복잡하고 수수께끼 같은 사건도 명쾌하게 답을 찾아내어 주변 사람들을 놀라게 했습니다. 심지어는 각국에서 그의 지혜를 배우기 위해 몰려들었다고 합니다.

그는 쾌락도 원(願)없이 즐겼습니다. 술과 춤을 즐겼고 매일 잔치를 벌렸습니다. 매일 먹고 마시는 음식의 양이 무려 4,000명 이상의 것이 준비되었다고 합니다. 여자도 무려 1,000명이나 두고 살았으니 그의 쾌락은 무한대(無限大)였던 것 같습니다. 뿐만 아닙니다. 그는 재물도 넉넉함을 넘어서 넘쳐났습니다. 금(金)이 얼마나 많았는지 은(銀)은 돌처럼 여겼습니다. 길거리에는 백향목이 즐비했고 지상 최고의 말들과 병거가 있었습니다.

그래서 사람들은 그를 부러워합니다. 솔로몬처럼 되고 싶어 하고 솔로몬처럼 되게 해 달라고 기도하기도 하며, 나는 아니더라고 내 자식은 솔로몬처럼 살면 좋겠다는 생각을 합니다. 그런데 정작 솔로몬은 너무 불쌍했습니다. 그는 스스로 인생이 헛되고 헛된 것이라고 했거든요.

솔로몬은 몸을 편리하게 하는 모든 것을 가지고 있었습니다. 말초신경을 짜릿하게 하는 일을 서슴치 않고 즐겼습니다. 그런데 그의 마음과 영혼은 평안하지는 않았습니다. 그는 불행했고 불행의 늪 속에서 허덕이고 있었습니다. 사람들이 그를 부러워했고 지금도 많은 사람이 그를 부러워할지 모릅니다만 솔로몬 자신은 한없이 허탈했고 고독의 늪 속에서 살았던 사람입니다. 그는 불쌍했습니다.

사람들은 편리(便利)한 것을 좋아하고 더 편리하기 위하여 아웅다웅 삽니다. 그런데 정작 그 바라는 편리함이 언제 올런지요? 편리함을 잡기 위해서 지금까지 불편하게 살아왔는데 아직도 불편합니다. 얼마나 더 불편해야 그 바라는 편리함을 얻게 될 지 모르겠습니다. 편리함을 얻기 위해 돈이 중요하다고 믿기에 돈을 벌고 있습니다. 돈이 편리한 집도 얻게 하고 침대도 얻게 합니다. 자동차도 돈에 따라 등급이 결정됩니다. 그런데 평강(平康)은 돈으로 얻는 게 아닙니다. 아무리 많은 돈을 지불한다 하더라도 평강을 살 수 없습니다. 평강은 돈과 상관없는 것입니다. 평강은 하나님을 만날 때 얻을 수 있고 하나님과 교제할 때 임합니다. 솔로몬은 평강을 제외한 모든 것을 가졌습니다. 반면에 다윗은 모든 것을 갖지는 못했습니다만 평강의 사람이었습니다. 솔로몬은 하나님과 떨어져 살았기 때문이고 다윗은 하나님과 함께 살았기 때문입니다.

사람들은 평강이 편리보다 귀하다고 말합니다. 그런데 현실 속에서는 편리를 얻기 위해 그 중요한 평강을 버립니다. 그리고 평강하지도 않고 평강이 무엇인지도 모르는 사람이 평강한 사람을 무시합니다. 겨우 가진 돈, 권력, 지식 정도를 가지고 말입니다. 우리는 그런 것은 없을지라도 저들이 알지 못하는 평강이 있는 사람입니다. 그렇기에 복 있는 사람인 것이지요.

눈에 보이는 모든 것을 가진 솔로몬이 부럽지 않습니다. 하나님 앞에서 춤을 춘 다윗이 부럽습니다.

주님의 긍휼하심으로 사는

조관호 목사

비블리컬 스토리텔링
(The Biblical Storytelling)에 대해…

비블리컬 스토리텔링(The Biblical Storytelling)이란 성경을 이야기 한다는 말입니다. 성경은 한 문구나 한 단어를 선택해서 의미를 전달할 수 있는 책이 아닙니다. 그 문구가 그리고 그 단어가 실리게 된 세미한 이유가 있습니다. 만일 그 이유를 무시하고 성경의 한 구절을 설명한다면 어처구니없는 말 내지는 요상한 결과를 가져오게 됩니다. 좋은 교훈을 만들어 내는 것도 중요하지만 바르고 정확한 과정을 통한 결과를 얻어야 바른 교훈이 됩니다.

설교를 할 때나 성경을 공부할 때, 혹은 큐티를 할 때 한 구절과 단어를 붙잡고 자기 나름대로의 해석을 한다든지, 좋은 말을 만들면 위험합니다. 우리는 좋은 교훈을 기다리면 안 됩니다. 바른 교훈을 발견해야 합니다.

성경은 쉬운 책이 아닙니다. 수천 년의 이야기가 기록되어 있는데다가, 그것도 짜임새 있어 알기 쉽게 정돈해 놓은 책도 아니기 때문입니다. 게다가 줄거리를 이해한다고 해서만도 되는 책이 아닙니다. 성경은 어려운 책입니다. 게다가 영적인 의미를 간파해야 하고 우리의 삶에 연결이 되어야 하기에 만만하게 볼 책이 아니라는 것이지요.

저자 자신도 모태로부터 신앙생활을 해 오면서 성경을 가까이 두고 생활해 왔지만 결국은 항상 반복되는 몇 인물 내지는 몇 사건만을 가지고 교회를 다닌 사람이었습니다. 그러다가 결심하고 성경을 공부하고 연구해 보니 참 어려운 책임을 발견한 것입니다.

그러나 성경 연구는 이해했다는 것으로 끝나지 않습니다. 하나님의 은혜가 임해야 합니다. 그래야 깨닫게 되어 하나님의 뜻을 발견하게 되고 하나님의 마음을 조금 알게 되는 은혜를 누리게 됩니다.

비블리컬 스토리텔링(The Biblical Storytelling)은 제가 미국 유학 시절 켄터키에 있는 남침례교신학교(The Southern Baptist Theological Seminary)에서 연구한 논문을 바탕으로 현장에서 적용한 성경연구의 가르침을 글로 옮긴 것입니다.

비블리컬 스토리텔링(The Biblical Storytelling)은 우선적으로,

상식적인 이야기이지만, 성경 본문에 대한 시간적 역사의 흐름을 연구합니다. 두 번째는 본문의 상황과 배경을 공부하는 것 또한 빼놓을 수 없습니다. 이러한 작업을 위해서는 주석가들의 절대적인 도움이 필요합니다. 세 번째는 교육학적인 접근 혹은 철학적인 배경을 연구해야 합니다. 그러나 이러한 연구만을 나열해 놓는 것이 목적은 아닙니다. 가장 중요한 것은 성경 속 인물들의 심리적(영 · 혼 · 몸) 움직임에 대한 다방면의 접근을 시도하는 것이지요. 비블리컬 스토리텔링은 이 부분이 매력이 있습니다. 복음적 해석의 테두리 안에서 본문의 인물이 갈등하고 느끼는 가능한의 심리적 상상은 성경을 읽는 독자를 흥미롭게 만들기 때문입니다. 게다가 성경을 읽는 독자로 하여금 자신이 그 주인공이 되는 경험을 하게 합니다. 그러다보니 또한 목회자나 독자로 하여금 성경 주석에 관심을 갖게 합니다. 성경 주석의 필요성과 신학자들에 대한 고마움은 물론 친밀감을 가지게 됩니다.

또한 비블리컬 스토리텔링을 하다보면 우리가 살고 있는 사회 심장부가 보입니다. 그러나 무엇보다도 나 자신은 물론 사람의 마음이 어떤지가 발견되면서 하나님 앞에 겸손히 고개를 숙이게 되는 경험을 하게 됩니다. 그러면서도 그런 나를, 사람을 미치도록 사랑하시는 하나님의 마음을 조금 알게 됩니다. 아주 조금.

비블리컬 스토리텔링(The Biblical Storytelling)은 누구나가 할 수 있습니다. 그러나 성경이 하나님의 (살아있는) 말씀이라고 진심으로 인정하는 사람만이 할 수 있습니다. 그러나 '인정' 하는 것만으로는 안 됩니다. 시간을 투자해야 합니다. 적은 시간이 아닙니다. 필자는 30여년 가까이 거의 매일 4시간 이상 이 일에 몰두해 왔습니다. 지금도 그렇게 하려고 계속 노력합니타. 그게 저에게 가장 중요한 것이기 때문입니다. 아니 그래야 받은 은혜가 유지되기 때문입니다. 끝이 있는 것도 아닙니다. 늘 새롭고 (주님이 말씀하신 것처럼 샘솟는 게 말씀입니다) 신비한 경험을 하게 되는 것은 성경을 통해서만 가능한 체험을 했기 때문입니다.

비블리컬 스토리텔링 시리즈는 필자가 섬기는 교회와 세미나에서 하고 있는 비블리컬 스토리텔링 바이블 스터디(The Biblical Storytelling Bible Study)에서 진행되는 것을 글로 옮긴 것입니다.

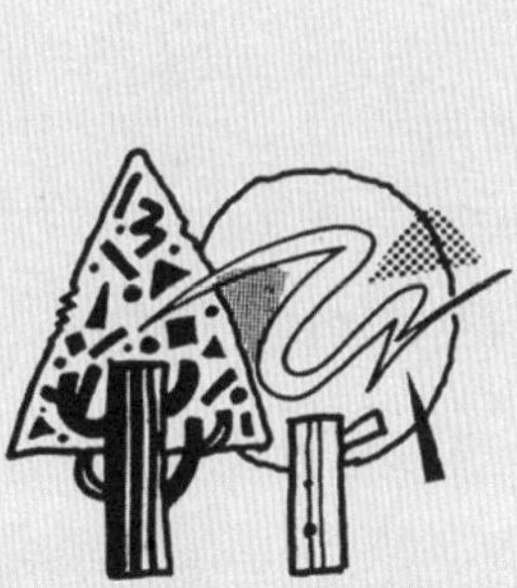

들어가기 전 이야기

왕 다윗이 늙었습니다.

나이가 70세에 가까웠습니다. 블레셋의 거인 골리앗을 물맷돌로 때려 죽인 일이 머리에 생생하게 남아 있는데 그 일이 벌써 오십여년 전(前)의 일입니다. 다윗은 거동(擧動)하는 것이 몹시 불편했지만 지난 날들에 대한 생각은 생생할 뿐입니다.

골리앗을 죽이고 돌아올 때 받은 영웅 대접은 정말 신이 났었습니다. 길가에 여인들이 나와서 사울 왕은 천천(千千)이고 다윗은 만만(萬萬)이라는 노래를 부름으로 인해 사울 왕에게 미움을 받아 고생길에 들어서기는 했었지만 영웅 대접을 받을 때의 기분은 지금도 잊을 수 없는 최고의 날이었습니다. 그때는 사울 왕이 정말 이해가 되지 않습니다. 당시만 해도 자신은 어린아이에 불과했는데 한 나라의 임금이 어린 자신을 시기하고 죽이려고 찾아다녔던 일을 생각하면 웃음이 나올 뿐입니다. 물론 사울 왕도 질투가 날만 했겠다는 생각도 들었습니다. 지금은 그때의 일을 생각하면서 웃음을 짓지만 십삼년 동안이나 사울에게 쫓겨다니면서 거렁뱅이 노릇한 걸 생각하면 소름이 끼쳐지는 것 같습니다.

일생을 두고 잊을 수 없는 요나단 왕자도 생각났습니다. 다윗은 요나단만 생각하면 가슴이 메어졌습니다. 칠십 평생을 살면서 진정 자신을 사랑해준 귀한 분임을 의심하지 않았습니다. 여인의 사랑과도 비교할 수 없는 사랑의 왕자였습니다. 늙어 있는 다윗은 요나단을 생각하면서 얼마 후에 만나뵐 수 있을 것이라고 기대하고 있었습니다.

광야 굴속에 있을 때 만난 수백 명의 사람들도 생각이 났습니다. 빚지고 도망 온 자들도 있었고 관리들에게 짓밟혀 갈 곳 없어서 온 사람들도 있었고 맺힌 한으로 억울함을 품고 도망 온 사람들도 있었습니다. 배경이야 어쨌든 목숨을 부지해야 하겠기에 서로들 위로하면서 살았던 사람들이었습니다. 사울 정부는 이들을 광야 도적 떼들이라고 소문을 냈고 이 무리의 왕초는 다윗이라고 했었습니다. 그러면서 도적 떼를 소탕한다는 명분으로 얼마나 힘들게 했는지 생각만 해도 끔찍한 날들이었습니다. 쫓아다니는 사울 왕이 무서워서 미친 짓을 한 것도 생각이 나곤 했습니다.

아내들도 생각이 났습니다. 사울 왕의 사위가 되기 위해서 블레셋 군영에 들어가 젊은 것들의 생식기 이백 개나 베었던 생각을 하면 이내 웃음이 나왔습니다. 그 결과 사울 왕의 딸을 아내로 맞이하긴 했습니다만 그러면서도 미갈에게 모질게 했던 것으로 인해 미안한 생각이 들었습니다. 어쨌든 자신이 사울에게 죽게 되었을 때 도망가게 해 준 사람인데 언약궤 앞에서 춤을 출 때 비웃은 것으로 인해 그 후 한 번도 합방을 하지 않은 것이 미안한 겁니다. 그래도 미갈은 자신을 사랑했던 여인인데 너무 가혹하게 대했다는 생각이 늙은 다윗을 괴롭혔습니다. 아비가일은 참 영특한 아내라는 생각이 들었습니다. 인물도 상당한 미인이었고 지혜가 있던 여인이었지요. 그러나 그녀의 미모(美貌)와 영특함도 세월 앞에서는 힘없이 사라질 뿐이었습니다.

하나님의 은혜로 왕이 되어 나라를 다스리던 지난날들의 생각들도 생생했습니다. 두로 왕의 은혜를 입어 왕궁을 건축하던 때 백성들의 고생한 것이 생각이 납니다. 두로 왕도 고마웠고 고생한 이스라엘 사람들은 고마운 백성들이라는 생각이 들었습니다. 참으로 충성된 백성들이었고 충성된 장수들이 많았습니다. 지금까지 남아 있는 용사들은 많이 늙었고 이미 세상을 떠난 동지들도 생각나기도 합니다. 함께 고생을 하고 나라를 세운 친구들이었습니다.

우리아를 생각하면 죄책감으로 마음에 고통이 있었습니다. 오랜 친구 아히도벨을 자살로 이끌고 간 것이 자신이라는 생각으로 죄책감을 지울 수가 없었습니다. 물론 다윗의 군대는 가는 곳마다 승리했던 영광도 있었습니다. 그런데 영광스러운 일들 보다는 고생과 아픔의 자국들이 크게 보일 뿐입니다. 통치 중에 삼년 동안 가뭄으로 인해 고통스럽던 시절도 생각났습니다. 그때 사울의 첩이었던 리스바 노파의 기우제(祈雨祭)는 정말 고마웠었지요.

자식들에 대한 생각도 다윗의 눈에는 생생할 뿐입니다. 인생의 발걸음마다 어두움과 아픔이 얼룩져 있지만 자식에 대한 생각들은 늙은 다윗의 눈에서 눈물을 흘리게 했습니다. 그렇게 사랑하고 기대가 컸던 장남 암논이 여동생에게 못된 짓을 하고 압살롬에게 죽임을 당한 것으로 시작하여, 둘째 길르압은 병약하여 언제나 근심 덩어리였습니다. 가장 미남이었던 셋째 압살롬의 쿠데타는 온 국민에게 조소거리였습니다. 자식 농사를 실패했다는 생각이 듭니다. 비록 압살롬이 아비를 죽이려고 칼을 들고 대든 것이 괘씸했지만 그래도 압살롬이 죽느니 오히려 자신이 죽었어야 하는데 하는 아픔이 가슴에 있었습니다.

파란만장(波瀾萬丈)했던 세월들입니다. 손이 떨리는 늙은 다윗은 선조 야곱이 애굽의 바로 왕 앞에서 했던 이야기가 생각났습니다.

『내 나그네 길의 세월이... 내 나이가 얼마 못 되니... 험악한 세월을 보내었나이다』(창 47:9)

지나온 인생을 돌아보니 조상들만 그런 삶을 산 것이 아니라 자신도 정말 험악한 세월을 보낸 것입니다.

험악한 세월.
인생은 누구에게나 험악합니다.
다른 사람들은 나의 삶을 평온한 삶이라고 합니다.
문제도 없는 사람으로 봅니다.
부부관계에도 문제가 없다고 봅니다.
자녀들도 착하고 속을 썩이지 않는다고 합니다.
어렵다 하더라도 경제적으로 먹고 살만큼은 된다고 합니다.
사람들과의 문제도 원만하다고 생각합니다.
괴롭히는 사람이나 부담되는 사람도 없다고 생각합니다.
시부모나 장인 장모하고도 잘 지내고 있다고 합니다.
몸도 아프지 않고 건강한 체질이라고 말하지요.
그런대로 행복하게 지낸다고 생각하는가 봅니다.
그런데 난 아닙니다.
다른 사람이 보는 나의 삶과 나의 삶은 너무도 다릅니다.

나는 많이 아픕니다.

내 마음은 멍이 많이 들었습니다.

결혼 생활도 금이 많이 나 있습니다.

자녀들로 인해 하지 못하는,

아니 알려질까 두려운 비밀스런 고민이 있습니다.

돈, 있는 것 같지만 모두 빚입니다.

하루만 쉬고 싶지만 쉴 수가 없습니다.

나를 무능력하다고 하면서 무시하고 면박을 주는 사람도 있습니다.

형제들하고도 사이가 그리 좋은 편이 아닙니다.

세월이 빨리 지나가면 좋겠습니다.

다른 사람들은 내가 웃고 말도 잘하고 돈도 자기들처럼 쓰기에

문제가 없는 것처럼 봅니다.

그런데 그렇지 않습니다.

세월이 빨리 지나가면 좋겠습니다.

험악한 세월, 빨리 지나가서

성경에서 말하는 것처럼 아픔도 괴로움도 눈물도 오해도 빚도

억울함도 없다는

천국에 빨리 가고 싶습니다.

나도 험악한 세월을 지내고 있답니다.

다윗은 자신의 기력(氣力)이 다해가고 있음을 부인할 수 없었고 그렇게 지내고 있었습니다. 세월이 그렇게 만든 겁니다. 흥미 있는 것이 없었지만 늦게 얻은 어린 아들 하나가 다윗을 기쁘게 해 주곤 했습니

다. 솔로몬입니다. 다른 아들들은 나이가 들어서 그런지 아버지 다윗에 대하여 뻣뻣하고 무뚝뚝하고 만나도 거리감만 있을 뿐이었습니다만 솔로몬은 그렇지 않았습니다. 아직 사춘기가 지나지 않아서 그런지 아버지 다윗을 보면 아버지를 자랑스러워했고 아버지 무릎에 앉아서 귀여운 행동을 많이 했습니다. 자식 사랑은 내리사랑이라 했던가요? 다윗도 열 살을 갓 넘은 어린 솔로몬이 너무 사랑스러웠습니다. 그래도 솔로몬 때문에 사는 맛이 좀 있었습니다. 다윗은 솔로몬을 많이 찾았습니다. 어느 때 솔로몬이 아버지 다윗과 함께 있을 때는 나단 선지자와 어머니 밧세바도 함께 자리하곤 했습니다. 다윗은 늙고 힘이 없었지만 나단 선지자와 솔로몬의 어머니 밧세바와 함께 있을 때는 행복해 보였습니다.

그런데 이 행복한 시간을 갖는 중에 이따금씩 요압 장군이 찾아오곤 했습니다. 요압이 오면 즐거워하던 다윗은 부담스러운 표정을 지었고 웃음도 그치곤 했습니다. 요압 장군도 다윗과 나단과 밧세바와 솔로몬이 함께 있는 시간이 많다는 것을 알고 있었습니다. 그리고 네 사람이 함께 있는 것을 상당히 못마땅하게 생각하고 있었고 다윗이 자신을 부담스러워한다는 것도 알고 있었습니다.

다윗을 찾아온 요압은 대부분 국정(國政)에 관한 일 때문이었습니다. 그러다가 다윗에게 강압을 하곤 했습니다. 속히 후계자를 지명(指

名)해야 한다고. 요압의 말은 틀린 이야기가 아니었습니다만 다윗은 요압이 후계자에 관한 언급을 할 때마다 매우 불쾌했습니다. 왜냐하면 요압이 아도니야를 추켜세워 그를 왕으로 만든 후 자신은 배후에서 권력을 쥐려는 속셈을 알았기 때문입니다. 물론 아도니야는 형들이 모두 죽었기 때문에 장자 위치에 있는 자신이 왕위를 물려받을 것이라고 생각하고 있었습니다. 물론 그는 왕으로서의 기품도 있는 것만은 사실이었습니다. 그러나 다윗은 요압이 앞장서서 아도니야를 후계자로 삼으려고 하고 있어서인지 그렇게 하는 것이 무척이나 껄끄럽고 마음에 내키지 않았던 것입니다.

요압이 후계자를 운운할 때마다 나단 선지자도 밧세바도 기분이 좋지 않았습니다. 그의 속셈을 알기 때문이었죠. 그가 말하는 후계자가 아도니야라는 것도 알고 있었습니다. 가끔 다윗 왕과 즐거운 시간을 보내고 있을 때 불현듯 찾아와서 국정에 관한 보고를 하다가 후계자 문제를 꺼낼 때마다 무척이나 불쾌했었습니다.

이날도 나단 선지자와 밧세바와 솔로몬이 늙은 다윗 왕과 함께 왕의 침실에 모여 있었습니다. 다윗은 물론 모두가 편안한 시간을 보내고 있을 때였습니다. 그러던 중 나단 선지자는 솔로몬 왕자를 잠시 물리게 부탁을 했습니다. 왕과 밧세바에게 신중히 드릴 말씀이 있다고 하면서 말입니다. 솔로몬은 시종(侍從)과 함께 다른 장소로 갔고 나단은 조심스럽게 입을 열었습니다.

"전하, 솔로몬 왕자님을 후계자로 삼는 것이 어떠하신지요?"

다윗은 침착했습니다. 별로 놀라는 모습이 없었습니다. 산전수전(山戰水戰)을 다 겪은 그의 인생 경륜이 그런 침착함을 자아내게 하는 것 같았습니다. 그러나 밧세바는 그렇지 않았습니다. 무척이나 상기(想起)되었고 어쩔 줄 모르는 모습이 역력했습니다. 왜냐하면 자신의 아들을 왕으로 만들자는 나단 선지자의 뜻밖의 제안이 그녀를 흥분시키기도 했지만 만일 잘못되면 솔로몬은 반역죄로 죽임을 당할 것이기 때문이었습니다.

솔로몬은 겨우 열세 살에 불과하다는 생각이 머리를 스쳐 지나갔습니다. 침묵이 흘렀습니다. 왕권(王權)에 대한 이야기였기 때문입니다. 기력이 없는 다윗이었기에 자신도 후계자를 지명해야 함을 알고 있었습니다. 요압은 이미 아도니야를 왕으로 만들기 위해 만반의 준비를 해놓고 압력을 가해오고 있는데 이제는 생각도 못했던 솔로몬을 왕으로 삼는 것이 어떻겠냐고 나단 선지자가 정중하게 제안을 하는 겁니다. 다윗도 나단의 뜻을 따르고 싶었습니다. 그런데 왕위를 이을 솔로몬이 문제였습니다. 이제 겨우 열세 살이기 때문입니다. 솔로몬을 왕으로 지명하는 것이 문제가 아니라 왕이 된 후 솔로몬에게 불어올 광풍(狂風)을 생각하기 때문이었습니다. 포악한 요압이 일으킬 불어올 광풍을 어린 솔로몬이 막기에는 역부족이라는 생각입니다.

다윗 왕이 한참만에 입을 열었습니다.

"그리 하십시다. 솔로몬을 왕으로 삼으십시다. 대신(大臣)들과 사람들을 모으시오. 내 그 일을 공포하리이다"

예루살렘 궁전은 졸지에 어수선해졌습니다. 다윗 왕의 뒤를 이을 후계자를 지명하기 위한 관료들의 모임 소식 때문이었습니다. 사람들마다 다윗의 후계자에 대한 예견(豫見)들을 했습니다. 그러나 대부분의 여론은 아도니야 왕자 쪽으로 기울어져 있었습니다. 아도니야 본인은 물론 요압과 그를 따르는 자들도 의심하지 않았습니다.

약속된 시간에 국가 서열 제이인자인 군대장관 요압을 비롯하여 이스라엘의 모든 방백과 왕을 섬기는 반장들 그리고 천부장과 백부장들, 왕의 살림을 맡아 일하는 감독과 환관장들 그리고 장사와 용사들이 모두 모였습니다. 그리고 시간에 맞춰 다윗 왕이 부축을 받으며 왕좌에 올라앉았습니다. 신하들의 예후를 받은 후 다윗 왕은 왕좌에서 일어서서 연설을 하기 시작했습니다. 후계자를 지명하는 엄숙한 연설이었습니다. 그러나 나이 탓인지 그의 목소리는 힘이 없었고 느렸고 떨렸습니다.

『... 나의 형제들, 나의 백성들아 내 말을 들으라 나는 여호와의 언약궤 곧 우리 하나님의 발판을 봉안할 성전을 건축할 마음이 있어서 건축할 재료를 준비하였으나 하나님이 내게 이르시되 너는 전쟁을 많이 한 사람이라 피를 많이 흘렸으니 내 이름을 위하여 성전을 건축하지 못하리라 하셨느니라 그러나 이스라엘 하나님 여호와께서 전에 나를 내 부친의 온 집에서 택하여 영원히 이스라엘 왕이 되게 하셨나니 곧 하나님이 유다 지파를 택하사 머리를 삼으시고 유다의 가문에서 내 부친의 집을 택하시고 내 부친의 아들들 중에서 나를 기뻐하사 온 이스라엘의 왕을 삼으셨느니라』(대상 28:2-4)

모인 사람들은 늙은 다윗 왕의 힘 없는 목소리의 연설을 정중히 듣고 있었습니다. 그의 연설은 철저하게 하나님 절대 주권에 대한 연설로 시작되고 있었습니다. 사람들도 다윗이 연설 속에서 말하는 하나님 절대 주권에 대하여 인정하고 있었습니다. 그러나 청중들의 귀는 언제 후계자의 이름이 나올 것인가에 대하여 집중해 있을 뿐입니다. 아니 언제 '아도니야' 의 이름이 나올 것인가를 기다리고 있었습니다.

그런데 하나님의 주권을 강하게 설파하던 다윗의 연설에 설득되고 있던 사람들이 이어진 다윗 왕의 연설을 듣고 놀라기 시작했습니다. 왜냐하면 계속된 다윗 왕의 연설 속에 아도니야가 아닌 솔로몬이라는 이름이 절대 주권자인 하나님에 의해 왕으로 선택된 것으로 소개되고 있었기 때문이었습니다.

『여호와께서 내게 여러 아들을 주시고 그 모든 아들 중에서 내 아들 솔로몬을 택하사 여호와의 나라 왕 위에 앉혀 이스라엘을 다스리게 하려 하실새 내게 이르시기를 네 아들 솔로몬 그가 내 성전을 건축하고 내 여러 뜰을 만들리니 이는 내가 그를 택하여 내 아들로 삼고 나는 그의 아버지가 될 것임이라 그가 만일 나의 계명과 법도를 힘써 준행하기를 오늘과 같이 하면 내가 그의 나라를 영원히 견고하게 하리라 하셨느니라』(대상 28:5-7)

백성들은 놀라움을 금치 못했습니다. 전혀 생각지도 못했던 솔로몬이라는 어린 왕자가 후계자로 지명되고 있기 때문입니다. 그 어린 솔로몬을 하나님께서 택하셔서 나라를 다스리려고 하신다고 연설하고 있는 것입니다. 그리고 솔로몬을 통하여 다윗 왕이 하려고 했던 성전 건축을 하게 하실 것이라고 말하고 있었습니다. 잠시 백성들은 수군거리며 웅성거렸습니다. 아니 백성들이 충격을 받은 것을 다윗 왕도 느꼈는지 하던 연설을 잠시 멈추었습니다. 분위기는 썰렁한 것을 넘어서서 차가운 냉기가 돌았고 요압과 그를 따르는 사람들은 갑작스럽게 허(虛)를 찔렸다는 분함의 눈빛이 역력했습니다. 그렇다고 다윗은 여기서 멈출 수는 없었습니다. 요압을 비롯한 반대자들이 두렵기는 하였지만 후계자를 선택하여 지명하는 일은 전적으로 자신의 일임을 잘 알고 있는 다윗은 분위기가 어떻든지 간에 양보하지 않았습니다. 왕이 후계자로 지명할 사람의 이름을 호명(呼名)하고 있음에도 불구하고 어느 누구하나 축하의 만세를 부르지 않는 분위기가 말해주듯 정말 썰렁한 시간입니다만 다윗은 매우 침착하게 시간을 지키고 있었습니다. 기력이 없어서 소리도 작고 떨리기는 하였지만 이 무거운 분위기 앞에서 다윗은 계속 연설하였습니다. 그런데 이번에는 하나님이 솔로몬을 왕으로 선택하였다는 연설을 듣고 어안이 벙벙해 있는 백성들을 향한 지엄한 연설을 하기 시작하였습니다.

『이제 너희는 온 이스라엘 곧 여호와의 회중이 보는 데에서와 우리 하나님이 들으시는 데에서 너희 하나님 여호와의 모든 계명을 구하여 지키기로 하라 그리하면 너희가 이 아름다운 땅을 누리고 너희 후손에게 끼쳐 영원한 기업이 되게 하리라』(대상 28:8)

사람들은 전혀 만족하지 않았습니다. 아도니야를 왕으로 삼지 않은 것 때문도 그렇지만 그보다는 오히려 열세 살의 아이를 왕으로 삼은 것 때문에 더욱 그랬습니다. 열세 살의 아이가 나라를 다스릴 것을 생각하니 나라의 미래가 불길하다는 생각이 밀려온 겁니다.

다윗은 솔로몬을 바라보면서 말을 이었습니다. 솔로몬도 늙은 아버지 다윗 왕이 후계자로 자신의 이름을 말할 때 놀랐었습니다. 그런데 지금 아버지가 많은 사람 앞에서 자신을 바라보면서 근엄하게 말씀하고 있습니다. 백성들도 어린 솔로몬도 왕의 말을 듣고 있었습니다.

『내 아들 솔로몬아 너는 네 아버지의 하나님을 알고 온전한 마음과 기쁜 뜻으로 섬길지어다 여호와께서는 모든 마음을 감찰하사 모든 의도를 아시나니 네가 만일 그를 찾으면 만날 것이요 만일 네가 그를 버리면 그가 너를 영원히 버리시리라 그런즉 이제 너는 삼갈지어다 여호와께서 너를 택하여 성전의 건물을 건축하게 하셨으니 힘써 행할지니라 하니라』(대상 28:9-10)

다윗의 연설은 그의 신앙 고백입니다.
그는 하나님의 주권을 절대적인 것으로 인정합니다.
그의 신앙은 어떤 일도 우연이 아니라는 생각입니다.
자신이 왕이 된 것도, 그리고 솔로몬이 왕
후계자로 지명되는 것도 인간이 하는 일 같지만
하나님께서 하시는 일이라는 확신입니다.
그는 어떤 것도 하나님의 섭리에서 벗어날 수 없기에
궁극적으로는 하나님의 영광을 위해서 진행되고 있음을
고백하는 겁니다.

다윗은
지도자에게는 백성들로 하여금
하나님의 계명을 지키도록 해야 함을 알고 있었습니다.
나라를 다스린다는 것은 부귀와 영화 혹은 태평성대를 위한
관리자가 아니라 하나님의 뜻을 이루어 드리도록
백성을 인도해야 한다는 생각입니다.

솔로몬에게 한 말 속에도 그의 신앙이 담겨 있습니다.
8절은 짧은 한 구절이지만 대단한 사상이 담겨 있습니다.

그는 하나님을 알아야 한다고 말하고 있습니다.
이성(理性)을 무시한 신앙생활을 하지 말라는 권고입니다.
하나님을 섬길 때는 즐거운 마음으로 섬겨야 한다는 권면입니다.
억지로나 의무에 시달리면서 하나님을 섬기는 것이 아니라
온전한 마음과 기쁜 뜻으로 섬기라는 권고입니다.
우리도 명심해야 하는 내용입니다.
하나님을 열심히 배우고, 즐거운 마음으로 하나님을 섬기는 것이
바른 신앙생활임을 명심해야 합니다.

다윗은 하나님에 대한 소개도 합니다.
하나님은 마음을 감찰하시고 사람의 생각과
사상을 알고 계신다고 말합니다.
폐부(肺腑)를 감찰하시는 하나님을 다윗은 경험했기 때문입니다.
인간이 그런 하나님을 안다면 겸손해질 수밖에 없겠죠!
또한 우리가 하나님을 어떻게 대하느냐에 따라
하나님이 우리를 대해 주신다는 교훈적 고백을 하고 있습니다.
“네가 저를 찾으면 만날 것이요 버리면 저가 너를 영원히 버리시리라”
사실 이 말씀은 순순히 교훈적인 고백입니다.
사실 하나님은 우리의 태도에 따라 우리를 대하시지는 않습니다.
물론 우리가 하나님을 기쁘시게 하면 하나님은 좋아하십니다만
우리가 하나님의 마음을 아프게 해도 하나님은 오래 참으시고
또 참으시는 분이십니다. 물론 끝까지는 아닙니다.
그러나 끝이 오기 전에 하나님을 찾으면

하나님은 만나 주시는 분이라는 것을 말하고 있는 것이지요.

솔로몬은 아버지 다윗으로부터 후계자가 될 것을 지명받는 자리에서 성전 건축의 사명을 부여받았습니다.

다윗의 왕위 승계(承繼)의 연설이 끝났습니다만 어느 누구 하나도 솔로몬 만세나 다윗 왕 만세를 부르지 않았습니다. 오히려 허탈하게 돌아갔고 미래를 걱정하면서 돌아갔습니다. 특히 요압은 그를 따르는 사람들과 더불어 분개하면서 발걸음을 돌렸습니다. 저들의 눈에는 섭섭함을 넘어서서 왕의 결정에 동의하지 못한다는 분노가 섞여 있었습니다.

왕의 후계자가 발표되었음에도 분위기는 밝지 않았습니다. 앞으로 넘어야 할 산이 많았기 때문입니다. 다윗은 솔로몬을 비롯하여 나단 선지자와 밧세바 그리고 젊은 군장 브나야와 몇 사람과 함께 다른 시간을 가졌습니다. 그리고 그 자리에서 다윗은 자신이 비밀스럽게 간직했던 한 문서를 꺼내 펼쳤습니다. 성전 설계도였습니다. 정말 웅장했습니다. 다윗은 그 설계도를 솔로몬의 손에 쥐어주었습니다. 수십 장이 되는 설계 도면(圖面)을 하나하나 펼쳐 보여 주면서 설명을 하고 어린 후계자 솔로몬의 손에 쥐어 준 겁니다.

『다윗이 성전의 복도와 그 집들과 그 곳간과 다락과 골방과 속죄소의 설계도를 그의 아들 솔로몬에게 주고 또 그가 영감으로 받은 모든 것 곧 여호와의 성전의 뜰과 사면의 모든 방과 하나님의 성전 곳간과 성물 곳간의 설계도를 주고 또 제사장과 레위 사람의 반열과 여호와의 성전에서 섬기는 모든 일과 여호와의 성전을 섬기는 데에 쓰는 모든 그릇의 양식을 설명하고 또 모든 섬기는 데에 쓰는 금 기구를 만들 금의 무게와 모든 섬기는 데에 쓰는 은 기구를 만들 은의 무게를 정하고 또 금 등잔대들과 그 등잔 곧 각 등잔대와 그 등잔을 만들 금의 무게와 은 등잔대와 그 등잔을 만들 은의 무게를 각기 그 기구에 알맞게 하고 또 진설병의 각 상을 만들 금의 무게를 정하고 은상을 만들 은도 그렇게 하고 갈고리와 대접과 종지를 만들 순금과 금 잔 곧 각 잔을 만들 금의 무게와 또 은 잔 곧 각 잔을 만들 은의 무게를 정하고 또 향단에 쓸 순금과 또 수레 곧 금 그룹들의 설계도대로 만들 금의 무게를 정해 주니 이 그룹들은 날개를 펴서 여호와의 언약궤를 덮는 것이더라』(대상 28:11-18)

설계도를 설명하는 다윗의 목소리는 흥분되어 있었습니다. 듣는 사람도 긴장하고 있었습니다. 칠십 세의 노인이 흥분되어 성전의 설계도를 상세히 설명하는 열정에 놀라지 않을 수 없었습니다. 설명이 모두 마쳐졌을 때 다윗 왕의 얼굴은 감동 자체였습니다. 그리고 이렇게 이 설계도에 관한 미스테리(Mystery)를 설명하기 시작했습니다. 아주 짧은, 그러나 모든 것을 알 수 있는 말이었습니다.

"하나님께서 나에게 주신 성전 설계도입니다!"

『다윗이 이르되 여호와의 손이 내게 임하여 이 모든 일의 설계를 그려 나에게

알려 주셨느니라』(대상 28:19)

다윗이 긴 시간 동안 설명한 설계도는 사람의 머리에서 나온 것이 아니라 신(神)의 작품이었던 겁니다. 어안이 벙벙해 있는 어린 솔로몬에게 다윗 왕이 다가갔습니다. 그리고 아직도 덜 자란 그를 끌어안으면서 이렇게 말했습니다.

『또 그의 아들 솔로몬에게 이르되 너는 강하고 담대하게 이 일을 행하라 두려워하지 말며 놀라지 말라 네가 여호와의 성전 공사의 모든 일을 마치기까지 여호와 하나님 나의 하나님이 너와 함께 계시사 네게서 떠나지 아니하시고 너를 버리지 아니하시리라 제사장과 레위 사람의 반이 있으니 하나님의 성전의 모든 공사를 도울 것이요 또 모든 공사에 유능한 기술자가 기쁜 마음으로 너와 함께 할 것이요 또 모든 지휘관과 백성이 온전히 네 명령 아래에 있으리라』(대상28:20-21)

솔로몬을 향한 다윗의 마음은 무거웠습니다. 어린 솔로몬이 겪을 정쟁(政爭) 때문입니다. 그러나 아들에게 믿음을 심어 주었습니다. 하나님에 대한 믿음입니다. 그리고 여러 사람이 이 일을 도울 것이라는 용기도 주었습니다. 뿐만 아니라 왕으로서 흔들리지 말기를 간곡히 부탁하고 있었습니다.

솔로몬에게 나라를 다스릴 것을 이야기함과 동시에 성전을 건축하라는 부탁을 하고, 그리고 며칠의 시간들이 지나갔습니다. 다윗 왕은 다시 백성들을 모았습니다. 솔로몬이 왕이 될 것이라는 소리를 처음

들었을 때는 당황했었지만 며칠이 지나는 동안 백성들의 마음은 다윗 왕의 솔로몬 후계자 결정에 따른 미래를 생각하기 시작했습니다. 그리고 백성들은 다윗 왕이 어떤 연설을 할 것인지를 궁금해 하고 있었습니다.

다윗 왕이 연설을 시작했습니다.

『다윗 왕이 온 회중에게 이르되 내 아들 솔로몬이 유일하게 하나님께서 택하신 바 되었으나 아직 어리고 미숙하며 이 공사는 크도다 이 성전은 사람을 위한 것이 아니요 여호와 하나님을 위한 것이라 내가 이미 내 하나님의 성전을 위하여 힘을 다하여 준비하였나니 곧 기구를 만들 금과 은과 놋과 철과 나무와 또 마노와 가공할 검은 보석과 채석과 다른 모든 보석과 옥돌이 매우 많으며 성전을 위하여 준비한 이 모든 것 외에도 내 마음이 내 하나님의 성전을 사모하므로 내가 사유한 금, 은으로 내 하나님의 성전을 위하여 드렸노니 곧 오빌의 금 삼천 달란트와 순은 칠천 달란트라 모든 성전 벽에 입히며 금, 은 그릇을 만들며 장인의 손으로 하는 모든 일에 쓰게 하였노니...』(대상 29:1-5상)

솔로몬이 건축할 성전에 관한 연설이었습니다. (미래 정치를 위한 이야기가 아니었습니다.) 게다가 성전 건축에 쓰일 물자들을 위해 자신이 드린 예물에 대하여 공표하는 것이었습니다. 다윗은 참으로 많은 예물을 드렸습니다. 사람들은 그의 연설을 들으면서 놀랐고 또한 그가 드린 예물을 보고 감탄했습니다. 그가 얼마나 성전을 사모하는지에 대한 그의 마음을 읽을 수 있었기 때문입니다. 그러더니 다윗 왕의 애절한 호소의 소리가 흘러나왔습니다.

『오늘 누가 즐거이 손에 채워 여호와께 드리겠느냐 하는지라』(대상 29:5하)

영적 지도자는 사람들로 하여금 하나님을 위하여
어떤 일을 하도록 하는 사람입니다.
그렇기에 그의 말에는 권위와 능력이 있어야 합니다.
그래서 사람들로 하여금 시간을 내게 하고 물질을 바치게 하며
생명까지 바치도록 해야 합니다.
사람들에게 헌신을 할 수 있도록
분명한 동기를 부여해 주는 사람이 지도자입니다.
다윗은 스스로 헌신을 하는 것으로 사람들에게
본(本)을 보였습니다.
그러면서 백성들도 함께 동참하기를 호소하고 있는 겁니다.
사람들이 하나님을 위해 일하기를 바라십니까?
먼저 이 마음을 가지십시오.
『내 마음이 내 하나님의 성전을 사모하므로…』(:3중)
그러면 그 마음이 사람들에게 전달될 것입니다.

백성들, 감동했습니다. 그리고 저들도 다윗 왕과 같이 정성스런 예물을 가지고 와서 드리기 시작했습니다.

『이에 모든 가문의 지도자들과 이스라엘 모든 지파의 지도자들과 천부장과 백부장과 왕의 사무관이 다 즐거이 드리되 하나님의 성전 공사를 위하여 금 오

천 달란트와 금 만 다릭 은 만 달란트와 놋 만 팔천 달란트와 철 십만 달란트를 드리고 보석을 가진 모든 사람은 게르손 사람 여히엘의 손에 맡겨 여호와의 성전 곳간에 드렸더라』(대상 29:6-8)

하나님께 드린다는 것에 대한 표면적(表面的)으로 보여지는 것은 양적(量的)인 것입니다.
사람들은 그것을 보고 신앙을 평가합니다.
그래서 많은 것을 드리는 사람을 향해 칭찬하고
대단한 신앙인으로 인정하곤 합니다.
그러나 하나님은 이면적(裏面的)인 것을 보십니다.
드리는 것의 양(量)을 보시는 것이 아니라
드리는 사람의 마음을 보십니다.
어떤 이의 드림은 정말 보잘 것 없는 양(量)입니다만
마음은 하나님을 기쁘시게 하는 고귀한 것인 경우가
많이 있지요.
예수님도 말씀하셨습니다.
과부의 두 렙돈이 바리새인이 드린 대단한 양의 물질과는
비교도 되지 않는 고귀한 것이라고.

이스라엘 백성들이 다윗의 헌신을 본받아 물질을 드렸습니다.
대단한 예물들입니다.
저들이 드린 예물을 현대식으로 환산하면
금(金)이 5,000 달란트라는 것은 약 190~200톤이고
금 10,000다릭이라는 것은 금동전으로서

약 185파운드를 말하며
(다릭이라는 페르시아의 다리우스 1세 때 만들어진
무게 130그레인의 동전입니다.)
은(銀)이 10,000 달란트라는 것은 약 375~400톤을 말하며
놋은 18,000 달란트라고 했는데 약 675~700톤 정도입니다.
철의 무게가 100,000 달란트라고 했는데
약 3,750~4,000톤을 말합니다.
당시에는 철이 금이나 은보다 귀한 물건이었습니다.
대단합니다.
그런데 그보다 더 대단한 것은
드리는 사람들이 스스로 즐거운 마음으로 드렸다는 것입니다.
『백성들은 자원하여 드렸으므로 기뻐하였으니
곧 그들이 성심으로 여호와께 자원하여 드렸으므로...』
(대상 29:9상)

우리들이 주님께 드리는 것도
즐거움으로 드리고 감사함으로 드리고 있는지요?
주님이 기뻐하시는 '마음의 드림' 이 중요합니다!

다윗 왕은 백성들이 기쁨으로 드림을 보고 무척이나 좋았습니다. 늙은 다윗의 흐뭇함이었습니다. 하나님의 성전을 짓고 싶은 것이 다윗의 일생의 소망이었지만 하나님이 금(禁)하시기에 자신의 생애 동안에는 기초를 위한 땅도 파지 않았습니다. 그러나 성전 건축을 위한 예물

을 준비하는 일은 온힘을 다해 열심히 했습니다. 그리고 백성들이 동참하는 것을 보고 다윗은 감동하고 있는 것입니다. 다윗은 받은 감동을 가지고 하나님께 감사의 기도를 드렸습니다.

> 다윗이 온 회중 앞에서 여호와를 송축하여 이르되
> 우리 조상 이스라엘의 하나님 여호와여 주는 영원부터 영원까지 송축을 받으시옵소서
> 여호와여 위대하심과 권능과 영광과 승리와 위엄이 다 주께 속하였사오니
> 천지에 있는 것이 다 주의 것이로소이다
> 여호와여 주권도 주께 속하였사오니 주는 높으사 만물의 머리이심이니이다
> 부와 귀가 주께로 말미암고 또 주는 만물의 주재가 되사 손에 권세와 능력이 있사오니
> 모든 사람을 크게 하심과 강하게 하심이 주의 손에 있나이다
> 우리 하나님이여 이제 우리가 주께 감사하오며 주의 영화로운 이름을 찬양하나이다
> 나와 내 백성이 무엇이기에 이처럼 즐거운 마음으로 드릴 힘이 있었나이까
> 모든 것이 주께로 말미암았사오니 우리가 주의 손에서 받은 것으로 주께 드렸을 뿐이니이다
> 우리는 우리 조상들과 같이 주님 앞에서 이방 나그네와 거류민들이라

세상에 있는 날이 그림자 같아서 희망이 없나이다
우리 하나님 여호와여 우리가 주의 거룩한 이름을 위하여
성전을 건축하려고 미리 저축한 이 모든 물건이
다 주의 손에서 왔사오니 다 주의 것이니이다
나의 하나님이여 주께서 마음을 감찰하시고 정직을 기뻐하시는 줄을 내가 아나이다
내가 정직한 마음으로 이 모든 것을 즐거이 드렸사오며
이제 내가 또 여기 있는 주의 백성이 주께 자원하여 드리는 것을 보오니 심히 기쁘도소이다
우리 조상들 아브라함과 이삭과 이스라엘의 하나님 여호와여
주께서 이것을 주의 백성의 심중에 영원히 두어 생각하게 하시고
그 마음을 준비하여 주께로 돌아오게 하시오며
또 내 아들 솔로몬에게 정성된 마음을 주사
주의 계명과 권면과 율례를 지켜 이 모든 일을 행하게 하시고
내가 위하여 준비한 것으로 성전을 건축하게 하옵소서 하였더라(대상 29:10-19)

그의 기도 가운데 독특한 기도의 내용이 있습니다.
바칠 수 있는 마음을 주신 하나님을 찬양하는 내용입니다.
『나와 내 백성이 무엇이기에 이처럼 즐거운 마음으로 드릴 힘이 있었나이까
모든 것이 주께로 말미암았사오니
우리가 주의 손에서 받은 것으로 주께 드렸을 뿐이니이다』(대상29:14)

드림' 이 나의 의지가 아니라 하나님의 은혜였다는 표현입니다.
드릴 수 있는 마음을 주신 하나님의 은혜 말입니다.
우리가 주님께 물질을 드리기도 하고 몸을 드리기도 하면서
헌신을 합니다.
많은 양을 드리기도 합니다.
그래서 사람들을 놀라게도 합니다.
그런데 드릴 수 있는 것은 우리의 대단한 용기 때문이 아니고
우리의 믿음 때문도 아니랍니다.
그렇게 할 수 있게 한 것까지도
하나님이 주신 은혜라는 고백입니다.
그렇기에 바친 것에 대해 자랑할 수 없습니다.
바친 사람을 위대한 영웅으로 만들 필요도 없습니다.
오히려 바친 사람도 그렇게 할 수 있는 힘을 주신 하나님을 높여야 합니다.
많은 것을 바친 사람을 본 우리들도 그 사람을 영웅으로
볼 것이 아니라
그렇게 바칠 수 있는 마음을 주신 하나님을 찬양해야 합니다.
우리의 찬양을 받으실 분은 오직 하나님 한 분이시랍니다!

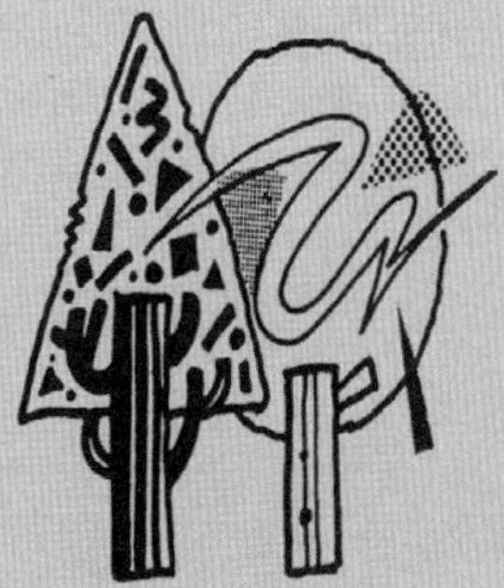

〉〉 제1장

권력 이양

다윗 왕이 솔로몬이 후계자임을 공식적으로 발표함과 동시에 솔로몬이 성전을 건축할 것을 만방에 공표하자마자 곧바로 성전 건축을 위해 쓰일 재료와 예물을 성전 창고에 모으기 시작했습니다. 그러면서 다윗 왕의 마음은 기쁘고 즐거웠습니다. 그동안 후계자 문제로 찜찜했던 마음이 솔로몬을 후계자로 지명하면서 사라졌고 게다가 백성들이 솔로몬을 통해 성전을 건축할 것이라고 했을 때 예물을 즐거이 바치는 것을 보면서 솔로몬이 어리기는 하지만 백성들이 협조할 것이라고 확신했기 때문입니다. 다윗 왕이 솔로몬이 후계자임을 공식적으로 발표함과 동시에 솔로몬이

❶ 1:1~4
노년을 위한 배려

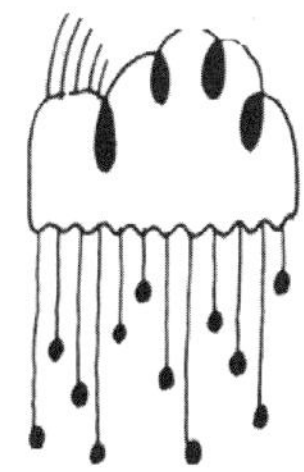

다윗 왕이 솔로몬이 후계자임을 공식적으로 발표함과 동시에 솔로몬이 성전을 건축할 것을 만방에 공표하자마자 곧바로 성전 건축을 위해 쓰일 재료와 예물을 성전 창고에 모으기 시작했습니다. 그러면서 다윗 왕의 마음은 기쁘고 즐거웠습니다. 그동안 후계자 문제로 찝찝했던 마음이 솔로몬을 후계자로 지명하면서 사라졌고 게다가 백성들이 솔로몬을 통해 성전을 건축할 것이라고 했을 때 예물을 즐거이 바치는 것을 보면서 솔로몬이 어리기는 하지만 백성들이 협조할 것이라고 확신했기 때문입니다.

·다윗의 건강은 날로 약해지고 있었습니다. 하루하루가 달랐습니다.

그렇게 건강하고 민첩했던 다윗도 세월을 붙잡을 수 없었습니다. 몸이 뻣뻣하고 많이 굳었습니다. 전에는 그렇지 않았는데 추운 것이 싫습니다. 언제부터인지 속에 내복을 입지 않으면 무릎도 시리고 허리에 바람이 들어오는 것 같았습니다. 이도 여럿이 빠졌습니다. 듬성듬성 남은 이로 음식을 먹자니 맛도 나지 않았습니다. 시력도 떨어졌습니다. 조상 아브라함의 아들 이삭이 눈이 어두워 자식들 얼굴을 구분하지 못했다는 소리를 들을 때 아무리 늙어도 설마 그렇게까지 될까 했는데 이삭만큼은 아니지만 눈이 쉬 피로하고 가물가물한 겁니다. 가까이 있는 것을 읽을 때는 거리를 두어야 읽을 수 있었습니다. 세월이 그렇게 만들었습니다. 손바닥과 발바닥은 습기가 없어 언제나 반질반질했습니다. 전에는 아무리 자도 잠이 모자랐는데 언제부터인가 잠도 없어졌습니다. 뭔가가 바시락거리기만 해도 잠을 깨곤합니다. 흥미 있는 것도 없습니다. 치매 증상인지는 몰라도 사람들은 이야기했다고 하는데 전혀 들은 기억 없으므로 종종 신하와 말다툼을 하곤 했습니다. 반면에 이야기 한 적이 없는데 사람들은 내가 이야기했다고 하는 일 때문에 신경전을 벌일 때가 잦아지곤 합니다. 손발이 떨린 지는 오래되었습니다. 의사들에게 증세를 물어보았더니 기력이 약해서 오는 수전증(手顫症) 현상이라고도 합니다. 늙으면 나타나는 풍기(風氣)의 한 현상이라고 하며 마음을 편하게 먹고 찬바람을 조심하는 것이 좋다면서 약만 계속 만들어 주었습니다. 오래 걷는 것은 물론 서 있는 것도 귀찮고 힘들었습니다. 눕고만 싶습니다. 신하들이 국정에 필요한 사안들을 가지고 인준을 받으러 오지만 누군가가 대신해 주면 좋겠다는 생각입니다. 늙음에서 나타나는 현상이 마음을 무겁게 했습니다. 두렵기도 했습니다. 그러나 막을 수가 없었습니다. 하나님께서 인생을 그렇게 만드셨기 때문입니다.

『다윗 왕이 나이가 많아 늙으니 이불을 덮어도 따뜻하지 아니한지라』(:1)

다가오고 있는 늙음을 준비합시다.
성큼성큼 오고 있으니까요.
그때가 쉬지 않고 오고 있는데도
준비하지 않는다면 어리석음입니다.
참 아름다움과 성공은 늙었을 때 나타납니다.
늙어서도 두려움 없이 후회 없이... (후회는 있겠지만)
찬송하며 지낼 것을 꿈꾸고 준비하는 것이 지혜입니다.
우선은 반려자인 아내와 남편에게 존경받아야 합니다.
자식과 사람들에게 존경받는 노년이 아름답습니다.
그리고 갈 곳을 준비해 놓은 사람이 잘 늙은 것입니다.
참 아름다움과 성공의 인생을 꿈꾸며
지금부터 "잘" 준비해야 합니다.

다윗의 충성스런 신하들은 늙어 가고 있는 다윗 왕에게 회복과 기쁨을 주고 싶었습니다. 그래서 생각한 것이 다윗의 원기를 회복시킬

만한 젊고 예쁜 처녀를 구해서 수종(隨從)을 들도록 해야겠다는 거였습니다. 왕실의 충신들은 예쁘고 특히 성적인 매력을 지닌 처녀를 찾기 위해서 전국에 사람을 풀었습니다. 처녀를 찾으러 간 사람들은 나름대로 아름답다고 생각되는 처녀를 몇 명씩 데리고 예루살렘으로 왔습니다.

늙은 다윗 왕을 모실 처녀를 선택하는 날입니다. 어떤 처녀는 강제로 끌려오기도 했습니다만 어떤 처녀는 딸의 미모(美貌)를 팔아 돈을 벌 목적을 가진 아버지의 못된 행동 때문에 와 있기도 했습니다. 참 많이 와 있었습니다. 심사가 진행되고 다윗 왕을 모실 처녀가 선정되었습니다. 아셀 지파 땅 수넴 마을에서 발견되어 온 아비삭이라는 처녀였습니다. 참 예뻤습니다.

무료하게 시간을 보내고 있는 늙은 다윗 왕에게 신하들이 어린 처녀 하나를 데리고 왔습니다. 다윗 왕 보기에도 아주 예뻤습니다. 아니 손녀딸같이 생각되었습니다. 처녀 아이를 데려온 신하는 왕을 봉양하기 위해 온 아이라고 소개했습니다. 뿐만 아니라 늙음으로 몸이 차져 있는 다윗 왕과 함께 잠을 자게 하여 다윗의 몸을 따뜻하게 하고 젊어서부터 여자를 좋아하던 왕 다윗을 즐겁게 하게 하려는 목적이었습니다. 신하들의 마음은 충정이었지만 다윗은 여자를 좋아하던 그 다윗은 아니었습니다.

다윗을 모시기 위해 온 어린 처녀가 다윗 왕 앞으로 왔습니다. 신하들은 처녀 아이를 왕의 침실에 두고 왕을 잘 모시라는 말을 하고는 왕실을 나왔습니다. 다윗과 어린 처녀만이 내실(內室)에 있었습니다. 임금 앞에서 얼굴도 들지 못하고 있는 아이에게 다윗이 늙음으로 인해 떨리는 목소리로 말을 했습니다.

"얼굴을 들어 보거라."

소녀는 두려움 속에서 고개를 들었습니다. 다윗은 계속 물었습니다.

"고향은 어디고 어디서 왔으며 이름이 무엇이냐?"

소녀는 가냘픈 소리로 자신의 이름을 말했습니다.

"아셀 지파에 속한 수넴 땅에 살던 아비삭이라고 합니다."

아비삭은 다윗 왕에게 오기 전에 왕의 신하들에게 자신이 왕을 위해 할 일을 지시를 받았었습니다. 물론 아비삭은 자신이 늙은 다윗 왕을 봉양하고 싶어서 온 건 아닙니다. 왕궁 실력자(實力者)들의 강압에 못 이겨 끌려온 거였습니다. 물론 왕실 사람들은 아비삭의 아버지에게 많은 재물을 주었습니다. 딸을 늙은 다윗 왕에게 바치는 값으로 말입니다.

어린 처녀 아비삭이 왕에게 바쳐(?)졌습니다만 다윗 왕은 아비삭에 대하는 것이 젊은날 여인들 대할 때와는 달랐습니다. 전(前)에는 예쁜 여자만 보면 욕정(欲情)으로 불탔었습니다만, 지금 아비삭에 대해서는 그렇지 않았습니다. 몸에 원욕(願慾)이 없을 만큼 늙었습니다. 그리고 아비삭을 성적(性的) 매력으로 상대로 생각하지도 않았습니다. 친손녀 같이 사랑스러울 뿐입니다.

『이스라엘 사방 영토 내에 아리따운 처녀를 구하던 중 수넴 여자 아비삭을 얻어 왕께 데려왔으니 이 처녀는 심히 아름다워 그가 왕을 받들어 시중들었으나 왕이 잠자리는 같이 하지 아니하였더라』(:3-4)

불편한 충성입니다.
늙은 다윗을 봉양하려는 신하들의 마음은 알겠으나
왠지 저들이 한 행동이 불편합니다.
겨우 생각해 낸 것이 아리따운 처녀를 왕 옆에 두는 것이라니요!
세상 권력자들에게 하는 것과 똑같기 때문입니다.
다윗이 그런 것을 좋아할 줄 알았는가 봅니다.
다윗을 몰라도 너무도 모르네요.

하나님을 향한 우리들의 충성도 그럴지도 모릅니다.
세상 권력자들에게 하듯, 아니면 이방 신들에게 하듯
충성하고 있지는 않은지요?
육적인 것으로 하나님께 충성하고 하나님을 기쁘게 하려 했다면
하나님을 몰라도 정말 모르는 행위입니다.

하나님을 섬기되 하나님의 기뻐하시고
온전하신 뜻을 분별하면서
섬겨야 합니다.

"너희는 이 세대를 본받지 말고 오직 마음을 새롭게 함으로 변화를 받아 하나님의 선하시고 기뻐하시고 온전하신 뜻이 무엇인지 분별하도록 하라"(롬 12:2)

② 1:5~10
권력을 향한 행동들

하루가 다르게 기력이 쇠약해지고 있는 다윗 왕, 판단이 흐려지는 것은 물론 기력도 회복될 기미가 보이지 않았습니다. 생각도 판단도 움직임도 느렸습니다. 정상적으로 나라를 살피는 것이 어렵기도 했습니다만 아마사를 죽이고 군대 장관으로 복귀한 요압은 다윗의 마음에 언제나 큰 부담이었습니다. 실제로 나라는 요압 장군의 손에서 움직여지고 있었습니다. 물론 요압도 적지 않은 나이였습니다만 그래도 요압은 아직 건강했고 게다가 정신력은 보통이 아니었습니다. 다윗은 요압이 국정(國政) 휘두르는 것을 막을 길이 없었습니다. 궁중의 신하들과 군사들, 그리고 백성들은 요압을 무서워하고 있었기 때문입니다. 좋든 싫든, 인정하든 인정하지 않든지 간에 다윗 노년의 사실상의 실권자는 요압이었습니다.

요압은 다윗의 후계자를 세워야겠다는 생각을 구체적으로 하였습니다. 그도 그럴 것이 다윗 왕은 내일의 생명을 예측할 수 없는 지경에 와 있음에도 불구하고 누가 왕위를 이을 것인지를 지명하지 않고 있기 때문이었습니다. 왕의 후계자를 세우는 일에 요압은 무리수를 두지 않았습니다. 이미 다윗의 뒤를 이를 만한 왕자들이 모두 죽었기 때문에 사실상 선택의 폭이 좁았습니다. 다윗의 네 번째 아들인 아도니야 외에는 대안이 없었습니다.

아도니야도 처음에는 왕이 된다는 생각을 할 수 없는 위치의 사람이었습니다. 그 앞에는 암논과 길르압 압살롬이라는 형님들이 있었기 때문입니다. 그런데 지금은 형님 왕자들이 모두 죽었기에 자기 외에는 정권을 이양(移讓)받을 왕자가 없다고 생각할 수밖에 없었던 것이지요. 그리고 왕실 내부와 내각 안에서도 그렇게 생각하고 있었던 것입니다. 왕 후계자에 대한 이런저런 이유로 인해 내각의 실권자들은 아도니야를 대할 때 상당히 조심스럽게 대할 수밖에 없었습니다. 마치 왕처럼 말입니다. 상황과 현실이 그럴 수밖에 없었던 것입니다.

요압 장군도 다윗의 뒤를 이을 사람이 네 번째 왕자인 아도니야 외에는 없다는 것을 부인할 수 없었습니다. 게다가 모든 정황이 그러했기에 요압 장군은 아도니야를 다윗의 후계자로 세워야겠다고 마음을 굳혔습니다. 물론 꼭 대안이 없기 때문만은 아니었습니다. 아도니야를 왕으로 세우면 자신의 입지는 단지 왕관을 쓰지 않았을 뿐 실제는 왕과 같은 권력을 소유할 수 있다는 계산도 있었습니다. 요압은 현실에서의 자신의 힘을 알고 있었고, 아도니야 역시도 자신 이외에는 대안이 없다는 것을 알았습니다만 요압과 손을 잡지 않으면 왕위에 오르는 것도 순탄치 않을 뿐만 아니라 왕위에 오른다 하더라도 나라를 다스림에 있어서도 무척이나 어려울 것이라는 것을 계산하고 있었습니다. 그렇기에 서로의 입지를 위해 아도니야와 요압은 아주 가까웠던 것입니다.

아도니야의 행보는 점차적으로 무게 있게 움직였습니다. 언제부터인가 만나는 사람도 구분되었고 그의 주변에 모이는 사람도 일반 사람들이 아닌 정치적 영향력이 있는 인사들이었습니다. 아도니야는 스스로가 얼마 후에 왕관을 쓸 것임을 의심하지 않았습니다. 그래서 그는 마치 왕처럼 하고 다녔던 것입니다.

『그 때에 학깃의 아들 아도니야가 스스로 높여서 이르기를 내가 왕이 되리라 하고 자기를 위하여 병거와 기병과 호위병 오십 명을 준비하니』(:5)

내일 일은 알 수 없습니다.

상황이 자신에게 아무리 유리한 것처럼 보인다 하더라도

그리고 모든 것이 자신이 생각한 결과로 향하고 있다 하더라도
끝까지 기다려야 합니다.
소위 말하는 것처럼 김치국부터 마시면 안 되는 것이고
샴페인을 미리 터뜨리면 안 되는 것입니다.
뚜껑을 열기 전까지는 아무 것도 결정된 것이 아니기 때문입니다.
아도니야는 좀 더 기다렸어야 합니다.
뭐가 그리 급해서 결정도 되지 않았는데 왕처럼 하고 다니는
걸까요?
인생에 있어서 '기다림'이 얼마나 중요한 것인데요.
결정된 후에 행동해도 늦지 않습니다.

다윗의 다른 아들들이 그랬던 것처럼 아도니야도 아주 잘생긴 용모를 갖추고 있었습니다. 고대(古代)의 왕은 내적인 실력도 중요하지만 더욱 중요한 것은 외모였습니다. 인물이 잘생겨야 하는 것은 물론이고 싸움을 잘해야 백성들에게 인정을 받을 수 있기 때문입니다. 그런데 아도니야는 그런 부분에 있어서는 걱정할 필요가 없었습니다. 그는 미남이었고 체격도 좋았거든요.

『그는 압살롬 다음에 태어난 자요 용모가 심히 준수한 자라』(:6상)

아도니야가 왕처럼 행보를 하고 다닌다는 소문이 다윗 왕에게도 들렸습니다. 기력이 없어 의자와 침상에만 의지하면서 나날을 보내고 있는 늙은 다윗 왕은 아도니야가 왕과 같은 행보를 하고 다닌다는 소

리를 들은 겁니다. 그러나 다윗은 어떤 반응도 하지 않았습니다. 아도니야가 무슨 의도로 그런 행보를 하고 다니는 지를 묻지도 않았습니다.

다윗은 왕좌(王座)로 인한 상처가 많았습니다. 무엇보다 몇 년 전에 죽은 셋째 아들 압살롬으로 인한 상처였습니다. 상수리나무에 머리털이 걸려 죽은 아들입니다. 압살롬도 아도니야처럼 스스로가 왕이 될 것을 믿고 스스로 자기를 높이고 병거와 기병과 전배 오십을 앞세우고 행보했던 아들이었습니다.(삼하15:1) 당시에 장자(長子) 암논과 차자(次子) 길르압이 없었기에 순서로나 자격으로나 압살롬이 왕세자로 지명되었어야 했었습니다. 그런데 그것을 미루는 바람에 압살롬이 반역자가 되어 구테타를 일으키게 되었다는 해석입니다. 다윗은 자신의 고집 때문에 압살롬이 그렇게 된 것임을 부인할 수 없었습니다. 결국은 아들을 잃은 결과만 가지고 온 것이지요. 그런데 이번 아도니야의 행보도 압살롬과 다르지 않은 겁니다. 그래서 그런지는 몰라도 아도니야의 마음을 아프지 않게 하기 위하여 다윗은 내색도 하지 않았을 뿐만 아니라 아도니야의 행보가 마음에 들지 않았어도 그의 심기(心氣)를 건드리지 않기 위하여 한마디 말도 하지 않았습니다. 네 번째 아들 아도니야가 칼을 들고 군사들을 몰고 왕실로 쳐들어오면 어쩌나 하는 두려움도 있었고 어차피 아도니야 밖에는 후계자가 없음을 알고 있었기 때문이었습니다.

『그의 아버지가 네가 어찌하여 그리 하였느냐고 하는 말로 한 번도 그를 섭섭하게 한 일이 없었더라』(:6하)

아도니야는 요압을 무척이나 의지했습니다. 요압 역시 아도니야가 대권(大權)을 쥐도록 하기 위하여 충성을 아끼지 않았습니다. 요압 주변에는 노련한 실력자들이 많았습니다. 평생을 통해 맺은 인연들이었습니다. 그들은 다윗 정부를 위해 한 평생 함께 해 온 사람들이었습니다. 물론 모두가 요압을 좋아한 것은 아니었습니다. 왜냐하면 요압과 함께 일을 해 오기는 했지만 요압의 성품이 좋아서 함께 일한 것이 아니었기 때문입니다. 그는 포악하고 잔인하며 괴팍한 성격이었습니다. 다윗 왕에게 뿐만 아니라 모두에게 무례한 사람이었습니다. 할 수 없어서 일한 것이지 요압에 대한 존경심은 전혀 없는 사람도 상당히 있었던 것입니다.

요압은 사람들과 함께 할 때마다 다윗 왕의 후계자에 대한 이야기를 신중하게 꺼내곤 했습니다. 물론 아도니야의 이름을 거론하고 그에 대한 칭찬으로 일색이었습니다. 모인 정부 고관들은 아도니야가 싫어서가 아니라 아도나야와 요압이 손을 잡은 것을 눈치채고 아도니야가 왕이 되면 실제의 권력은 요압의 손에 있게 될 것을 짐작하고 있었습니다. 그렇기에 많은 사람들은 겉으로는 몰라도 속으로는 요압의 바람잡는 행동을 호응하지 않았습니다. 요압은 아도니야를 속히 왕으로 세우자고 사람들을 설득했지만 반응이 그리 좋은 편은 아니었던 것입니다. 눈치 빠른 요압은 사람들의 반응을 느끼고 속이 탔습니다만 어쩔 수 없었습니다. 내심 정권을 쥔 후에 보자는 식이었습니다. 실력 있는 사람 중에 설득할 수 있었던 가장 가까운 사람은 제사장 아비아달이었습니다.

정부 관리들에게 인정을 받아야 왕권 인수가 수월해진다는 것을 알고 있었던 아도니야는 요압 장군이 그 일을 해 줄 것을 믿었고 또 의심하지 않았습니다. 그런데 생각처럼 쉽지 않았습니다. 요압도 모든 관료들이 자신의 뜻에 반항 없이 동조할 줄 믿고 있었는데 아비아달 이외에는 아무도 선뜻 동조하지 않자 마음이 급했습니다. 시간이 흐를수록 요압은 초조했고 아도니야도 마찬가지였습니다. 결국 두 사람은 기다릴 수가 없었습니다. 이미 다 된 죽이기에 기다린다는 것은 고통이었습니다. 그러다가 아도니야는 요압과 아비아달을 불렀습니다. '모두가 아니라면 협조하는 사람끼리 모여 세(勢)를 규합하자!' 고 했습니다. 아도니야 왕자의 말에 요압과 아비아달이 동의했습니다.

『아도니야가 스루야의 아들 요압과 제사장 아비아달과 모의하니 그들이 따르고 도우나』(:7)

이러한 정치적 움직임은 정상적이었습니다. 그런데 갑자기 다윗 왕의 솔로몬을 후계자로 한다는 연설이 있었던 것입니다. 요압은 물론 요압을 의지함으로 왕이 되려고 했던 아도니야와 그를 추종했던 세력들은 갑작스런 후계자 발표로 인해 황당해 하고 있었습니다. 이들은 사태를 신중하게 생각하기 위해 모임이 잦아졌습니다. "솔로몬이 왕위를 잇게 된다?"

노련한 요압은 사람들을 모아 현실을 냉정하게 분석하기 시작했습니다. 이 사건은 분명히 나단 선지자와 밧세바가 늙은 다윗을 충동질해서 얻어낸 결과임을 알 수가 있었습니다. 거기에 브나야라는 젊은 장수가 따라 붙어있었습니다. 요압은 자신이 다윗을 만나러 갈 때마다 솔로몬을 중심으로 나단과 밧세바가 다윗 왕과 앉아서 시간을 보내고 있는 것을 생각했습니다. 그러나 설마 대권(大權)이 어린 솔로몬에게 가게 될 줄은 상상도 못했던 일입니다. 요압은 좀 더 상황과 왕의 연설을 면밀히 분석해 보았습니다. 다윗이 후계자를 솔로몬으로 지명했지만 지명만 했을 뿐이지 아직은 제사장이 기름을 부은 상태가 아님을 발견했습니다. 바로 그것이었습니다. 솔로몬이 아직 제사장에 의해 기름 부음을 받지 않았다는 것 말입니다. 그래서 요압은 아도니야에게 상황을 뒤집어엎을 계획을 제시했습니다. 그것은 기습적인 기름 부음으로 인한 왕 세움이었습니다.

아도니야는 요압 장군과 아비아달 제사장을 중심으로 자신이 왕 되는 것에 대하여 불만이 없는 형제들과 관료들을 데리고 예루살렘 근방에서 대권(大權)을 위한 큰 잔치를 배설(排設)하였습니다. 물론 표면적으로는 단순한 정치권의 모임이었습니다만 실제적으로는 아도니야에게 기름을 붓기 위한 역적(逆賊) 대관식 모임이었습니다. 그럴 수 있었던 것은 기름을 부을 자격이 있는 아비아달 대제사장이 있었기 때문입니다.

『아도니야가 에느로겔 근방 소헬렛 바위 곁에서 양과 소와 살찐 송아지를 잡고 왕자 곧 자기의 모든 동생과 왕의 신하 된 유다 모든 사람을 다 청하였으나』(:9)

이 모임에 초대받지 못한 사람들이 있었습니다. 나단 선지자와 브나야와 왕자들 중 솔로몬은 초대받지 못했습니다. 아도니야가 왕이 된다는 것에 대한 불만을 가지고 있었던 사람들이었습니다. 또한 저들은 솔로몬을 왕으로 만들기 위해 작당을 한 사람들이기 때문이었습니다.

『선지자 나단과 브나야와 용사들과 자기 동생 솔로몬은 청하지 아니하였더라』(:10)

권력은 무서운 것입니다.
마약은 자신만을 죽이지만 권력은 모든 사람을 파멸에 이르게 할 수 있습니다.
그렇기에 악한 사람의 손에 권력이 쥐어지게 되면
그때부터 백성들은 지옥의 삶을 살게 되는 것입니다.
힘을 타인을 위해 사용할 마음이 있고 할 수 있는 사람이 권력을 쥐어야 합니다.
마음만 있어도 안 됩니다. 능력도 있어야 합니다.
그런 사람이 권력을 쥐면 백성이 행복합니다.

불행하게도 인생 중에는 그런 자격이 있는 사람은 없습니다.
그렇기에 인생이 불쌍한 것이고 인류가 불쌍한 것입니다.
그런데 그런 불쌍한 인생과 인류를 위해
그런 분, 참된 왕이 오셨습니다.
예수님입니다.
그는 마음이 온유하고 겸손하셨습니다.
그리고 능력도 있는 분입니다.
그것도 어설픈 혹은 뛰어난 능력이 아니라
'완벽한 능력' 입니다.
우린 그분을 왕으로 삼고 사는 사람들입니다.

❸ 1:11~27

다윗의 기억력을 회복시켜라!

아도니야는 자신이 왕 되는 것을 지지하는 사람들을 모았습니다. 소위 말하는 나라의 실세들은 모두 모였습니다. 원래 아도니야가 다윗의 후계자가 되는 것이 대세(大勢)였고 기정사실(旣定事實)이었는데 졸지에 뒤집혀진 것이기에 당사자인 아도니야는 억울한 심정이었습니다. 일을 그렇게 만든 것은 아도니야가 다윗의 뒤를 이어 왕 되는 것을 못마땅하게 생각하던 나단 선지자나 제사장 사독, 장수 브나야, 시므이, 레위와 같은 사람들 때문이었습니다. 물론 후계자로 지명된 동생 솔로몬은 죽이고 싶을 만큼 미웠습니다.

아도니야가 자기 사람들을 모아 에느로겔 근방 소헬렛 돌 근방에서 다윗의 솔로몬 왕 지명을 무시하고 자신을 왕으로 추대키 위한 모임을 갖고 있을 때였습니다. 다윗의 오랜 친구이기도 하고 솔로몬을 어려서부터 가르치면서 또 그를 후계자로 추천하여 일을 성사시키고 있던 나단 선지자 역시 움직이기 시작했습니다. 그는 우선 솔로몬의 어머니인 밧세바를 찾아갔습니다. 나단은 나이가 많이 들어 얼굴은 쭈글쭈글했지만 총기(聰氣)는 대단했습니다. 밧세바는 사십 중반도 되지 않은 젊은 여인이었습니다. 이미 다윗의 다른 아내들은 나이들이 들어서 죽기도 했고 살아 있다 하더라도 고령(高齡)으로 인해 활동을 제대로 하지 못하고 있었습니다만 밧세바는 한창이었던 것입니다. 평소 때에도 무능력해진 다윗을 도와 상당 부분 정치적인 활동을 하고 있었고 그녀의 정치적인 영향력은 실상 요압에게 상당히 거추장스러웠었습니다. 물론 밧세바가 정치적인 영향력을 끼칠 수 있었던 것은 나단 선지자와의 결탁으로 가능했었습니다. 나단 선지자는 밧세바와 함께 다윗의 정치를 도왔고 반면에 요압의 독주(獨走)를 막았던 것입니다. 그러다가 다윗으로 하여금 솔로몬을 후계자로 지명하게끔 한 것입니다.

그런데 왕이 후계자를 솔로몬으로 지명했음에도 불구하고 요압이 중심이 되어 아도니야를 왕으로 만들기 위한 여론 몰이와 대회를 하고 있으니 나단이 보고만 있을 수가 없었던 것입니다. 그래서 황급히 밧세바를 찾아간 것입니다. 물론 밧세바도 아도니야를 왕으로 추대하기 위하여 요압 사람들이 전당 대회를 하고 있다는 소식을 듣고 있었습니다만 어떻게 해야 할지 몰라 한숨만 내쉬고 있었던 차였습니다. 그런데 노(老)선지자 나단이 찾아온 겁니다. 무척 반가웠습니다. 밧세바를 찾아온 나단 선지자는 이렇게 말문을 열었습니다.

『나단이 솔로몬의 어머니 밧세바에게 말하여 이르되 학깃의 아들 아도니야가 왕이 되었음을 듣지 못하였나이까 우리 주 다윗은 알지 못하시나이다』(:11)

나단의 말은 가뜩이나 불안 가운데 있던 밧세바의 마음에 불을 질렀습니다. 밧세바는 아도니야와 요압의 사람들이 모여 단순히 잔치를 한다는 것만으로도 답답했던 것인데, 나단의 말은 마치 아도니야가 왕이 된 것처럼 말했기 때문입니다. 밧세바는 나단의 말을 그대로 받아들였습니다. 아도니야가 왕이 되었다는 나단의 보고 말입니다. 더욱이 다윗 왕도 모르게 아도니야가 왕이 되었다는 것은 다윗과 솔로몬에 대한 정면 도전이요 정권에 대한 구테타를 의미하는 것이었습니다.

압살롬이 일으킨 구테타와는 다릅니다. 그때는 적어도 다윗에게 요압이라는 군대 장군이 있었고 따르는 자들 뿐 아니라 다윗 자신도 힘이 있었던 때였습니다. 그런데 지금은 그렇지 않습니다. 다윗은 거동도 제대로 하지 못하는 상태이고 군사력은 모두 요압의 손에 있었습니다. 밧세바는 가슴이 메어지는 것 같았습니다. 아도니야와 요압의 음모를 알고 있는 나단은 그들에게 권력을 빼앗기지 않게 하기 위하여 밧세바를 움직여야 했습니다. 나단은 밧세바를 절박하게 몰고 가고 있었습니다. 나단의 이야기를 듣고 있는 밧세바는 나단이 어떤 대책을 세워주길 바라고 있었습니다. 그러던 순간 나단의 입에서 반가운 말이 나왔습니다.

『이제 내게 당신의 생명과 당신의 아들 솔로몬의 생명을 구할 계책을 말하도록 허락하소서』(:12)

밧세바는 다른 생각을 할 수도 없었고 판단할 경황도 없었습니다. 나단에게 모든 것을 일임할 수밖에 없었습니다. 나단은 밧세바에게 계속 말했습니다.

『당신은 다윗 왕 앞에 들어가서 아뢰기를 내 주 왕이여 전에 왕이 여종에게 맹세하여 이르시기를 네 아들 솔로몬이 반드시 나를 이어 왕이 되어 내 왕위에 앉으리라 하지 아니하셨나이까 그런데 아도니야가 무슨 이유로 왕이 되었나이까 하소서』(:13)

나단은 아도니야와 요압이 이 권력을 쥐지 못하도록 하기 위하여 밧세바와 숨막히는 긴장 속에서 다윗을 움직여야 했기 때문이었습니다. 밧세바는 두려운 일이었습니다. 밧세바 자신도 아도니야와 요압의 행위가 반역임을 알고 있지만 어떻게 해야 하는지를 모르고 있었기 때문입니다. 나단의 말대로 다윗 왕을 찾아갈 것입니다. 만일이 잘못되면 후에 아도니야와 요압에게 죽게 될 것이 뻔하기 때문입니다. 자신은 물론 자신의 아들 솔로몬도 죽게 되는 것이지요. 밧세바는 나단의 말을 듣고 겁이 나기도 했습니다. 그런데 나단의 다음 말은 밧세바로 하여금 왕에게로 나갈 수 있는 용기를 주었습니다.

『당신이 거기서 왕과 말씀하실 때에 나도 뒤이어 들어가서 당신의 말씀을 확증하리이다』(:14)

밧세바의 야심

그녀는 아들을 왕으로 만들고 싶었습니다. 물론 불가능한 일이었습니다. 가능성이 있다하더라도 밧세바의 아들이 왕이 된다는 것은 매우 희박한 일이었습니다. 아도니야가 살아 있었고 그는 능력이 있었으며 따르는 사람도 많았고 준비된 사람이었기 때문입니다. 그러나 밧세바의 아들은 그렇지 않았습니다. 왕자 서열(序列)로도 한참 뒤였습니다. 아도니야 다음도 아닙니다. 만일 아도니야가 아니다 하더라도 밧세바의 아들 솔로몬 앞에는 다른 왕자들이 여럿이 있었습니다. 솔로몬은 겨우 십대 중반에도 미치지 못하는 어린아이였습니다. 밧세바도 이러한 정황을 알고 있었습니다. 그러나 밧세바는 자신의 아들을 왕으로 만들고 싶었습니다. 그런 가운데 뜻밖에 궁중 선지자인 나단이 일을 꾸며 다윗으로 하여금 솔로몬을 왕의 후계자로 지명하게 했던 것입니다. 그런데 아도니야와 요압이 다윗의 후계 선언을 뒤집어엎고 반기를 들고 나온 것입니다.

다윗은 많이 늙어 있었습니다. 자신의 몸도 스스로는 가누지를 못하는 노쇠함으로 인해 젊은 처녀 아비삭의 도움을 의지해야만 했습니다. 아비삭은 최선을 다해 다윗 왕을 모셨습니다. 앉을 때나 일어설 때나 아비삭의 부축이 있어야 했습니다. 음식을 먹을 때도 아비삭의 도움이 필요했습니다. 어떤 것 하나도 홀로 할 수 있는 일이 없었습니다. 그렇기에 다윗 왕은 아비삭이 고마웠고 아비삭과 함께 지내는 것이 편했습니다. 물론 종종 찾아오는 나단과 밧세바 그리고 솔로몬으로 인해 무료함을 달래기도 했습니다.

다윗은 나단과 밧세바가 솔로몬과 함께 찾아올 때면 마음이 편안했습니다. 자신에게 갑작스런 어려움이 닥친다 하더라도 나라의 일은 솔로몬이 중심이 되어 꾸려갈 것이기 때문이었습니다. 그리고 솔로몬이 성전을 지을 것을 생각하면서 흐뭇해했습니다.

이날도 다윗은 여느 때처럼 지내고 있었습니다. 그런데 밧세바가 오랜만에 다윗 왕을 찾은 겁니다. 늙지 않은 밧세바였습니다. 밧세바는 다윗 옆에서 수종을 드는 처녀 아이를 보았습니다. 이미 신하들을 통해 들어 알고 있었습니다만 생각했던 것보다 참 예쁘다는 생각을 했습니다. 여인들이 느끼는 아름다움에 대한 본능적인 비교 의식이었습니다.

『밧세바가 이에 침실에 들어가 왕에게 이르니 왕이 심히 늙었으므로 수넴 여자 아비삭이 시중들었더라』(:15)

밧세바가 찾아왔다는 소리에 다윗은 반가웠습니다. 오랜만에 만났기 때문입니다. 밧세바도 다윗을 보고 반갑기도 했습니다만 늙은 다윗이 측은하기도 했습니다. 한때는 세상을 호령하던 영웅이었는데 그 모습은 사라지고 여느 사람처럼 늙어 있기 때문이었습니다. 생각한 것보다 많이 늙었습니다. 밧세바가 왕에 대한 예의를 갖추자 다윗은 그녀의 방문 이유를 물었습니다.

『밧세바가 몸을 굽혀 왕께 절하니 왕이 이르되 어찌 됨이냐』(:16)

아비삭은 다윗 옆을 떠날 수 없었는지 그대로 있었습니다. 밧세바는 입을 열었습니다. 그리고 나단 선지자가 일어준 말을 자신의 말로 바꾸어 또박또박 이야기했습니다.

『내 주여 왕이 전에 왕의 하나님 여호와를 가리켜 여종에게 맹세하시기를 네 아들 솔로몬이 반드시 나를 이어 왕이 되어 내 왕위에 앉으리라 하셨거늘 이제 아도니야가 왕이 되었어도 내 주 왕은 알지 못하시나이다』(:17-18)

다윗 왕은 밧세바의 말에 놀랐습니다. 아도니야가 왕이 되었다는 말 때문이었습니다. 얼마 전에 분명히 백성들 앞에서 솔로몬을 왕 삼을 것이라고 공포했는데 아도니야가 왕이 되었다는 밧세바의 보고이기 때문입니다. 다윗은 아도니야가 그런 무모한 일을 할 사람이라고 믿지 못해 하는 눈치였습니다. 왜냐하면 아도니야는 평소에도 착했고 얼마나 착했던지 다윗의 입으로 그를 나무란 적이 없을 정도였기 때문이었습니다.

『그의 아버지가 네가 어찌하여 그리 하였느냐고 하는 말로 한 번도 그를 섭섭하게 한 일이 없었더라』(:6하)

밧세바의 보고대로라면 압살롬 때처럼 똑같은 구테타가 일어난 것입니다. 다윗은 불안했습니다. 가슴이 두근거렸습니다. 진정할 수가 없었습니다. 밧세바는 이어서 계속 말했습니다.

『그가 수소와 살찐 송아지와 양을 많이 잡고 왕의 모든 아들과 제사장 아비아달과 군사령관 요압을 청하였으나 왕의 종 솔로몬은 청하지 아니하였나이다』(:19)

아비아달과 요압의 이야기를 들은 다윗은 밧세바의 말이 사실일 수도 있겠다고 믿기 시작했습니다. 늙은 다윗은 어떻게 해야 하는지 더 혼란스러웠고 두려웠습니다. 도망갈 수도 없는 상황입니다. 솔로몬이 왕이 될 것을 이미 하나님 앞에서 약속을 했고 백성들에게 선포했었습니다. 두려워하는 모습의 다윗을 보고 밧세바는 애처롭게 매달리며 애원했습니다. 지난날 백성 앞에서 솔로몬을 후계자로 할 것을 공포했던 것을 다시 말해달라고.

"전하, 지난날 만백성 앞에서 솔로몬을 왕으로 하시겠다 하시지 않으셨나이까? 이제 온 백성이 전하께서 전하의 뒤를 이을 왕이 누구인지를 발표하시길 기다리고 있나이다. 솔로몬을 왕으로 반포하지 않으시고 다른 이를 반포하신다면 전하께서 승하(昇遐)하신 후에는 나와 내 아들 솔로몬은 죽을 것이 분명하나이다!"

그녀의 애원은 절규였고 협박이기도 했습니다. 다윗 왕의 의지를 다시금 백성에게 선포하라는 청원이었습니다.

> 『내 주 왕이여 온 이스라엘이 왕에게 다 주목하고 누가 내 주 왕을 이어 그 왕위에 앉을지를 공포하시기를 기다리나이다 그렇지 아니하면 내 주 왕께서 그의 조상들과 함께 잘 때에 나와 내 아들 솔로몬은 죄인이 되리이다』(:20-21)

밧세바의 절규, 그리고 눈물 섞인 호소는 늙은 다윗의 마음을 움직였습니다만 그렇다고 해서 밧세바의 말을 그대로 믿을 수만은 없었습니다. 만일 밧세바의 말이 사실이라면 다윗은 당장 솔로몬을 왕으로 기름 부어야 하는 것이겠지만 만일 그녀의 말이 거짓말이라면 오히려 나라가 어지러워질 것이고 혼란 가운데 빠지게 될 것이기 때문입니다. 다윗은 기력이 쇠하고 정신적인 판단 능력이 젊었을 때와는 확연하게 달랐지만 지금은 함부로 결정할 수 없는 때라는 것만은 알고 있었습니다.

다윗은 혼란스러웠습니다. 누군가가 이럴 때 함께 있어서 믿을 만한 사람으로부터 바른 정보를 듣고 싶었습니다. 나단 같은 주의 종이 왔으면 좋겠다는 겁니다. 그런데 이게 웬일인지요? 나단 선지자가 왕 침실 앞에 와 있다는 것입니다. 다윗은 너무도 반가웠습니다. 왕은 나단을 진실한 하나님의 종이라고 믿고 있었고 또 그를 신뢰하고 있었기 때문입니다. 적어도 나단의 말은 어떤 말이라 하더라도 신뢰할 수 있었기 때문인 거지요. 그런데 그 나단이 이 어렵고 혼란스런 때에 옆에 있다니요! 다윗은 같이 있던 밧세바를 물러나게 했습니다. 밧세바는 나단이 왔다는 소리와 함께 나단을 맞이하기 위하여 자신을 물러나 있으라고 하는 왕의 말을 듣고 마음이 편안해졌습니다. 자신이 할 일을 다했기 때문입니다. 이제는 나단 선지자가 다윗의 마음을 흔들고 대답을 얻어내기만 하면 되기 때문입니다. 밧세바는 다윗의 침실에서 물러나면서 얼굴은 불안한 표정이었지만 마음은 나단 선지자가 반드시 일을 성사시킬 것으로 믿고 있었습니다.

다윗 왕은 나단을 반갑게 맞이했습니다. 그런데 나단 선지자가 다윗 왕께 예의를 갖추자마자 당황스럽다는 듯이 질문을 하기 시작했습니다.

『이르되 내 주 왕께서 이르시기를 아도니야가 나를 이어 왕이 되어 내 왕위에 앉으리라 하셨나이까 그가 오늘 내려가서 수소와 살찐 송아지와 양을 많이 잡고 왕의 모든 아들과 군사령관들과 제사장 아비아달을 청하였는데 그들이 아도니야 앞에서 먹고 마시며 아도니야 왕은 만세수를 하옵소서 하였나이다 그러나 왕의 종 나와 제사장 사독과 여호야다의 아들 브나야와 왕의 종 솔로몬은 청하지 아니하였사오니 이것이 내 주 왕께서 정하신 일이니이까 그런데 왕께서 내 주 왕을 이어 그 왕위에 앉을 자를 종에게 알게 하지 아니하셨나이다』(:24-27)

❹ 1:28~50
왕이 된 솔로몬

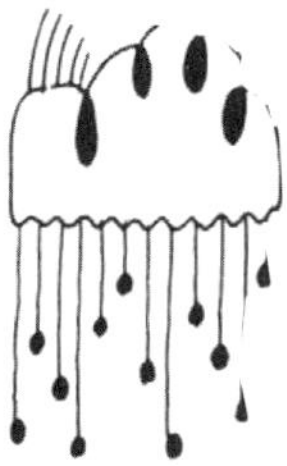

다윗은 나단의 말을 듣자 그 얼굴에 노기(怒氣)가 돌기 시작했습니다. 밧세바의 말을 들을 때는 반신반의(半信半疑)했었는데 나단의 말을 듣고 보니 밧세바가 보고한 일이 사실이라는 생각 때문입니다. 다윗은 후계자 세우는 일을 더 지체하면 안 되겠다는 생각했습니다.

"밧세바를 들라 하라."

왕의 부름을 받고 들어온 밧세바는 왕 옆에 있는 나단을 보았고 나단 역시 밧세바를 보았지만 서로는 뜻밖에 만난 것 같은 표정을 지었습니다. 밧세바는 조심스럽게 다윗의 얼굴을 살폈습니다. 다윗이 어떤 말을 할 지가 궁금했기 때문입니다. 다윗은 몸을 부들부들 떨면서 그리고 격앙된 목소리로 들어온 밧세바에게 말했습니다.

"밧세바여, 그대의 말이 사실이로구만. 그 몹쓸 요압이 일을 저지른 거야! 아도니야를 부추겨 자기 세상을 만들려고 일을 꾸몄구먼. 망할 놈의 자식 같으니라구."

다윗은 흥분하고 있었습니다.

"걱정하지 말게나! 내가 아직 시퍼렇게 살아 있어! 내가 반드시 솔로몬을 이 자리에 앉히고 죽을 테니깐 걱정들 붙들어 매게나! 당장 솔로몬에게 기름을 부어 만백성에게 솔로몬이 왕 됨을 선포하겠노라!"

『왕이 이르되 내 생명을 모든 환난에서 구하신 여호와께서 살아 계심을 두고 맹세하노라 내가 이전에 이스라엘의 하나님 여호와를 가리켜 네게 맹세하여 이르기를 네 아들 솔로몬이 반드시 나를 이어 왕이 되고 나를 대신하여 내 왕위에 앉으리라 하였으니 내가 오늘 그대로 행하리라』(:29-30)

다윗의 말은 솔로몬을 후계자로 지명한 것이 아니라 이제 바로 왕으로 삼겠다는 선언이었습니다. 밧세바와 나단 그리고 다윗의 몸종 아비삭 앞에서 왕의 후계자 지명 선언이었습니다. 밧세바의 아들 솔로몬을 이스라엘의 왕으로 만들기 위한 목숨 내놓고 벌린 일이 성과를 거둔 겁니다.

솔로몬을 왕으로 하겠다는 다윗의 말에 누구보다도 감동된 사람은 밧세바였습니다. 자신의 아들이기 때문입니다. 밧세바는 다윗 왕께 감사하는 표현으로 만세수를 노래했습니다.

『밧세바가 얼굴을 땅에 대고 절하며 내 주 다윗 왕은 만세수를 하옵소서 하니라』(:31)

다윗은 행동을 지체하지 않았습니다. 자신의 연설을 통해 자신의 의중을 알고 있던 아도니야와 요압이 반역을 하고 있다는 보고 때문이었습니다. 다윗은 제사장 사독과 장수 브니야 그리고 나단 선지자를 급히 불렀습니다. 왕은 아직도 노(怒)가 풀리지 않았는지 세 사람에게 아주 급하고도 격앙된 목소리로 명령을 내렸습니다.

"그대들은 지금 당장 솔로몬을 내 노새에 태우고 기혼으로 가서 솔로몬에게 기름을 부어 이 나라의 왕으로 삼고 온 백성에게 그가 왕이 되었음을 선포하시오."

하루종일 엄마가 보이지 않았습니다. 어제는 나단 선지자 할아버지와 엄마 밧세바가 오랫동안 이야기를 하더니 오늘은 일찍부터 엄마가 보이지 않습니다. 무슨 일인지는 몰라도 엄마의 기분은 그리 좋지 않아 보인 아침이었습니다. 오전 내내 글을 읽으면서 시간을 보내고 있었습니다. 글을 읽는 것이 솔로몬의 가장 행복한 일이었습니다. 벌써 십대에 들어서서 그런지 의젓한 모습이 보이기 시작했습니다. 솔로몬을 만나는 사람들은 그의 탁월한 지혜로움과 기억력 그리고 학문적인 재질에 감탄하곤 했습니다. 나이만 들었다면(요세푸스는 14세라고 하고 다른 사본은 12세라고 말합니다). 다윗을

이어 이스라엘의 세 번째 왕이 될만한 재목이라고 칭찬하고 있었습니다. 그러나 아도니야는 솔로몬이 사람들로부터 칭찬 받는 것이 싫었고 솔로몬을 미워하기까지 했습니다. 그래서 그랬는지는 몰라도 솔로몬을 사랑하고 귀여워하는 사람들까지도 아도니야로부터 미움을 받았습니다. 제사장 사독이나 선지자 나단, 장수 브나야 같은 사람들이었습니다.

솔로몬은 어머니가 왜 안 보이는지 몰랐습니다. 기다리면 오겠거니 하면서 자신이 즐거워하는 책을 읽고 있었던 것입니다. 그런데 갑자기 무장(武裝)한 군사들과 함께 존경하던 사독 제사장과 선생님인 나단 선지자, 그리고 장수 브나야가 노새를 가지고 나타났습니다. 아버지 다윗 왕의 노새였습니다. 다른 때는 그런 적이 없기에 그런 모습에 솔로몬은 어리둥절했습니다. 그런데 함께 온 군사들이 솔로몬 앞에 무릎을 꿇고 예의를 갖춘 후에 끌고 온 노새 아래 엎드려 발등상을 만들더니 노새 위에 오르게 하였습니다. 솔로몬은 왕의 노새에 오르면서 어떤 사건이 진행되고 있는 지를 짐작할 수 있었습니다. 그러나 그는 묻지 않았습니다. 군사들과 사람들은 완벽한 경호로 솔로몬을 기혼으로 모셨습니다.

사독과 나단 브나야가 솔로몬을 왕의 노새에 태우고 군인들의 호위를 받으며 어디론가 가고 있는 것을 제사장 아비아달의 아들이자 용사인 요나단이 보고 있었습니다. 요나단은 이상했습니다. 자신이 모르는 군사들의 움직임이 꺼림직했습니다. 예측하지 못한 이러한 상황을 성 밖에서 축제 중인 요압 군대 장관에게 보고를 해야 하는지 말아야 하는지 헛갈렸습니다. 허나 단순히 어린 왕자를 모시는 일을 요란하게 보고했다가 축제 분위기를 망치는 결과를 가져올 수도 있겠기에 무시해 버리기로 했습니다. 비록 솔로몬이 왕의 노새를 타고 가는 것이 꺼림직했지만 요나단은 그러한 움직임이 솔로몬을 왕으로 삼기 위해 기름 붓는 예식을 위해 움직인다고는 상상도 못했습니다. 다윗이 오래전에 솔로몬을 후계자로 지명했지만 그것이 그리 쉽지는 않다고 자기 나름대로 판단했기 때문입니다.

기혼의 성막은 이미 예식을 위해 준비되어 있었습니다. 나단과 사독과 브나야의 명(命)을 받은 비밀 정보원이 일찍 내려가서 준비시켜 놓은 겁니다. 대관식(戴冠式)을 위한 준비였습니다. 기혼으로 가는 동안 그리고 그곳에 도착해서도 어린 솔로몬은 의젓했습니다. 사독 제사장과 나단 선지자가 어린 솔로몬을 왕으로 예우(禮遇)를 할 때도 솔로몬은 거절하지 않았습니다. 그는 스스로가 왕임을 인정하기 시작했고 자신에게 위임되는 왕위를 받아들이고 있었습니다. 제사장과 선지자가 성막에서 기름 뿔을 가지고 나왔습니다. 그리고 하나님 앞에서 무릎을 꿇고 있는 솔로몬에게 기름을 부었습니다.
"이스라엘의 하나님, 다윗을 왕으로 삼으신 여호와 하나님께서 솔로몬을 다윗을 이어 이스라엘 왕으로 삼노라. 이제 솔로몬은 하나님의 율법을 준수하여 이스라엘을 다스리며 만천하에 하나님의 나라를 이루도록 하는 왕으로 위임하노라!"

사독 제사장이 솔로몬의 머리에 기름을 붓자 준비되었던 나팔수들이 나팔을 길게 불었습니다. 소리가 얼마나 웅장했던지 땅이 갈라지는 것 같았습니다. 제3대 이스라엘 왕이 탄생되는 순간이었습니다.

『제사장 사독과 선지자 나단과 여호야다의 아들 브나야와 그렛 사람과 블렛 사람이 내려가서 솔로몬을 다윗 왕의 노새에 태우고 인도하여 기혼으로 가서 제사장 사독이 성막 가운데에서 기름 담은 뿔을 가져다가 솔로몬에게 기름을 부으니 이에 뿔나팔을 불고 모든 백성이 솔로몬 왕은 만세수를 하옵소서 하니라 모든 백성이 그를 따라 올라와서 피리를 불며 크게 즐거워하므로 땅이 그들의 소리로 말미암아 갈라질 듯하니』(:38-40)

기혼에서 이러한 역사적인 일이 벌어지고 있는 가운데 얼마 떨어지지 않은 곳 에느로겔 소헬렛에서는 아도니야를 왕으로 만들기 위한 축제가 계속되고 있었습니다. 음악과 술 그리고 최고급의 요리를 먹고 마시면서 마치 아도니야가 왕이 된 것처럼 잔치를 벌리고 있는 겁니다. 그러나 늙은 요압의 표정은 내내 굳어 있었습니다. 그러면서 무서운 말을 내뱉었습니다.

"젖비린내 나는 녀석을 이스라엘의 왕으로 삼으시겠다고? 다윗 왕이 노망(老妄)이 단단히 들으셨구먼!"

다윗이 솔로몬을 후계자로 반포한 것에 대한 노골적인 불만이었습니다. 솔로몬을 후계자로 선포한 것을 받아들일 수 없다는 표현을 하기도 했습니다. 술이 들어가면서 요압의 다윗에 대한 불만은 욕설로 변해가고 있었습니다.

"우리가 여기 계신 아도니야 왕자님에게 기름을 부어 왕으로 만들면 되는 거여! 여기 기름 부을 아비아달 대제사장도 계시지 않느냐. 이 아비아달께서도 이스라엘을 대표하는 왕실의 대제사장이 아닌가!"

취기 섞인 요압의 연설은 모인 사람들의 박수를 받았습니다. 모두들 다윗이 솔로몬을 후계자로 하겠다는 선언을 비웃고 있었고, 다윗왕이 솔로몬을 왕으로 할 것을 선언하였다 할지라도 얼마든지 무효화시킬 수 있다는 자신감들이었습니다.

아침부터 진행된 축제가 마쳐질 때가 되었습니다. 음식도 더 이상 먹을 수 없을 만큼 많이 먹었습니다. 그리고 즐거웠던 축제를 마무리하려고 하는 때였습니다. 이상하게도 예루살렘 성 안에서 꽤나 시끄러운 소리가 흘러 나고 있는 것 같았습니다. 요압이 아랫사람에게 물었습니다.

"무슨 일로 성 안이 이렇게 요란하냐?"

"별일이 있겠습니까. 장군. 신경쓰지 마십시오."

요압의 물음에 부하는 가볍게 대답을 한 것입니다. 왕실 스케쥴에 익숙한 부하는 이날 예루살렘에서는 공식적인 어떤 행사도 없다는 것을 미리 파악해 두었기 때문입니다.

『아도니야와 그와 함께 한 손님들이 먹기를 마칠 때에 다 들은지라 요압이 뿔나팔 소리를 듣고 이르되 어찌하여 성읍 중에서 소리가 요란하냐』(:41)

요압과 부하가 성 안의 소리로 인해 이말 저말을 나누고 있는데 성 안에 있었던 용사 요나단이 말을 타고 축제장으로 달려오고 있었습니다. 무척 다급한 달려옴이었습니다. 요나단은 축제장의 주인공인 아도니야 왕자에게 기름을 부을 대제사장 아비아달의 아들입니다. 그가 달려오는 것을 본 축제장의 사람들은 그의 모습에 이상하기도 했지만 하여간 반갑게 맞이하려고 했습니다. 성 안의 요란한 소리에 대한 궁금함을 풀 수 있게 되었기 때문입니다. 왕자 아도니야는 제사장 아비아달의 충성으로 인해 그의 아들인 요나단을 좋아하고 있었습니다. 앞으로 정권을 잡으면 요직에 앉히면 신복이 될 사람이라고 믿었습니다. 그가 말에서 내리자 아비아달은 그를 반갑게 맞으며 주변 사람들과 요압이 다 듣게 하려는 듯이 큰 소리로 환영했습니다.

"아들 오는가? 하하! 어서 오게나. 늘 좋은 소식만을 가지고 오는 아들이로구먼."

그러나 숨을 헐떡거리는 요나단의 얼굴은 굳어 있었고 두려움으로 가득 차 있었습니다. 아니 아도니야 왕자에게 예의를 갖출 여유도 없었습니다.

"왕자님, 솔로몬이 왕이 되었습니다! 다윗 왕께서 사독 제사장과 그 수하의 사람들과 함께 기혼에서 솔로몬을왕자에게 기름을 부어 왕을 삼으셨습니다. 지금 성에서 들리는 요란한 소리는 새로운 왕이 탄생했다는 만세의 소리이옵니다!"

요나단의 보고(報告)를 듣고 있던 아도니야의 얼굴과 몸이 굳기 시작했습니다. 요나단은 사람들이 솔로몬에게 기름 부어 왕으로 삼은 후 그들이 왕궁으로 돌아온 것까지 살폈나 봅니다. 그는 자신이 본대로 말했습니다.

『들어오라 너는 용사라 아름다운 소식을 가져오는도다... 제사장 사독과 선지자 나단이 기혼에서 기름을 부어 왕으로 삼고 무리가 그 곳에서 올라오며 즐거워하므로 성읍이 진동하였나니 당신들에게 들린 소리가 이것이라... 왕의 신하들도 와서 우리 주 다윗 왕에게 축복하여 이르기를 왕의 하나님이 솔로몬의 이름을 왕의 이름보다 더 아름답게 하시고 그의 왕위를 왕의 위보다 크게 하시기를 원하나이다 하매 왕이 침상에서 몸을 굽히고 또한 이르시기를 이스라엘의 하나님 여호와를 찬송하리로다 여호와께서 오늘 내 왕위에 앉을 자를 주사 내 눈으로 보게 하셨도다 하셨나이다 하니』(:42하, :45, :47-48)

요나단의 보고를 들은 사람들은 허겁지겁 자신이 타고 온 말을 타고 도망가기 시작했습니다. 아도니야도 맥이 풀린 모습으로 말을 탔습니다. 그의 모습은 공포에 굳어 있었습니다. 막상 말을 탔지만 그는 갈 곳이 없었습니다. 이제 반역자가 되었기 때문입니다. 반역자에겐 죽음이 기다린다는 것을 알고 있었습니다. 살 수 있는 곳은 성막뿐이었습니다. 성막에 가서 제단 뿔을 잡으면 변명할 기회가 주어지기 때문입니다.

처절한 모습으로 번제단으로 다가가 모퉁이 뿔을 붙들었습니다. 그는 새로운 솔로몬 정권에 의하여 다윗을 반역했다는 죄목으로 처형될 것을 두려워하면서 뿔을 잡은 채 부들부들 떨고 있었습니다. 공포였습니다.

『아도니야도 솔로몬을 두려워하여 일어나 가서 제단 뿔을 잡으니』(:50)

성막에 들어가면 번제단이 있습니다. 그리고 번제단 네 모퉁이에 뿔을 만들어 놓았습니다(출 27:1-2). 율법은, 어떤 사건이 즉결 심판에 처해질 사안이라 피고인의 입장에서는 변명과 회개의 기회조차 없기 때문에 그 피고인을 보호하기 위한 은혜의 제도로서 제단 뿔을 잡는 제도를 만들어 놓았습니다. 다시 말하면 피고인 스스로 변명과 회개의 기회를 얻을 수 있도록 번제단의 뿔을 잡는 제도를 만들어 놓은 것입니다. 아도니야도 당장 죽어야 합니다만 변명과 기회를 얻기 위하여 성막으로 달려가서 은혜의 뿔을 잡은 것입니다. 이제 누구도 그를 처단할 수 없습니다. 일단은 그의 이야기를 들어봐야 합니다. 그리고 판결을 할 것입니다. 문제는 뿔을 잡음으로 얻은 기회를 어떻게 계속 살리느냐 하는 것입니다.

이제부터 중요한 것은 진실성입니다. 제단 뿔을 잡음으로 인해 기회를 얻었다면 앞으로는 기회를 살리고 유지하기 위해서 진실한 삶이 중요합니다. 우리도 죽을 죄인입니다. 그런데 제단의 뿔되신 예수님을 붙잡고 기회를 얻은 사람들입니다. 그 뿔은 은혜의 뿔이고 생명의 뿔이었던 것이지요. 그렇다면 받은 은혜와 기회를 어떻게 유지할까요? 진실해야 합니다. 겸손해야 합니다. 감사해야 하지 않을까요?

❺ 1:51–53

왕 솔로몬의 첫 번 행위

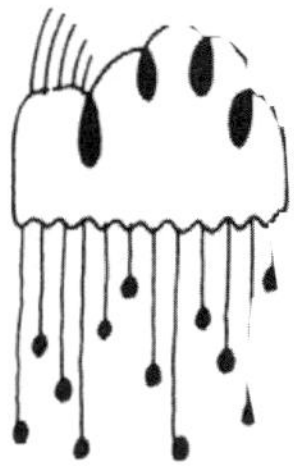

솔로몬이 왕이 되었다는 소리를 듣고 아도니야는 성전에서 제단 뿔을 꼭 잡고 있었습니다. 며칠이 되었는지 모릅니다만 그는 성전에서 나오지도 뿔을 놓지도 않았습니다. 지금까지 솔로몬을 어린아이라고 비아냥거리고 무시했었지만 실제로 그가 다윗 왕에 의하여 정통성 있게 왕위를 제수(除授)받았다는 소리에 두려움이 밀어닥쳤기 때문입니다. 솔로몬은 어리기에 정치가 무엇인지는 모른다 하더라도 그 주변의 세력들은 분명히 솔로몬을 충동질해서 자신을 반역 죄인으로 처단할 것이라는 생각이 그를 두렵게 하는 것입니다. 게다가 지금까지 큰소리쳤던 요압이 줄행랑을 친 것을 보고 더더욱 오금이 저렸습니다.

아도니야가 제단 뿔을 잡고 있는 것이 솔로몬에게 전해졌습니다. 솔로몬은 형님 아도니야가 왜 제단 뿔을 잡고 있는지를 알고 있었습니다. 자신이 아버지 다윗으로부터 후계자로 지명이 되어 성전을 지을 것까지 만방에 공포되었음에도 불구하고 요압과 더불어 반기를 들어 왕이 되려고 한 죄로 인해 죽을 것임을 두려워하고 있기 때문이었습니다. 어린 솔로몬이지만 매우 침착하게 이 문제를 생각했습니다. 비록 반역을 꾀했지만 기회를 주기로 한 것입니다.

『솔로몬이 이르되 그가 만일 선한 사람일진대 그의 머리털 하나도 땅에 떨어지지 아니하려니와 그에게 악한 것이 보이면 죽으리라 하고 사람을 보내어 그를 제단에서 이끌어 내리니 그가 와서 솔로몬 왕께 절하매 솔로몬이 이르기를 네 집으로 가라 하였더라』(:52-53)

은혜를 주시는 분은 주님이십니다.
그 주신 은혜를 은혜로 누리는 것은 나의 책임입니다.
은혜가 필요할 때는 겸손합니다.
그런데 은혜를 받고 나면 못된 나의 자아가 꿈틀거리면서 다시 살아나려고 한답니다.
그것을 통제하고 제어하고 눌러야 받은 은혜를 계속 누릴 수 있는 것이지요.
은혜받은 처음 사랑을 반복적으로 기억하세요.

하나님의 말씀을 묵상하고 기도하세요.

성령님을 의식하고 도움을 구하십시오.

그러면 받은 은혜를 계속 누리게 된답니다.

아니 더 큰 은혜를 누리게 된답니다.

>> 제2장

권력 장악

솔로몬에게 기습적으로 기름을 부어 왕을 삼은 것이 성공이었습니다만 사실상 위험천만한 모험이었습니다. 실질적인 군사력이 요압의 손에 있는 상황에서 노선지자 나단만을 신뢰한다는 것은 사실 모험을 넘어 도박이었습니다. 하여간 솔로몬이 왕으로 기름 부음을 받자 왕실 경호부대를 비롯하여 일반 군사력에 대한 지휘권이 브나야라는 젊은 장수에게 일임되었고 모든 체제는 솔로몬 중심으로 재빨리 전환되기 시작했습니다. 이제는 더 이상 후계자 문제로 분열될 일이 없었고 권력이 분신될 위험성이 없었습니다. 정권에

【제2장】

솔로몬에게 기습적으로 기름을 부어 왕을 삼은 것이 성공이었습니다만 사실상 위험천만한 모험이었습니다. 실질적인 군사력이 요압의 손에 있는 상황에서 노선지자 나단만을 신뢰한다는 것은 사실 모험을 넘어 도박이었습니다. 하여간 솔로몬이 왕으로 기름 부음을 받자 왕실 경호부대를 비롯하여 일반 군사력에 대한 지휘권이 브나야라는 젊은 장수에게 일임되었고 모든 체제는 솔로몬 중심으로 재빨리 전환되기 시작했습니다. 이제는 더 이상 후계자 문제로 분열될 일이 없었고 권력이 분산될 위험성이 없었습니다. 정권에 대한 안정 상태가 된 것입니다. 그렇지만 솔로몬이 아직은 어리기에 백성들과 대신들은 걱정스런 말들을 많이 했습니다. 다윗은 고민을 하다가 백성들 앞에서 솔로몬의 왕 됨을 다시금 견고하게 해야겠다는 생각으로 온 백성이 보는 앞에서 기름 부음의 예식을 다시 하겠다는 계획을 세웠습니다. 다윗과 솔로몬 정부는 이 계획을 준비하는데 일사분란(一絲不亂) 했습니다. 그리고 다윗의 의도대로 정권인수 겸 솔로몬을 왕으로 하는 대관식(戴冠式)을 거행할 것을 준비했습니다. 온 백성 앞에서의 당당한, 그러면서도 화려하고 웅장한 명실상부한 대관식(戴

冠式)이었습니다. 왕만을 세운 것이 아니었습니다. 왕국의 영적인 맥을 이어갈 사람으로 사독을 지명하여 그의 머리에 기름을 부어 대제사장으로 삼았습니다.

『무리가 다윗의 아들 솔로몬을 다시 왕으로 삼아 기름을 부어 여호와께 돌려 주권자가 되게 하고... 사독에게도 기름을 부어 제사장이 되게 하니라』(대상29:22)

다윗 왕은 기쁘고 흐뭇했습니다. 우선 꼴도 보기 싫은 요압의 손에 나라를 빼앗기지 않은 것이 좋았고 하나님의 사람 나단의 영적인 판단 속에서 솔로몬이 왕으로 등극했기 때문이었습니다. 다윗은 상왕(上王)이 된 것이고 솔로몬은 명실상부(名實相符)한 이스라엘의 왕이 된 겁니다. 그렇기에 다윗은 이제 언제 죽는다 하더라도 현실에 왕이 있기에 편안했고 백성들 또한 새 왕으로 인해 삶과 나라의 미래에 대하여 한시름 놓게 된 것입니다. 백성들은 두 왕의 정권 이양(移讓)을 보면서 행복 속에서 왕실을 향한 충성을 보였습니다.

『솔로몬이 여호와께서 주신 왕위에 앉아 아버지 다윗을 이어 왕이 되어 형통하니 온 이스라엘이 그의 명령에 순종하며 모든 방백과 용사와 다윗 왕의 여러 아들들이 솔로몬 왕에게 복종하니』(대상29:23-24)

왕이 있어야 합니다. 왕이 없으면 사람들은 자기의 소견대로 삽니다.

왕은 분별하는 일을 합니다. 재판하는 일을 합니다.
방향을 설정하고 방향으로 인도하는 역할을 합니다.
그리고 하나님과 나 사이를 중보하는 일을 합니다.
백성은 그 왕에게 복종해야 합니다.
그래야 행복하게 살 수 있고 바르게 살 수 있으며
함께 살 수 있습니다.

우리의 왕은 예수 그리스도이십니다.
그분이 없다면 우리는 모두 제멋대로 살 것입니다.
각각 자기가 옳다고 하면서 살면 다함께 망하게 됩니다.
우리는 왕으로 오신 예수 그리스도를 바라보고
그분께 복종해야 합니다.
그분이 분별하시는 것을 듣고 그분이 말씀하시는 것에
복종해야 합니다.
그렇지 않으면 왕 되신 그분으로부터 심판을 받게 됩니다.
그분이 제시하시고 앞서가시는 방향으로 가야 합니다.
그럴 때 안전하고 평안하며 생명을 얻게 됩니다.
그분은 나의, 우리의 왕이십니다.

❶ 2:1~9

다윗의 유언

다윗 왕은 언제까지나 솔로몬과 함께 있을 수는 없었습니다. 다윗은 하루하루가 다르게 죽음을 향해 급히 가고 있었습니다. 이제 다윗 자신도 어린 솔로몬에게 마지막 유언을 남겨 두어야 할 것을 생각했습니다. 혼자서는 침상에서 일어나는 것도 쉽지 않았습니다. 죽기 전에 무슨 말을 남겨야겠다고 생각했는지 평생을 함께 해 온 선지자 나단 선지자와 밧세바 그리고 솔로몬을 불렀습니다. 어린 솔로몬을 보는 다윗의 마음은 애처롭기만 합니다. 이제 겨우 열세 살의 어린아이기 때문이었습니다. 아도니야와 요압의 구테타가 실패했다고는 하지만 아직도 저들은 위험한 존재였습니다. 다윗은 쭈글쭈글하고 물기 없는 손으로 어린 솔로몬의 손을 꼭 잡았습니다. 그리고 말했습니다.

"아들아, 내 조상들이 간 길로 가느니 이것이 인생 아니겠냐? 여호와께서 맡기신 이 나라를 네가 맡아 하나님 기뻐하시는 나라로 만들어야 하느니라. 정치는 만만하지 않다. 험악한 사람들과 교활한 사람들이 달려들 것이고 권력을 향하여 도전해 오는 사람들이 만만치 않을게다! 그러나 아들아, 남자답게, 아니 대장부답게 굳굳하게 살아야 한다. 흔들리지 말고 두려워하지도 말고 굳굳하게 서야 하느니라."

『내가 이제 세상 모든 사람이 가는 길로 가게 되었노니 너는 힘써 대장부가 되고』(:2)

다윗은 세상이 얼마나 삭막한지를 경험한 사람입니다.
왕이라는 직책이 밖에서 볼 때는 위대해 보이기도 하고
화려하고 멋있어 보이기도 하지만
그 자리가 얼마나 힘들고 두렵고 위험한 자리인지를
알고 있었습니다.
다윗은 권력을 향한 도전들이 만만치 않음을
어린 아들 솔로몬에게 알려 주는 것입니다.
그래서 어떤 도전과 권력을 향한 바람과 광풍이 있다 하더라도
굳건하게 남자답게
아니 대장부답게 흔들리지 말 것을 당부합니다.

주님께서 우리에게 부탁하는 소리 같습니다.

우리가 살고있는 세상은 사탄의 공격이 끊임없습니다.

핍박도 많고 유혹도 많습니다.

도전도 많고 견디기 어려운 광풍이 계속되는 곳입니다.

이러한 곳임을 아시는 주님께서

우리에게 각오할 것을 당부하시는 말씀입니다.

"힘써 대장부가 되라!"는 말씀이지요.

그런데 우리가 감격하는 것은

내가 세상 끝날까지 너희와 항상 함께 있으리라는

임마누엘의 약속이 있기 때문이랍니다.

다윗은 긴 숨을 내쉬면서 계속 말을 이었습니다. 한마디 한마디 하는 것이 힘이 들어 보였습니다.

"아들아, 나라를 다스리면서도 여호와께서 주신 말씀을 손에서 놓지 않아야 하느니라. 여호와의 말씀이 네 삶을 이끌고 가야하느니라. 말씀 배우는 일을 게을리하지 말고 배운 말씀대로 반드시 순종하면서 살아야 하느니라. 그러면 하나님이 복을 주실 것이야. 그래야 형통하는 거란다."

『네 하나님 여호와의 명령을 지켜 그 길로 행하여 그 법률과 계명과 율례와 증거를 모세의 율법에 기록된 대로 지키라 그리하면 네가 무엇을 하든지 어디로 가든지 형통할지라』(왕상 2:3)

살다 보면 많은 길이 나옵니다.

그때마다 하나의 길을 결정해야 합니다.
어떤 길은 넓은 길이고 어떤 길은 좁은 길입니다.
어떤 길은 화려한 길이고 어떤 길은 고통스러운 길입니다.
어떤 길은 사람들이 많이 가는 길이고
어떤 길은 사람들이 외면하는 길입니다.
어떤 길은 빠른 길이고 어떤 길은 더딘 길입니다.
많은 길을 만나지만 한 길만을 선택할 뿐입니다.
그때 고민스럽습니다.
그러나 고민하지 말고, 사람들의 충고에 귀를 기울이지 말고
어떤 경우든지 하나님의 말씀을 따라 결정하고
행동하라는 부탁입니다.

성공은 표면적으로 잘되는 것이 성공이 아닙니다.
전쟁에서 승리가 성공이 아닙니다.
경쟁에서 앞서가는 것이 성공이 아닙니다.
많이 갖고 더 많이 알려지고 더 많은 정보를 알고
더 높은 자리에 앉은 것이 성공이 아닙니다.
성공은 하나님의 말씀 따라 결정하는 사람이 성공자입니다.

하나님의 말씀 따라 결정했기에 경쟁에서 뒤질 수도 있습니다만
그것이 성공입니다.
하나님의 말씀 따라 선택했기에 가난하게 되었다면
그것이 성공입니다.
하나님의 말씀 따라 행동했기에 고통을 받고 있다면

그 사람이 성공자인 것입니다.

혹 우리가 사람들에게 칭찬과 박수를 받는

성공한 사람이 되어 있지는 않은지요?

축하합니다.

그러나 한번쯤 멈추고 진지하게 생각해 보아야 하는

주님의 말씀이 있습니다.

요한복음15장19절입니다.

"너희가 세상에 속하였으면 세상이 자기의 것을 사랑할 것이나

너희는 세상에 속한 자가 아니요

도리어 내가 너희를 세상에서 택하였기 때문에 세상이

너희를 미워하느니라"

이 세상에서 하나님의 말씀대로 살면 잘됩니다.

그러나 오해하지 마십시오.

그 잘됨은 우리가 생각하는 그런 잘됨이 아닙니다.

어쩌면 세상 사람들이 전혀 부러워하지 않는

아니 오히려 저주받았다고 하는 그런 '이상한(?) 잘됨' 일지도

모릅니다.

우리는 그것을 '거룩한 잘됨' 이라고 말합니다.

다윗은 일생을 고통 속에서 살아왔고 쉴만한 날들은 별로 없었습니다. 약 열일곱 살에 골리앗을 죽인 후부터 평안했던 그의 생활은 망가지기(?) 시작한 것이지요. 왕이 될 때까지 십삼 년 동안은 도망자로 살았습니다. 삼십 세에 왕이 된 후부터 지금 칠십 세가 되어있는 사십

년 동안도 하루도 마음 편한 날이 없었습니다. 자신의 몸도 망가졌고 가정도 파괴되었고 사람들과의 관계도 사실상은 좋지 않은 것으로 보입니다. 다윗의 인생은 세상적인 평가로는 성공의 인생이 아닙니다. 그는 왕좌에 앉아 있었지만 편하지 않은 인생입니다. 그런 그가 아들 솔로몬에게 남들이 어떻게 보던 간에 반드시 하나님을 신뢰하면서 그 말씀 따라 진실하게 살라고 합니다. 그렇게 살면 하나님께서 왕위를 자자손손 끊지 않으실 것이라고 말하고 있습니다.

『여호와께서 내 일에 대하여 말씀하시기를 만일 네 자손들이 그들의 길을 삼가 마음을 다하고 성품을 다하여 진실히 내 앞에서 행하면 이스라엘 왕위에 오를 사람이 네게서 끊어지지 아니하리라 하신 말씀을 확실히 이루게 하시리라』(:4)

사람들은 신분, 왕위가 축복이고 성공이라고 합니다.
그렇지 않습니다.
왕위(王位)는 축복도 성공도 아닙니다.
그것은 직책과 자리(Position)에 불과합니다.
다윗과 솔로몬 그리고 그의 후손들이 왕가(王家)이기 때문에
축복을 받거나 성공한 가문이라고 하면 안 됩니다.
단지 그 자리는 하나님의 뜻을 이뤄가라는
사명으로서의 신분입니다.
만일 성공자가 되기 위해 어떤 위치에 오르려고 하는 것은
세상적인 가치관을 따르는 행동입니다.

자리와 위치가 성공을 가늠한다고 생각하는 것은
사탄적 사고입니다.
성경적인 성공은
"길을 삼가 마음을 다하고 성품을 다하여
진실히 내(하나님) 앞에서 행하"는 것입니다(:4중).

다윗은 솔로몬의 정치적 앞길이 얼마나 어려운지를 알고 있었습니다. 더군다나 솔로몬을 후계자로 삼겠다고 선포를 했고 솔로몬에게 성전 설계도와 성전을 건축할 재물을 모두 주면서 그가 성전을 건축할 것이라고 공포하는데도 불구하고 요압과 아비아달은 아도니야를 왕으로 세우려고 음모를 꾸몄었습니다. 그래서 다윗은 자신이 죽은 후에 전개될 일들을 걱정하지 않을 수 없었던 것입니다. 분명 권력을 탐하는 자들이 솔로몬을 무너뜨리려는 세력들과 규합(糾合)할 게 불 보듯 뻔했습니다. 다윗은 요압이 얼마나 잔인하고 악한지 알고 있었습니다. 적어도 요압은 어린 솔로몬을 그냥 놔두지 않을 것이 분명합니다. 어린 솔로몬에게 협박을 할 것이고 두려움을 줄 것입니다. 그래서 왕 자리에서 내려오도록 할 것이고 그것이 안 되면 솔로몬을 죽일 수도 있다는 생각이 들었습니다. 다윗도 평생동안 요압의 투박한 행동이 두려울 때가 많았는데 어린 솔로몬이야 얼마나 무서워할까 하는 생각이 들었습니다.

다윗은 솔로몬에게 요압이 얼마나 못되고 잔인한 일을 해왔는지를 말하지 않았었습니다. 그러나 이제 죽기 전에는 말해야겠다는 생각이었습니다. 솔로몬이 왕이 아니라면 몰라도 왕으로 자리에 앉은 이상 솔로몬도 이제는 요압이 어떤 인물인지 알아야 했습니다. 그래서 요압에 대하여 말하기 시작한 겁니다.

"아들아, 요압은 무서운 자란다. 그는 무서운 사람이야. 이 아비가 평생을 살면서 가장 힘든 존재가 요압 장군이니라. 그는 훌륭한 장수이지. 정말 이스라엘에 그만한 장수가 또 있으랴마는 그는 아비의 가슴을 후벼낸 무서운 사람이란다. 오래전 이스라엘을 세울 때 일이었지. 모든 백성이 한마음이 되어 있을 때 사울의 사람들이 얼마나 힘들게 했는지... 그런데 그 힘든 사울의 사람들을 내게로 오게 했던 아브넬을 요압이 잔인하게 죽였어. 그놈이 멋대로 아브넬을 죽인거야. 뿐만이 아니었단다. 네 형 압살롬이 죽자 나는 압살롬의 반역에 동조했던 사람들을 끌어안기 위해 압살롬의 장수였던 아마사를 군장으로 삼았는데 그 사람까지도 요압이 죽였단다. 몹쓸 놈! 그놈은 평화를 깨는 놈이다. 자기 마음에 들지 않으면 피를 흘리는 잔악한 놈이야!"

『스루야의 아들 요압이 내게 행한 일 곧 이스라엘 군대의 두 사령관 넬의 아들 아브넬과 예델의 아들 아마사에게 행한 일을 네가 알거니와 그가 그들을 죽여 태평 시대에 전쟁의 피를 흘리고 전쟁의 피를 자기의 허리에 띤 띠와 발에 신은 신에 묻혔으니』(:5)

다윗은 자기를 향한 요압의 못됨과 악함을 지금까지 참아왔습니다. 그런데 아들 솔로몬에게까지 계속 못된 짓 할 것을 생각하니 견딜 수가 없었던 것입니다. 그래서 다윗답지 않은 명령을 합니다.

"솔로몬, 넌 지혜롭지 않냐? 그놈이 살아있는 한 너에게는 너무 버거운 존재일 것이다. 이 아비도 요압이 두려웠으니 말이다. 절대로 그냥 두면 안 되지. 암! 절대로, 절대로!"

다윗답지 않은 유언이었습니다. 그는 자기를 죽이려고 미친 듯이 달려들고 있던 사울 왕도 너그럽게 살려준 호인(好人)이었습니다. 배신자들을 너그럽게 받아 주었던 큰마음의 사람이었습니다. 그런데 일반적으로는 죽어가는 마당에는 은혜를 베푸는 것인데 평생을 함께 해온 요압을 죽이라고 말하고 있는 것입니다. 아들 솔로몬의 미래를 위한 아버지의 마음입니다. 아들의 미래와 정치가 순탄하기를 바라는 아들에 대한 사랑(?)입니다. 요압에 대한 유언을 하고 난 다윗은 마음이 편했습니다. 죽인다는 것만은 피하고 싶었습니다만 나라의 미래와 솔로몬의 미래를 위해서는 그렇게 하는 것이 최선의 선택이었습니다. 물론 이 일을 생각한 지는 오래되었었습니다. 신중하게 생각해 왔던 일입니다. 그런데 이제 이 일을 솔로몬에게 말하고 나니 십 년 묵은 체증이 내려가는 기분이었습니다.

『네 지혜대로 행하여 그의 백발이 평안히 스올에 내려가지 못하게 하라』(:6)

다윗에게 가장 힘들었던 사람이 요압이었다면 가장 고마운 사람은 바르실래였습니다. 몇 년 전에 압살롬의 반역을 피하여 도망갈 때 찾아와 은혜를 베풀어 준 사람입니다. 바르실래의 주밀한 친절은 다윗을 감동시켰었습니다. 다윗이 예루살렘 궁으로 돌아올 때 늙은 바르실래는 함께 오지는 못했지만 그의 아들 김함은 다윗과 함께 예루살렘으로 왔었지요. 바르실래와 헤어진 후 바르실래는 노환(老患)으로 세상을 떠났는지 모르지만 다윗은 그때 일을 기억하면서 바르실래의 아들들에게 왕자들처럼 대하는 은혜를 베풀라고 당부했습니다.

『마땅히 길르앗 바르실래의 아들들에게 은총을 베풀어 그들이 네 상에서 먹는 자 중에 참여하게 하라 내가 네 형 압살롬의 낯을 피하여 도망할 때에 그들이 내게 나왔느니라』(:7)

유언을 하는 중에 머릿속에 떠오르는 또 한 사람이 있었습니다. 시므이였습니다. 다윗에게 상처를 준 사람입니다. 압살롬을 피하여 도망갈 때 나타나 저주를 하고 심한 욕설을 했던 사람이었습니다. 이 사람의 욕설에 다윗은 큰 상처를 받기도 했지만, 그 자는 분명 솔로몬에게 어떤 못된 짓을 할 사람이라는 생각이 들었습니다.

"솔로몬, 시므이를 알고 있지? 아비에게 흙을 집어 던진 베냐민 놈 말이다. 지금은 조용하다만 그놈의 마음엔 독이 있느니라. 전에 그놈이 내뱉은 독한 말은 잊을 수가 없구나."

“그놈, 그냥 두면 안 된다. 내가 세상 떠나면 그놈을 죽이거라. 반드시 그래야 하느니라!”

지난날, 예루살렘에 돌아온 후에 다윗은 이 시므이를 용서했었습니다. 그리고 지금까지 왔습니다만 그가 쏟아 부은 저주로 인한 상처는 지워지지 않았습니다.

『그는 내가 마하나임으로 갈 때에 악독한 말로 나를 저주하였느니라... 그러나 그를 무죄한 자로 여기지 말지어다 너는 지혜 있는 사람이므로 그에게 행할 일을 알지니 그의 백발이 피 가운데 스올에 내려가게 하라』(:8중-:9)

다윗의 유언 속에 세 사람이 등장합니다.
한 사람은 요압입니다.
일을 잘했던 사람이고 용감한 사람이고 남자다운 사람입니다.
나라를 세우는 일과 통치에 다윗에게 큰 도움을 준 사람입니다.
그런데 그 요압, 그는 친구는 아니었습니다.
소위 말하는 사업(Business)적인 동반자일 뿐입니다.
이해(利害)만을 위한 관계였습니다.

또 한 사람은 바르실래입니다.
이 사람은 일할 능력도 없던 사람입니다. 늙었기에 그랬습니다.
바르실래는 업무적으로 도움을 준 사람이 아닙니다.
그런데 이 바르실래는 ‘편안한 사람’이었습니다.
힘들 때 보고 싶은 사람, 그냥 이야기만 해도 좋은 사람입니다.
초라함을 받아 준 사람이고 부끄러움을 받아 준 사람입니다.

화려함을 이용해 먹는 그런 사람이 아니었습니다.
친구였습니다.

세 번째는 시므이입니다.
이 사람은 다윗에게 상처를 준 사람입니다.
독(毒)한 말로 사람의 마음을 난도(亂刀)질한 사람입니다.
다윗의 마음은 이 사람의 말로 인해 받은 상처는
노년이 되어서도 아물지 않았습니다.

나의 머리 속에도 여러 사람들이 생각납니다.
함께 일하고 있지만 오로지 이해관계(利害關係)로
연결된 사람이 있습니다.
아무런 이해(利害)도 없지만 언제나 편한 사람도 있습니다.
그리고 지울 수 없는 상처를 남긴 사람도 있습니다.
다 기억납니다.

반면에 나는 사람들에게 어떤 사람일까 하는 생각도 해 봅니다.
이해관계로 남겨지고, 상처를 준 사람으로
기억되지는 않을까 하는 걱정입니다.
바르실래와 같은 모습으로 기억 속에 남겨지고 싶습니다.
고마운 사람으로 기억되고 싶습니다.

나에게 바르실래와 같은 편한 기억의 한 분이 있습니다.
내 모습 그대로를 받아 주신 분입니다.

나의 추함과 실패, 희망 없는 패배자의 모습을

그대로 받아 주신 분입니다.

그렇게 된 원인도 죄 때문이라는 것을 아시면서도

받아 주신 분입니다.

그 이름은 예수입니다.

예수님은 내 마음속에 바르실래와 같은 편안한 분이랍니다.

❷ 2:10~12

다윗의 죽음

솔로몬에게 유언을 남긴 다윗 왕은 더욱 기력이 약해졌습니다. 이스라엘은 나단과 밧세바가 중심이 되어 어린 솔로몬에게로 중앙 집권 체제를 구축해 나가고 있었습니다. 솔로몬이 비록 나이가 열세 살 밖에 되지 않았으나 그의 권력의 힘은 새어 나가지 않을 만큼 철저한 체계가 되어 있었습니다. 나단과 밧세바의 빈틈없는 움직임 덕분이었습니다. 물론 기력은 없지만 다윗의 넉넉한 밀어줌을 바탕으로 세워진 것이었습니다. 그러는 가운데 다윗의 임종(臨終)이 다가왔습니다.

다윗이 임종을 맞이하는 순간이지만 솔로몬 정부를 세워가는 나단과 밧세바를 비롯한 정부 수립 위원들은 그 사실을 발설(發說)할 수가 없었습니다. 다윗의 임종은 이제 막 시작한 솔로몬 정권에 향한 무분별한 반항의 기회가 될 수 있기 때문입니다. 다윗이 숨을 헐떡이는 긴박한 순간에도 의원은 비밀리에 오고 가면서 철저하게 보안을 유지했던 것입니다. 다윗의 숨이 거칠어졌습니다. 다윗이 말한 것처럼 이 세상 모든 사람이 가는 길인 죽음의 문턱에 서 있었습니다. 파란만장했던 칠십 년의 삶을 마치고 영원한 안식이 있는 곳으로 들어가려는 순간입니다.

다윗의 숨이 멈췄습니다. 이 땅에서의 마지막 호흡이었습니다. 나단에게 솔로몬을 부탁하고 갔는지, 밧세바에게 솔로몬을 부탁하고 갔는지, 솔로몬이 나라를 잘 다스려 줄 것을 믿고 갔는지... 그는 세상을 떠났습니다. 그러나 왕이 죽었음에도 모두들 조용해야만 했습니다. 권력에 눈이 어두운 능구렁이 요압이 살아 있기 때문입니다. 왕위를 도둑맞았다고 생각하는 아도니야가 살아 있고 권력을 탐하고 솔로몬을 인정하지 않는 무리들이 반란을 일으킬 수도 있기 때문에 다윗 왕이 죽었음에도 불구하고 조용해야 했습니다. 솔로몬과 그의 측근들은 아주 조용히 다윗의 죽음을 애도했습니다. 그리고 예루살렘 성에 그의 몸을 장사했습니다.

『다윗이 그의 조상들과 함께 누워 다윗 성에 장사되니 다윗이 이스라엘 왕이 된 지 사십 년이라 헤브론에서 칠 년 동안 다스렸고 예루살렘에서 삼십 삼 년 동안 다스렸더라』(:10-11)

칠십년의 인생이 막을 내리는 다윗의 모습입니다. 성경은 그가 나이 많아 죽을 때까지도 부자였다고 말합니다.
존귀히 여김을 받았다고 말합니다. 『그가 나이 많아 늙도록 부하고 존귀를 누리다가 죽으매...』(대상29:28상) 그러나 당시의 정치적인 상황 때문인지는 몰라도 성경에는 그의 죽음에 대한 애도의 기록이 없습니다. 사무엘이 죽었어도 사울이 죽었어도 백성들이 애도했었습니다. 그런데 우리가 존경하는 영웅 다윗의 죽음에 대한 애도의 기록은 어디서도 찾을 수가 없습니다. 장사를 몰래 치뤘다는 암시일까요? 궁금합니다.

다윗의 장례를 마친 솔로몬 왕은 어머니 밧세바를 의지할 수밖에 없었습니다. 물론 선지자 나단 역시 왕 솔로몬 가까이서 정치적 자문 역할을 하였습니다. 솔로몬이 어렸기 때문이었습니다. 그렇지만 그는 매우 영특하고 어떤 면에서는 어른스러운 면도 있었습니다.

다윗 왕의 죽음을 언제까지나 숨길 수는 없었습니다. 곧 다윗 왕의 죽음은 알려졌고, 그러자 아도니야와 요압 그리고 제사장 아비아달은 권력에 대한 미련으로 꿈틀거리기 시작했습니다. 물론 더 이상은 권력의 심장부에 들어 올 수 없다는 것을 알고 있었습니다만 평생 동안 몸담아 온 정치 생활을 하지 못함이 몸을 뒤틀리게 했던 것입니다. 아도니야는 왕위를 빼앗겼다는 분함으로 속을 태우고 있었고 요압과 아비아달 역시 자신들이 이루려고 했던 야심을 도적맞은 기분으로 분을 삼키지 못하고 하루하루를 지내고 있었던 것입니다. 그렇지만 솔로몬 정부의 수뇌부들은 다윗의 죽음과 더불어 일어날 수 있는 반대 세력들의 움직임을 철저히 봉쇄하기 위하여 경계를 강화했고 권력을 더 굳게 하기 위하여 강력한 비상 체제를 갖추었습니다. 그러나 아도니야와 요압과 아비아달은 솔로몬 정부의 감시의 눈을 피해 은밀하게 모임을 갖고 있었답니다.

다윗이 죽고 난 후입니다. 다윗의 유품들을 정리하던 중에 발견된 기도문이 있었습니다. 다윗이 어린 솔로몬을 생각하며 드린 기도였습니다. 솔로몬은 그 기도문을 읽으며 눈물을 흘렸습니다.

하나님이여 주의 판단력을 왕에게 주시고
주의 공의를 왕의 아들에게 주소서
그가 주의 백성을 공의로 재판하며
주의 가난한 자를 정의로 재판하리니
의로 말미암아 산들이 백성에게 평강을 주며
작은 산들도 그리하리로다
그가 가난한 백성의 억울함을 풀어 주며
궁핍한 자의 자손을 구원하며 압박하는 자를 꺾으리로다

그들이 해가 있을 동안에도 주를 두려워하며
달이 있을 동안에도 대대로 그리하리로다
그는 벤 풀 위에 내리는 비같이,
땅을 적시는 소낙비같이 내리리니
그의 날에 의인이 흥왕하여 평강의 풍성함이
달이 다할 때까지 이르리로다
그가 바다에서부터 바다까지와 강에서부터
땅 끝까지 다스리리니
광야에 사는 자는 그 앞에 굽히며
그의 원수들은 티끌을 핥을 것이며
다시스와 섬의 왕들이 조공을 바치며
스바와 시바 왕들이 예물을 드리리로다
모든 왕이 그의 앞에 부복하며 모든 민족이 다 그를 섬기리로다

그는 궁핍한 자가 부르짖을 때에 건지며
도움이 없는 가난한 자도 건지며
그는 가난한 자와 궁핍한 자를 불쌍히 여기며
궁핍한 자의 생명을 구원하며
그들의 생명을 압박과 강포에서 구원하리니
그들의 피가 그의 눈 앞에서 존귀히 여김을 받으리로다
그들이 생존하여 스바의 금을 그에게 드리며
사람들이 그를 위하여 항상 기도하고 종일 찬송하리로다
산 꼭대기의 땅에도 곡식이 풍성하고
그것의 열매가 레바논 같이 흔들리며
성에 있는 자가 땅의 풀 같이 왕성하리로다

그의 이름이 영구함이여 그의 이름이 해와 같이 장구하리로다
사람들이 그로 말미암아 복을 받으리니

모든 민족이 다 그를 복되다 하리로다
홀로 기이한 일들을 행하시는 여호와 하나님
곧 이스라엘의 하나님을 찬송하며
그 영화로운 이름을 영원히 찬송할지어다
온 땅에 그의 영광이 충만할지어다 아멘 아멘
(시 72:1-19)

❸ 2:13~25

솔로몬의 권력장악(1)

솔로몬 정부가 들어서서 비상 체제로 나라를 움직이면서도 특히 아도니야와 요압의 반역 세력들의 움직임에 대해서는 세밀히 주시하고 있었지만 정확한 정보를 입수하지 못한 상태에서는 관망(觀望)할 수밖에 없었습니다. 저들이 구체적으로 어떤 행동을 하고 또 계획하고 있는지를 아는 길이 없었기 때문입니다. 분명 어떤 일을 꾸미고 있겠다는 생각을 할 수 있었으나 그 일이 무엇인지를 아는 것은 쉽지 않았던 것입니다.

아도니야가 밧세바를 찾아왔습니다. 오랜만이었습니다. 밧세바의 나이가 사십 중반의 젊은 나이였고 아도니야는 삼십대 중반의 나이였지만 어쨌든 밧세바는 선왕(先王)인 다윗의 아내였기에 둘은 어머니와 아들의 관계였습니다. 속내야 어떨지 모르지만 밧세바는 아도니야를 따뜻하게 맞이했습니다. 정치적인 문제가 아니라 일상적인 일, 좋은 일로 방문했다는 아도니야의 말을 듣고 밧세바는 그에 대한 긴장을 풀려고 노력했습니다. 밧세바는 솔로몬이 왕좌에 앉은 것으로 인해 아도니야가 섭섭해 하고 있음을 알고 있기에 따뜻하게 대해 주려고 애를 썼습니다. 그리고 그녀의 아도니야에 대한 친절함의 또 다른 이유는 아도니야의 협조만 있으면 솔로몬의 정치에 날개를 달게 된다고 생각하고 있기 때문이었습니다. 그래서 밧세바는 아도니야의 마음을 사기 위해 최대한의 친절을 베풀고 있는 것입니다.

밧세바의 따뜻한 환대를 받던 아도니야가 밧세바에게 드릴 말씀과 부탁이 있다고 입을 열었습니다. 밧세바는 내심 기뻤습니다. 왜냐하면 자기가 아도니야에게 아쉬운 소리를 할까하는 생각을 했었는데 오히려 아도니야가 먼저 부탁하는 말이 있다고 했기 때문입니다. 밧세바는 무슨 부탁인지는 들어봐야겠지만 그의 부탁을 들어 주면 그것 때문에 아도니야는 자기의 사람이 될 것이고 그렇게 되면 솔로몬 정부에 대하여 협조적인 태도로 바뀔 것에 대한 기대를 한 것입니다. 아도니야만 돌아서게 하면 된다는 생각이 밧세바의 마음을 긴장시켰습니다. 밧세바는 아도니야에게 다가갔습니다. 그리고 어머니의 심정과 애정을 가지고 들어주려는 자세로 바라보면서 말했습니다.

"내 아들아, 말해 보아라. 에미가 아들 부탁 하나 못 들어 주겠냐."

아도니야는 따뜻하고 사랑 섞인 밧세바의 말에 정중하게 입을 열었습니다.

"어마마마, 마마께서도 아시다시피 이 왕국은 제 것이었습니다. 그리고 온 이스라엘도 제가 새 왕이 될 것을 기대하고 있었습니다."

아도니야의 말에 밧세바는 섬짓했습니다. 아니 속이 갑자기 뜨거워졌습니다. 여전히 억울해 하고 있다는 것이 느껴졌기 때문입니다. 그는 감히 왕의 어머니인 자신을 무시하면서 하는 말이었습니다. 비록 솔로몬이 왕이 되었지만 인정하지 않는다는 노골적인 표현인 것입니다. 순간적이었지만 밧세바 얼굴에는 듣고 싶지 않은 말을 들었다는 분위기가 스쳐지나갔습니다. 아도니야는 이 밧세바의 표정을 놓치지 않았습니다. 그러더니 밧세바의 기분을 회복시키려는 듯 이렇게 말했습니다.

"그런데 여호와께서 사태를 바꿔 놓으셔서 이 나라가 제 아우의 것이 되었습니다."

밧세바는 능청스런 아도니야의 순발력에 뭐라고 대응해야 할지 몰랐습니다. 자신도 자신의 표정 관리를 어떻게 해야 하는지를 헛갈렸습니다. 그러나 밧세바는 어쨌거나 아도니야의 마음을 사야 하겠기에 아주 침착하게 그의 말을 계속 경청했습니다. 표정 없는 긴장의 시간이었습니다. 아도니야도 밧세바도 아주 조심스럽게 말하고 또 표정을 지었습니다. 그러다가 아도니야가 다시 밧세바에게 말을 이었습니다.

"이제 어마마마께 한 가지 청(請)이 있습니다. 거절하지 마시고 들어 주십시오."

밧세바는 궁금했습니다. 빨리 듣고, 들어 주어서 솔로몬에게 코가 꿰도록 해야겠다는 생각 때문입니다.

"어서 말씀해 보시게나."

"마마, 전하께 말씀드려 수넴 여자 아비삭을 저에게 주어 아내로 삼게 하여 주십시오. 전하께서는 어마마마의 말씀을 거절하지 않으실 겁니다. 부탁드립니다."

아도니야의 말이었습니다. 밧세바는 아도니야의 말을 듣고 여러 가지 생각이 지나갔습니다만 우선은 대수롭지 않은 것으로 판단했습니다. 그리고 이 일을 통해 아도니야를 자신의 사람으로 만들 수 있겠다는 생각을 했습니다.

"그러시지요. 그게 무슨 어려운 일이겠습니까? 내가 전하께 왕자의 부탁을 청하리이다."

그녀는 아도니야에게 밝은 표정으로 그렇게 하겠다고 약속을 했습니다. 아도니야와의 관계가 회복되는 느낌이었습니다. 밧세바는 이 기회로 아도니야를 자신의 사람으로 만들 수 있을 것이라는 기대를 한 것입니다.

> 『또 이르되 내가 말씀드릴 일이 있나이다 밧세바가 이르되 말하라 그가 이르되 당신도 아시는 바이거니와 이 왕위는 내 것이었고 온 이스라엘은 다 얼굴을 내게로 향하여 왕으로 삼으려 하였는데 그 왕권이 돌아가 내 아우의 것이 되었음은 여호와께로 말미암음이니이다... 그가 이르되 청하건대 솔로몬 왕에게 말씀하여 그가 수넴 여자 아비삭을 내게 주어 아내를 삼게 하소서 왕이 당신의 청을 거절하지 아니하리이다 밧세바가 이르되 좋다 내가 너를 위하여 왕께 말하리라』(:14-15, :17-18)

밧세바는 솔로몬 왕에게 나아갔습니다. 아도니야와 이야기한 것을 말하기 위함이었습니다. 솔로몬은 밧세바를 정중한 예의로 영접했습니다. 태후(太后)에 대한 예의였습니다. 태후께 절을 드렸습니다. 솔로몬 왕은 자신의 보좌에 다시 앉은 후부터 보좌 오른쪽에 태후(太后)를 위해 자리를 만들어 두었습니다. 그 의미는 대단한 것이었습니다. 솔로몬의 정책 결정의 배후에는 밧세바가 있음을 의미하는 것입니다. 솔로몬은 어렸습니다. 아직까지는 밧세바의 영향 아래에 있을 수밖에 없었던 것입니다. 특히 인사문제는 정권의 강건함을 결정하는 중대한 일이기에 어머니의 의견에 의존할 수밖에 없었습니다. 그것이 현실이었기에 밧세바는 아도니야의 문제를 가지고 솔로몬에게 나아갔던 것입니다. 밧세바는 솔로몬을 설득하여 아도니야의 요구대로 아비삭을 그의 아내로 주게 되면 적을 아군으로 얻게 된다는 포부를 가지고 나아간 것입니다.

『내가 한 가지 작은 일로 왕께 구하오니 내 청을 거절하지 마소서... 이르되 청하건대 수넴 여자 아비삭을 아도니야에게 주어 아내로 삼게 하소서』(:20-21)

솔로몬은 밧세바의 말에 뜻밖이라는 듯 놀라더니 생각에 잠겼습니다. 어머니의 말에 거슬리는 말이나 행동을 거의 하지 않는 솔로몬이었기에 밧세바는 솔로몬이 자신의 말에 동의할 것으로 기대하고 있었습니다. 솔로몬의 대답은 사실상 형식적인 절차에 불과한 것이지요.

"어마마마, 아도니야 형님이 수넴 여자를 달라고 한다구요? 드려야죠. 형님께서 수넴 여자가 아니라 왕권을 달라고 하더라도 드리는 것이 아우의 도리라 생각합니다. 그러니 걱정하지 마십시오."

솔로몬의 대답은 떨떠름함과 동시에 어떤 결심을 한 것과 같았습니다. 아도니야에 대한 불쾌함이 섞인 말투였습니다. 밧세바도 겸연쩍었습니다. 자신이 기대했던 분위기가 아니기 때문입니다. 그의 말투로 보아 아도니야 요청에 대하여 상당히 언짢은 것이 분명했습니다. 솔로몬의 말이 계속되었습니다.

"제사장 아비아달과 요압 장군을 위해서도 무엇인가 줘야 하지 않겠습니까? 어마마마의 뜻이 무엇이나이까?"

밧세바는 솔로몬의 계속된 이야기를 듣고 놀랐습니다. 아도니야의 아비삭 요구에 대하여 솔로몬이 정치적으로 해석하고 있음을 깨달았기 때문이었습니다. 솔로몬은 아도니야가 다윗 왕의 여자였던 아비삭을 달라고 하는 것을 정치적인 술수요 구테타를 위한 수순을 밟고 있는 것으로 해석하고 있었던 것입니다. 그도 그런 것이 전왕(前王)의 후궁을 취하거나 상속하는 행위는 자신이 왕의 권세를 가진다는 상징적인 의미가 있었기 때문입니다.

『어찌하여 아도니야를 위하여 수넴 여자 아비삭을 구하시나이까 그는 나의 형이오니 그를 위하여 왕권도 구하옵소서... 그뿐 아니라 제사장 아비아달과 스루야의 아들 요압을 위해서도 구하옵소서 하고』(:22)

지난 역사 속에도 이런 일이 있었습니다. 약 사십 년 전의 일입니다. 사울 왕이 죽은 후 그의 아들 이스보셋이 마하나임에서 정부를 세웠고 그곳에서 그는 왕이 되었었습니다. 그때 아브넬이라는 사람이 군대 장관 역할을 하면서 이스보셋을 도왔습니다. 그런데 말이 돕는 자로서의 군대 장관이지 사실상은 이스보셋은 꼭두각시였고 마하나임 정부의 실권은 아브넬이 가지고 있었던 것입니다. 그때 아브넬이 사울의 첩이었던 리스바와 정을 통하면서 자신의 권력의 위세를 과시했던 것입니다 (삼하 3장 6-11절).

솔로몬은 어린 왕이었지만 밧세바를 통해 아비삭을 요구한 아도니야의 음흉한 마음을 알고 있었습니다.

'아도니야 형님을 그냥 두면 나를 죽이겠구나. 무서운 사람이야.

아버지의 후궁 아비삭을 달라고? 그런 후에 정통성 이야기를 하면서 날 치겠다는 것이겠지. 아도니야를 죽이지 않으면 역모(逆謀)가 일어난다!'

솔로몬은 아도니야를 죽일 것을 결심했습니다.

『여호와를 두고 맹세하여 이르되 아도니야가 이런 말을 하였은즉 그의 생명을 잃지 아니하면 하나님은 내게 벌 위에 벌을 내리심이 마땅하니이다 그러므로 이제 나를 세워 내 아버지 다윗의 왕위에 오르게 하시고 허락하신 말씀대로 나를 위하여 집을 세우신 여호와께서 살아 계심을 두고 맹세하노니 아도니야는 오늘 죽임을 당하리라 하고』(:23-24)

솔로몬 어렸지만 지혜로웠고 통찰력도 있었습니다.
솔로몬은 자신의 정권에 도전하는 교활한 어른들의 음모에
호락호락 넘어가는 철부지가 아니었습니다.
자신의 정권을 향해 파고드는 술책들이
얼마나 교활할 것인지를 알고 준비하고 있었습니다.
악한 것들이 분명 솔로몬은 어린아이라고 하면서
사탕에 독을 발라 먹일 것을 예견하고 있었던 것입니다.
그 일을 한 것이 아도니야였습니다.
솔로몬은 단호했습니다. 타협을 하지 않았습니다.
자신을 무너뜨리기 위해 접근하는 것에
속지 않았습니다. 그는 갈등하지 않았습니다.
단순했습니다.
'오늘날 죽임을 당하리라!'

사탄이 하나님의 자녀들을 얼마나 무시하는지요.
자신의 지혜를 가지고 '친절' 하게 찾아오기도 합니다.
자신의 힘을 가지고 '위협하고 협박' 하기도 합니다.
마치 우리를 아무것도 모르는 어리석고 겁 많은
어린아이처럼 취급합니다.
그러나 사탄이 우리를 우습게 본다 하더라도
우리는 하나님의 자녀들입니다.
왕 같은 제사장입니다.
그러므로 솔로몬처럼 지혜로워야 합니다.
겁을 먹을 필요도 타협할 필요도 없습니다.
사탄의 음모를 무시하고 맡겨진 사명을 위해
똑바로 나가면 됩니다.

솔로몬은 브나야를 불렀습니다. 그리고 그를 아도니야의 집에 보냈습니다.

"브냐야, 아도니야를 죽이게나!"

다윗의 후궁 아비삭을 취함으로 인해 정치적인 실력(實力)을 가지려 했던 아도니야는 그날 흥분되어 있었습니다. 왜냐하면 실세(實勢)인 밧세바가 자신의 감춰진 의도를 모르고 솔로몬에게 가서 허락을 받겠다고 장담했기 때문입니다. 밧세바가 허락한 것이라면 어린 솔로몬은 거절하지 못한다는 확신 때문에 더욱 기분이 좋았던 것입니다. 밧세바가 솔로몬 왕에로 들어가는 것을 보고 돌아온 아도니야는 왕실에서 아비삭을 취하여도 좋다는 소식이 올 것을 확신하면서 기다리고 있었습니다.

왕실에서 브나야 장군과 함께 군사들이 오고 있다는 소식을 접했습니다. 아도니야는 들뜬 마음으로 소식을 가지고 오는 브나야와 군사들을 맞이했습니다. 브나야는 솔로몬이 가장 아끼는 신하이기에 좋은 소식을 갖고 왔다고 당연하게 믿은 것입니다. 그래서 기대하는 마음으로 브나야와 군사를 맞이했습니다. 그런데 아도니야의 집 문 앞에 도달한 브나야는 말에서 내리지도 않은 채 군사들에게 큰소리로 명령했습니다.

"저 반역의 괴수를 쳐 죽여라!"

아도니야는 날벼락을 맞는 기분이었습니다. 자신을 쳐 죽이라는 브나야의 말을 듣고 철퇴와 칼을 가지고 달려드는 군사들을 보면서 무슨 말인가를 하려고 몸을 움직였습니다만 군사들이 내리친 철퇴와 칼은 아도니야의 입에서 한마디 말도 할 수 없을 만큼 빨랐습니다. 아도니야는 그렇게 쓰러졌습니다. 군사들의 칼과 철퇴는 그의 목숨이 완전히 끊어진 것이 확인될 때까지 계속 내려쳐지고 있었습니다. 약속받지 않은 자가 왕이 되려고 음모를 꾸미다가 맞이한 최후였습니다.

아도니야는 은혜를 원한 풀이 기회로 삼으려다가 망했습니다.
스스로 왕 되겠다는 교만 죄에서 용서를 받았다면
이젠 겸손히 살면 됩니다.
그런데 받은 은혜를 이용해서 다시 악을 행하다가
죽임을 당한 불쌍한 사람입니다.

우린 죽어야 하는 악인들입니다.
그런데 하나님의 불쌍히 여기심으로 인해
새생명을 얻은 은혜받은 사람들입니다.
이젠 겸손해야 합니다. 감사해야 합니다.
고마운 마음을 가지고 은혜 주신 하나님을 기쁘게 하면서
살아야 합니다.
은혜를 이용해서 또 악을 행하면 안 됩니다.

❹ 2:26~27

솔로몬의 권력장악(2)

수넴 여인 아비삭을 달라고 했던 아도니야의 행동은 요압과 아비아달을 비롯한 불만 세력들이 움직이고 있다는 상징적인 행동이었습니다. 솔로몬과 새로운 정부는 그것을 알고 있었고 그래서 아도니야를 처형함과 동시에 아버지 다윗의 유언을 기억하면서 본격적으로 정적(政敵)들 숙청(肅淸)을 하게 된 계기가 되었습니다.

먼저 아비아달이었습니다. 다윗 왕 치세 때 다윗을 도운 제사장이었습니다. 그러나 아비아달도 아도니야의 반역에 중심인물이었기에 숙청해야 했습니다. 그러나 죽이지는 않았습니다. 그 이유는 두 가지였습니다. 먼저는 제사장을 죽인다는 것은 기름 부은 자를 죽이는 것이기 때문이었습니다.

『왕이 제사장 아비아달에게 이르되 네 고향 아나돗으로 가라 너는 마땅히 죽을 자이로되 네가 내 아버지 다윗 앞에서 주 여호와의 궤를 메었고 또 내 아버지가 모든 환난을 받을 때에 너도 환난을 받았은즉 내가 오늘 너를 죽이지 아니하노라 하고』(:26)

기름 부음 받은 자를 죽이지 않는다는 것은
하나님께 대한 복종입니다.
제사장은 하나님의 종임을 인정하는 것이지요.
기름 부음 받은 제사장이 형편없는 사람이라 하더라도
그 사람은 하나님만이 판단하시고 처리하시도록 해야 합니다.
그런 사람이 하나님을 하나님으로 인정하는 태도입니다.
우리가 살다보면 기름 부음 받은 자에 대해서
실수할 때가 있습니다.
나를 기분 좋게 하거나 나의 생각에 맞는
기름 부음 받은 사람을 만나면
하나님의 종으로 인정하고 대접합니다.
그리고 하나님께서 그 종을 잘되게 해 주실 것을
기도하고 기대합니다.
그런데 내 마음에 들지 않거나 혹 잘못하는 것을 보면

하나님의 종으로 인정하지 않고 쉽게
'가짜' 라고 말을 할 때가 있습니다.
그리고 자신의 힘으로 처분을 하려고
동분서주(東奔西走) 하지요.
마치 정의의 투사같이 행동합니다.
그러나 그러면 안 됩니다.
주의 종이 내 마음에 들건 그렇지 않건
바른 사람이건 흠이 많은 사람이건
모범적인 사람이건 죄인이건 간에
하나님의 종으로 기름 부음을 받은 사람이라면
하나님이 다루실 것을 기다려야 합니다.
하나님께서 평가하시고 다루시기까지
우리는 하나님만을 바라보고 있는 것이
하나님께 복종하는 삶입니다.

솔로몬이 제사장 아비아달을 죽이지 않은 또 하나의 이유는 그의 아버지 아히멜렉 때문입니다. 그의 아버지는 다윗을 구해주려고 하다가 죽임을 당한 생명의 은인이었습니다. 솔로몬도 아비아달의 아버지 아히멜렉이 다윗을 돕다가 죽임을 당했을 뿐만 아니라 그의 자손과 형제들 팔십 오명이 한날에 죽임을 당했다는 이야기를 알고 있었습니다. 그렇기에 아비아달이 비록 반역의 무리 중에 한 사람이었지만 죽이지는 않은 것입니다.

과거의 은혜를 잊지 않는 사람이 훌륭한 사람입니다.
사람들은 작은 은혜는 물론 큰 은혜와 사랑까지도
그럴 수도 있다는 식으로 대수롭지 않게 여길 때가 종종 있습니다.
반면에 실수에 대해서는 그렇지 않습니다.
큰 실수는 물론이고 작은 실수까지도
가슴 깊은 곳에 묻어두곤 합니다.
인간의 본성이 그런가 봅니다.
그러나 태도와 습관을 바꿔봅시다.
원통한 것을 해변의 모래 위에 써 놓고
받은 은혜는 바위에 새겨 놓으면 어떨까요?
바람이 불어도 폭풍이 불고 홍수가 나더라도
지워지지 않을 만큼 깊게 새겨 놓으면 어떨까요?
솔로몬은 자신에게 은혜 베푼 것을 기억하고 있는 것이 아니라
약 오십 년 이상 된, 자신이 태어나기 훨씬 전(前)
아버지 다윗에게 베푼 아히멜렉의 은혜를 기억하고
그의 아들 아비아달을 선처(善處)하고 있는 것입니다.
사람에게 받은 은혜를 생각해 보셔요.
그리고 하나님께로부터 받은 은혜 또한 생각해 보자구요!

그런데 흥미 있는 것은 아비아달이 제사장 직에서 파면되어 숙청 된 것으로 인해 오래전 엘리 제사장에게 들려졌던 그의 가문에 대한 말씀이 이루어진 것입니다. 『그리고 네 집에 남은 사람이 각기 와서 은 한 조각과 떡 한 덩이를 위하여 그

에게 엎드려 이르되 청하노니 내게 제사장의 직분 하나를 맡겨 내게 떡 조각을 먹게 하소서 하리라 하셨다 하니라』(삼상 2:36). 약 백년전에 엘리 제사장에게 내리신 하나님의 말씀이었습니다. 그의 후손이 '빌어먹는 제사장'이 될 것이라는 비참한 말씀인데 여기서 그 예언이 성취되고 있는 것입니다. 이후 아비아달은 영광스런 대제사장직에서 파면되어 고향 아나돗으로 쫓겨난 후 그와 그의 후손들은 먹고살기 위해 구걸하는 신세가 되었습니다. 『아비아달을 쫓아내어 여호와의 제사장 직분을 파면하니 여호와께서 실로에서 엘리의 집에 대하여 하신 말씀을 응하게 함이더라』(:27)

❺ 2:28~35

솔로몬의 권력장악(3)

솔로몬 왕이 아도니야를 죽이고 아비아달 제사장을 파면하여 낙향(落鄕)시켰다는 소문이 이스라엘 전역에 삽시간에 퍼져나갔고 반정(反政)의 선두에 섰던 구렁이 같은 늙은 요압도 이 소식을 들었습니다. 소식을 접한 요압은 물론 백성들도 솔로몬의 권력 반대 세력 숙청이 생각보다 빠르고 무섭게 진행되고 있는 것에 놀라고 있었습니다. 공포였습니다. 요압은 자신도 살생부(殺生簿)에 이름이 있다는 것을 알았고 다음 차례가 누구인지는 몰라도 분명히 머지않아 자신에게도 들이닥칠 것을 짐작하고 있었습니다. 초조해하던 요압은 전전긍긍(戰戰兢兢)하다가 성막으로 갔습니다. 우선은 피하고 봐야겠다는 생각입니다. 성막 뜰에 있는 제단의 뿔을 잡고있는 사람은 재판이 이루어질 때까지는 죽일 수 없다는 율법이 있기에 제단 뿔을 잡으려고 간 것입니다. 다윗과 함께 수십 년의 세월을 호령하며 살았던 노인의 처절한 모습이었습니다.

『그 소문이 요압에게 들리매 그가 여호와의 장막으로 도망하여 제단 뿔을 잡으니』(:28상)

요압이 성전의 뿔을 잡고 있다는 소식이 솔로몬에게 들어갔습니다. '요압 장군, 아버지의 가슴에 못을 박은 사람이고 반역을 꾀한 사람 아닌가.' 솔로몬은 요압에 대한 처신을 생각하다가 브나야를 불렀습니다.

"요압이 성전에 들어가 뿔을 잡고 있다고 했는가? 살겠다고? 그가 자신이 한 죄를 알고 있나보이. 스스로 성전에 들어가 뿔을 잡고 있으니 말이야. 잘못했으면 내 앞에 와서 무릎을 꿇어야지. 아바마마의 묘 앞에서 무릎을 꿇어야 하는게 아닌가? 한 나라를 호령하던 자가 치졸하게 성전에 들어가 뿔을 잡고 있어? 못난 사람 같으니. 생각보단 비겁한 사람이구먼. 이보게, 그 늙은이 장렬하게 죽도록 자네가 도와주게나. 그리고 그에게 가서 말하게나. 장수답게 장렬하게 죽으라고. 그리고 네가 요압의 죽음을 장렬하게 만들어 주어라."

『어떤 사람이 솔로몬 왕에게 아뢰되 요압이 여호와의 장막으로 도망하여 제단 곁에 있나이다 솔로몬이 여호야다의 아들 브나야를 보내며 이르되 너는 가서 그를 치라』(:29)

브나야는 지난번 아도니야를 처형했던 군사들을 데리고 요압을 죽이기 위해 성막이 있는 곳으로 갔습니다. 그러나 군복을 입고 칼을 차고 군사들을 데리고 신성한 성막에 들어갈 수는 없었습니다. 그래서 왕의 이름으로 제단 뿔을 잡고 있는 요압을 성막 밖으로 나오라고 불렀습니다만 공포에 질려 있는 요압은 잡은 제단 뿔을 놓지 않고 거기서 죽겠다고 처절한 대답을 하고 있는 겁니다. 브나야는 어떻게 해야 하는지 난감했습니다. 성막 안으로 들어가서 제단 뿔을 잡고 있는 요압을 죽여야 하는지 아니면 나올 때까지 기다려야 하는지 고민이었습니다.

『브나야가 여호와의 장막에 이르러 그에게 이르되 왕께서 나오라 하시느니라 그가 대답하되 아니라 내가 여기서 죽겠노라』(:30)

이 정도의 고민을 해야 합니다.
신성한 것에 대한 고민입니다.
오늘날은 신성한 것에 대한 것들을 무시하는 시대입니다.
마음이 중요하다고만 하면 그만입니다.
마음? 중요합니다.
그러나 마음이 정말로 신성하고 거룩하다면
밖으로 나타나게 되어 있습니다.
우리 시대에도 거룩한 것을 구분할 줄 알아야 합니다.
거룩한 물건이 있고 거룩한 장소가 있습니다.
거룩한 물질이 있고 거룩하고 신성한 것들이 있습니다.

브나야의 고민은 영적인 순수함을 가진 사람의 고민입니다.
우린 신성한 것을 너무 우습게 여기고 있지는 않은지요?

브나야 장군은 양심상 성전의 제단 뿔을 잡고 있는 요압에게 칼을 댈 수가 없었습니다. 아무리 끌어내려 해도 요압이 뿔을 놓지 않는 겁니다. 늙은 거목(巨木)이 살겠다고 뿔을 잡고 있는 모습이 측은해 보이기도 하고 초라해 보이기도 했습니다. 지난날 그리도 잔인하고 용감했던 요압입니다. 한때는 브나야 자신도 존경하는 상관이었습니다. 그런 그가 지금은 너무 초라합니다. 브나야는 더 이상 요압을 비참하게 만들 수가 없었습니다. 그래서 왕궁으로 돌아가 있었던 상황을 그대로 보고했답니다.

"전하 요압이 제단에서 죽겠다고 버티고 있습니다."

브나야로부터 제단 뿔을 잡고 죽겠다고 하는 요압의 말을 전해 들은 솔로몬 왕은 요압이 했다는 말을 생각했습니다. '여기서 죽겠노라... 제단에서 죽고 싶다고 한단 말이지?' 솔로몬 왕은 다시 브나야에게 물었습니다.

"요압이 진정 제단에서 죽기를 원한다고 하더냐?"

"그렇습니다. 전하. 제단에서 죽겠다고 했습니다."

브나야의 대답이었습니다.

"그래? 그렇다면 제단에서 죽게 해 줘야지. 그의 소원이니 말이다.

가서 그의 소원대로 제단에서 죽게 하거라. 두려워말고 그를 쳐 죽이거라. 네가 율법을 거역한 것이 아니니라. 분명 요압이 그곳에서 죽고 싶다 했길래 그렇게 해주는 거니라. 그가 제단에서 죽게 해달라는 것은 아마도 무수한 피를 흘린 자신의 죄를 참회하는 의미에서 그렇게 죽고 싶다고 하는 걸게다!"

왕의 말을 들은 브나야는 솔로몬 왕의 결정에 따르기로 했습니다. 브나야의 말을 주의 깊게 듣고 있던 솔로몬은 망설이지 않고 다시 명령했습니다.

"요압이 원하는 대로 죽여서 묻어버리게나!"

기기막힌 판결이었습니다. 제단 뿔을 잡고 죽겠다는 요압의 요청대로 하라는 것이었습니다.

『브나야가 돌아가서 왕께 아뢰어 이르되 요압이 이리이리 내게 대답하더이다 왕이 이르되 그의 말과 같이 하여 그를 죽여 묻으라 요압이 까닭 없이 흘린 피를 나와 내 아버지의 집에서 네가 제하리라』(:30-31)

흥미있는 질문이 있습니다. 요압이 숙청되는 이유가 과거에 다윗 몰래 지은 죄 때문인가요 아니면 솔로몬이 왕의 후계자로 지명되었음에도 불구하고 아도니야를 중심으로 왕명을 거역하고 솔로몬을 대적한 것에 대한 죄 때문인가요? 성경 자체의 흐름 속에서 해답을 찾고 싶습니다. 솔로몬은 요압을 죽이는 표면적인 명분으로 요압이 다윗을 거스리고 두 사람

아브넬과 아마사를 죽인 죄를 거론했습니다. 그러나 그의 뒷말은 요압의 죽음으로 인한 다윗 왕조의 평강을 기원하고 있습니다. 결국 솔로몬의 요압 숙청은 새 정권의 완전하고 안전한 권력 장악에 따른 정지 작업이었던 것이라고 해석하는 것이 당시의 상황이라고 생각됩니다. 아도니야가 밧세바를 통하여 아비삭을 달라고 한 것에 대한 솔로몬의 반응의 연속인 것이지요. 『그뿐 아니라... 아비아달과... 요압을 위해서도 구하옵소서』(:22하)

브나야와 그의 신하들이 성전에서 제단 뿔을 잡고 있는 성막으로 들어갔습니다. 요압은 놋제단 네 모퉁이에 설치된 뿔들 가운데 하나에 매달려 있었습니다. 주름졌지만 아직도 싸울 수 있는 근육질의 손으로 뿔을 부둥켜안고 있었습니다. 그의 눈은 벌겋게 충혈되어 있었고 머리는 흐트러져 있었습니다. 죽음 앞에서 떨고 있는 초조한 모습이었습니다. 한시대를 호령했던 영웅의 마지막 모습이었습니다. 성막 뜰에 군사들이 브나야의 명령을 기다리고 있었습니다. 요압은 두려운 모습으로 무엇인가 중얼거리고 있었지만 아무도 듣지 않았습니다. 브나야가 번제단 계단을 올랐습니다. 그리고 부들부들 떨고 있는 요압의 큰 눈과 마주치면서 칼을 내리쳤습니다. 요압의 비명소리가 하늘을 갈랐습니다. 요압은 뜨거운 피를 흘리면서 잡은 뿔을 힘없이 놓고 제단 아래로 쓰러졌고 아직 숨이 붙어있는 것을 본 군사들은 그에게 달려들어 그의 숨이 끊어질 때까지 때려죽였습니다. 그의 숨이 끊어지고 사람들은 그의 시체를 가지고 그의 집으로 가서 매장했습니다.

『여호야다의 아들 브나야가 곧 올라가서 그를 쳐죽이매 그가 광야에 있는 자기의 집에 매장되니라』(:34)

힘있는 사람들이 모두 죽거나 숙청되었고 그에 따른 두려움으로 추종자들은 뿔뿔이 흩어져 숨어버렸습니다. 이제 거의 완벽한 솔로몬 정권이 형성된 것입니다. 어린 나이의 솔로몬 왕은 이제 누구도 넘 볼 수 없는 막강한 권력이 구축되었고 또 강력한 정부를 만들기 위해 충성된 사람들을 요직(要職)에 임명하였습니다. 정권의 안정을 위해 숨 가쁜 조치였습니다. 솔로몬은 요압의 자리였던 군대장관의 자리에 젊은 장수 브나야를 임명했습니다. 그리고 아비아달의 자리였던 영적인 지도자의 자리에는 사독을 임명했습니다. 대제사장이 된 것입니다.

『왕이 이에 여호야다의 아들 브나야를 요압을 대신하여 군사령관으로 삼고 또 제사장 사독으로 아비아달을 대신하게 하니라』(:35)

"욕심이 잉태한즉 죄를 낳고 죄가 장성한즉 사망을 낳느니라" (약1:15)

요압 속에 욕심이 잉태되더니 결국 죄를 범했고 마지막은 죽음이었네요.

그도 처음에는 욕심의 사람이 아니었을 겁니다.

사울의 폭정으로 인해 힘들어했던 자였고
그 폭정만 피하면 만족하려던 사람이었을 겁니다.
그런데 그에게 힘이 주어진 것입니다.
힘은 문제가 아닙니다.
힘 속에 있는 더 큰 힘을 향한 욕심이 문제입니다.
그것이 자라면 더 큰 힘을 갖겠다는 욕심을 이루기 위해
죄를 짓습니다.
음모를 꾸미고, 거짓을 행합니다.
상대방을 비난하고 심지어는 죽게 하기도 하고
자신이 죽이기도 합니다.
요압이 그랬습니다.
더 큰 힘을 쥐려다 보니 죄를 가볍게 여기며 살았습니다.
그리고 노년에도 그 미련을 버리지 못하다가
결국 커진 욕심, 제어할 수 없는 욕심 때문에
죽임을 당한 것이지요.
욕심부리지 마세요. 욕심을 부리면 사망에 이르게 된답니다.

⑥ 2:36~46

솔로몬의 권력장악(4)

솔로몬 왕에게 불편하고 괘씸한 사람이 있었습니다. 시므이입니다. 그는 초대 왕 사울의 집안인 베냐민 사람으로 다윗 정부가 왕권을 찬탈했다는 생각을 가지고 다윗 정부에 불만을 가진 세력의 중심이었기 때문이고, 더 괘씸한 것은 다윗 왕이 어려울 때는 앞에서 입에 담을 수 없는 저주를 하고 상황이 역전되자 살려달라고 비벼댄 치사한 놈이기 때문이었습니다. 솔로몬은 이 교활한 시므이가 (아버지의 말대로) 언제 어떤 일을 계획할지 믿을 수가 없었습니다. 그가 아도니야의 반역에 참여했었다면 간단하게 숙청을 했을텐데 그에게 그런 흔적은 발견되지 않았으므로 숙청을 할 수도 없었습니다.

그렇기에 그를 통제하기 위한 방편으로 거주지를 제한하는 방책을 썼습니다. 물론 그렇게 할 수 있었던 것은 지난날 다윗 왕에 대한 저주를 명분으로 삼았습니다.

『왕이 사람을 보내어 시므이를 불러서 이르되 너는 예루살렘에서 너를 위하여 집을 짓고 거기서 살고 어디든지 나가지 말라 너는 분명히 알라 네가 나가서 기드론 시내를 건너는 날에는 반드시 죽임을 당하리니 네 피가 네 머리로 돌아가리라』(:36-37)

감시받고 있는 시므이는 더 이상 베냐민 지파 사람들과의 왕래가 불가능했습니다. 시므이의 일거수일투족은 감시되어 왕에게 보고되었기 때문이었습니다. 거주지와 생활 지역을 제한한 솔로몬 정부의 처벌이 가혹하기는 했지만 시므이는 아무 말도 할 수 없었습니다. 살기 위해서는 예루살렘을 떠나면 안 되었습니다.

활동 지역이 제한되었지만 시므이는 그런대로 적응하고 있었습니다. 예루살렘의 기드론 시내를 건널 수 없다는 것뿐이지 생활하는 데는 괜찮았습니다. 사업을 하는 일도 그리 큰 문제는 아니었습니다. 단지 좀 불편할 뿐이었습니다. 그는 잘 적응했고 생활도 번성해져서 재산도 불어났고 종도 여럿을 두었습니다. 예루살렘을 벗어날 수 없는 대신 악착같이 산 열매였습니다. 종들을 사서 부리고 있을 만큼 큰 부자가 되었으니까요. 그러나 그의 사업은 예루살렘 성(城)안에서만 가능했고 성(城)밖으로 나갈 수는 없었습니다. 제한된 활동 영역 때문에 시므이는 물론 시므이의 종들도 아쉬움이 많았습니다.

종들은 예루살렘 성을 벗어나지 않는 시므이가 이상했습니다. 예루살렘 성을 벗어나서 다른 지방으로 사업을 확대하면 더 큰 돈을 벌 수 있을 텐데 주인이 이상하게도 예루살렘을 떠나지 않기 때문입니다. 혹 다른 지방으로 가야 하는 경우가 생길 때면 자신이 가지 않고 남을 시키곤 하는 것이 더욱 이상하곤 했습니다. 그런데 그 궁금증이 풀어졌습니다. 시므이는 예루살렘을 떠나면 죽게 되어있다는 것을 알게 된 것입니다.

시므이는 예루살렘을 떠날 수 없다는 것을 알게 된 종들은 그가 사업을 다른 지방으로 확대하지 않는 것이 아니라 확대할 수 없다는 것을 안 것이지요. 그런데 이것을 안 종 두 놈이 계략을 꾸몄습니다. 도망 계획이었습니다. 두 종의 계획은 시므이 몰래 진행되었고 또 한편으로는 다른 종들까지도 포섭하려고 했습니다. 물론 몸만 도망하려고 한 것은 아니었습니다. 생활 밑천이 될 만한 물건과 돈을 빼돌려 놓고 있었습니다. 그러던 어느날 깊은 밤에 두 종놈이 집을 나와 기드론 시내를 건너 블레셋 땅으로 도망을 가버렸습니다. 두 놈의 종이 도망을 간 사건이 벌어진 겁니다. 시므이가 예루살렘 밖으로 나가지 못하도록 통제를 받은 후 꼭 삼년만의 일이었습니다. 두 종들이 도망을 간 다음 날 시므이의 집은 발칵 뒤집혔습니다. 두 종의 몸 가격도 가격이지만 그놈들이 챙겨간 물건과 돈이 상당했기 때문입니다.

열 받은 시므이는 다른 종들을 풀어서 당장에 그놈들을 잡아오라고 명령을 내렸고 종들은 그들을 잡기 위해 예루살렘으로 갔습니다만 찾을 수가 없었습니다. 오후 늦게나 들어왔습니다. 그리고 찾지 못하였다는 말과 함께 저들이 예루살렘을 떠나 블레셋 땅 가드로 들어갔다는 소문이 있다고 보고하였습니다.

『삼 년 후에 시므이의 두 종이 가드 왕 마아가의 아들 아기스에게로 도망하여 간지라 어떤 사람이 시므이에게 말하여 이르되 당신의 종이 가드에 있나이다』(:39)

시므이는 속이 뒤집힐 것 같았습니다. 분을 참지 못한 시므이는 자신이 예루살렘을 떠나면 안 된다는 사실을 알고 있었지만 나귀에 안장을 지우고 가드 왕 아기스에게 바칠 선물을 싣고 가드로 향했습니다. 가드 왕에게 선물을 주어 자신의 두 종을 잡는데 협조를 얻기 위해서였습니다. 시므이의 생각은 맞았습니다. 가드 왕에게 준 선물이 효력을 보았습니다. 가드 왕은 시므이의 종을 찾는데 적극적으로 협조해 주었고 도망간 종들을 잡는 것은 쉬웠습니다. 두 종을 보자 피가 거꾸로 솟는 것 같았습니다. 가드에서 저들을 데리고 오는 길은 험난한 길이었습니다. 길에서 저들을 구박하고 때리고 마치 짐승처럼 다루었습니다. 시므이의 분(憤)이었습니다. 하기사 한 나라의 왕 앞에서 입에 담을 수 없는 저주를 퍼붓던 사람이니 종을 짐승처럼 다루는 것은 그에게 색다른 일이 아니었습니다.

종을 개처럼 패고 끌고 오는 것을 예루살렘 사람들이 보았습니다. 매 맞고 끌려오는 종들이 불쌍해 보였습니다. 평소에도 비난받던 늙은 시므이가 그렇게 종을 끌고 오는 것을 본 예루살렘 사람들은 그 원인을 알자 자신의 죄가 용서받은 은혜는 생각지도 않고 종이 죄를 지었다고 짐승처럼 대하고 있는 시므이를 비웃었습니다. 그러다가 누군가가 이 모습을 보고 솔로몬 왕에게 보고를 한 것입니다.

『시므이가 예루살렘에서부터 가드에 갔다가 돌아온 일을 어떤 사람이 솔로몬에게 말한지라』(:41)

신약 성경에 이런 예수님의 이야기가 있습니다.

"그러므로 천국은 그 종들과 결산하려 하던 어떤 임금과 같으니
결산할 때에 만 달란트 빚진 자 하나를 데려오매
갚을 것이 없는지라 주인이 명하여
그 몸과 아내와 자식들과 모든 소유를 다 팔아 갚게 하라 하니
그 종이 엎드려 절하며 이르되 내게 참으소서
다 갚으리이다 하거늘
그 종의 주인이 불쌍히 여겨 놓아 보내며

그 빚을 탕감하여 주었더니
그 종이 나가서 자기에게 백 데나리온 빚진 동료 한 사람을 만나
붙들어 목을 잡고 이르되 빚을 갚으라 하매
그 동료가 엎드려 간구하여 이르되
나에게 참아 주소서 갚으리이다 하되
허락하지 아니하고 이에 가서 그가 빚을 갚도록 옥에 가두거늘
그 동료들이 그것을 보고 몹시 딱하게 여겨
주인에게 가서 그 일을 다 알리니
이에 주인이 그를 불러다가 말하되
악한 종아 네가 빌기에 내가 네 빚을 전부 탕감하여 주었거늘
내가 너를 불쌍히 여김과 같이
너도 네 동료를 불쌍히 여김이 마땅하지 아니하냐 하고
주인이 노하여 그 빚을 다 갚도록 그를 옥졸들에게 넘기니라
너희가 각각 마음으로부터 형제를 용서하지 아니하면
나의 하늘 아버지께서도 너희에게 이와 같이 하시리라"(마 18:23-35)

시므이는 자신이 어떤 은혜를 받았는지 잊고 있었습니다.
그가 지은 죄는 '국왕 모독죄' 입니다.
그에 대한 죄는 일만 달란트로 해결될 수 있는 것이 아닙니다.
생명을 내놓아야 하는 죄입니다.
그런데 그것을 용서받고 사는 사람이
종이 도망간 것을 용서하지 못하고 잡아 나선 것입니다.
은혜를 잊고 행동하는 시므이의 모습이 고약합니다.

우리는 그런 행동을 하고 있지 않은지요?
받은 용서가 얼마나 큰 것인지 잊고
나에게 조금 섭섭하게 한 사람을 용서하지 못하는
시므이와 같은 행동을 하고 있지는 않은지 생각해 봅니다.

솔로몬 왕이 화가 났습니다. 자신의 지은 큰 죄를 용서받은 것을 잊고 종들의 도망감을 용서하지 않는 시므이를 불렀습니다.

『왕이 사람을 보내어 시므이를 불러서 이르되 내가 너에게 여호와를 두고 맹세하게 하고 경고하여 이르기를 너는 분명히 알라 네가 밖으로 나가서 어디든지 가는 날에는 죽임을 당하리라 하지 아니하였느냐 너도 내게 말하기를 내가 들은 말씀이 좋으니이다 하였거늘 네가 어찌하여 여호와를 두고 한 맹세와 내가 네게 이른 명령을 지키지 아니하였느냐 왕이 또 시므이에게 이르되 네가 네 마음으로 아는 모든 악 곧 내 아버지에게 행한 바를 네가 스스로 아나니 여호와께서 네 악을 네 머리로 돌려보내시리라』(:42-44)

"브나야 장군, 즉시 가서 시므이를 처형하게나!"

『여호야다의 아들 브나야에게 명령하매 그가 나가서 시므이를 치니 그가 죽은지라…』(:46상)

예수님께서 제자들에게 기도를 가르치신 내용 중에
이 내용이 있습니다.
"우리가 우리에게 죄 지은 자를 사하여 준 것같이
우리 죄를 사하여 주옵시고"

신비의 구절입니다.

해석을 복잡하게 하고 싶은 구절입니다.

예수의 피는 모든 죄를 용서하시기에

혹 '다른 사람의 죄를 용서하지 못하는 죄' 까지도

용서하신다고 해석하고 싶은 유혹이 생깁니다.

하나님께서 우리의 '모든 죄' 를 용서하십니다.

그런데 어떤 죄든지 용서를 받지만

우리가 다른 사람의 죄를 용서하지 않는다면

주님께로부터 받은 용서가 취소된다는

무거운 말씀인 것 같습니다.

당신과 나, 우리의 죄목들 하나하나가 참회로 아뢰질 때

주님은 분명히 용서하십니다.

하나님을 향한 반역의 죄도 잘못인 줄 깨닫고

용서를 구하면 용서하십니다.

그런데 그런 용서를 받은 당신과 내가

다른 사람이 우리에게 범한 죄를 용서하지 않는다면

용서받은 것이 취소되어 그 죄값을 받게 된다는

주님의 말씀인 것 같습니다.

신중하게 생각해야 합니다.

매여 있는 축복.

시므이는 매여 있었습니다.

예루살렘 성에 매여 있었습니다.

그곳에 매여 있을 때는 불편은 있었지만
생명에는 지장이 없었습니다.
아니 풍성함도 누릴 수가 있었습니다.
그런데 그곳을 벗어남으로 죽임을 당한 것입니다.
예루살렘 성은 불편한 것 같지만
생명이 보호되는 곳이었습니다.

예수님께 매여 있는 것이 축복입니다.
불편하기도 합니다.
마음대로 할 수 없는 것이 불편합니다.
그래서 예수님을 벗어나면 시원할 것 같은데
실상은 죽음이 기다립니다.
매여 있는 것은 불편한 것 같으나 사는 길입니다.
주님께 매여 있을 때, 절대적으로 안전합니다.

〉〉 제3장

좋은 출발

잘 살려고 하나님께서 정해 준 구역을 떠났잖아요. 하나님 없이도 행복해 질 수 있다는 믿음으로 떠난 거잖아요. 하나님 마음 아픈 것은 생각도 하지 않고 말이어요. 그래서 얻은 것이 무엇인지는 몰라도 재산을 얻었겠죠. 좋은 집에서도 살겠구요. 그리고 또 무엇을 얻었을까요? 그런데 중요한 것들을 잃었네요. 그나마 간들간들했던 신앙 잃었네요. 10년 동안 하나님께 제사 드리지 않았을 거구요. 남편도 잃었구요. 두 아들도 잃었답니다. 잘 살 [illegible] 같이 잘 살 사람들이 다 떠났네요. 왜 쉬일 수 없는 아니 쉬이면 안 되는 모압으로 갔는지요. 지금의 어려움을 극복하기 위해 하나님을 버리면 안 됩니다. 그러면 금방은 해결이 오는 것 같은데 조금 지나면 더 큰 어려움이 온다는 교훈 잊지 마세요. 주님 안에서 발버둥을 쳐야 합니다. 약속의 땅 안에서 노력해야죠. 주님이 우리에게 정해주신 구역이 있잖아요. 아무리 힘들어도 그 구역을

THE BIBLICAL

THE BIBLICAL BIBLE STUDY

❶ 3:1~3

혼돈과 괘리

솔로몬에게는 여자가 많았습니다.

후비(后妃)가 칠백 명이었고 빈장(嬪?)이 무려 삼백 명이었습니다. 물론 그의 사십 년에 걸친 통치 기간 중에, 아니 살면서 얻은(?) 여인들이었습니다. 그의 통치 초기 여인들에 관한 이야기를 생각하는 것은 참 재미있습니다. 무엇보다 그의 첫 번째 여인은 누구였을까 하는 궁금함입니다.(그의 아버지 다윗 왕의 첫 번째 여인은 미갈이었습니다. 그렇다면 솔로몬 왕의 첫 번째 여인은 누굴까요? 열왕기상에 나오는 첫 번째 그의 부인은 애굽 왕 바로의 공주라고 되어있습니다.

『솔로몬이 애굽의 왕 바로와 더불어 혼인 관계를 맺어 그의 딸을 맞이하고 다윗 성에 데려다가 두고 자기의 왕궁과 여호와의 성전과 예루살렘 주위의 성의 공사가 끝나기를 기다리니라』(:1)

솔로몬이 애굽 바로 왕의 공주를 아내로 맞이한 것은 그가 임금이 된 지 약 일년 후의 사건입니다. 그러니까 솔로몬 나이가 약 십사세 정도 되었을 때가 아닌가 생각을 합니다. 그가 왕이 된 후 정적(政敵)인 아도니야와 요압 그리고 아비아달을 숙청한 후 얼마 지나지 않아서의 장가를 간 거지요. 시므이를 죽이기 전입니다.

그러나 그가 애굽 바로 왕의 딸을 아내로 맞이한 것이 첫 번 여자는 아닙니다. 왜냐하면 이미 바로의 딸과 결혼하기 전에 아들(들)이 있었기 때문입니다. 적어도 그에게는 이미 한 여자 이상의 아내가 있었습니다. 그것을 열왕기상 11장 42절과 14장 21절에서 말하고 있습니다.

『솔로몬이 예루살렘에서 온 이스라엘을 다스린 날 수가 사십년이라』(11:42). 『솔로몬의 아들 르호보암은 유다 왕이 되었으니 르호보암이 왕위에 오를 때에 나이가 사십일 세라 여호와께서 자기 이름을 두시려고 이스라엘 모든 지파 가운데에서 택하신 성읍 예루살렘에서 십칠 년 동안 다스리니라 그의 어머니의 이름은 나아마요 암몬 사람이더라』(14:21). 이 두

말씀은 솔로몬의 여자 문제를 푸는 중요한 열쇠 구절들입니다. 해석은 이렇습니다. 솔로몬이 이스라엘을 통치한 햇수가 사십 년입니다. 그러므로 그가 왕이 되자마자 아들을 낳았다 하더라도 그가 죽으면서 왕위를 장남에게 넘겨주었다면 아무리 나이가 많아도 아들의 나이가 사십 세이어야 합니다. 그런데 성경은 아들의 나이를 사십일 세라고 말하고 있습니다. 그러므로 솔로몬은 왕이 되기 전에 이미 여자가 있었다는 말입니다. 그의 여자 문제는 왕이 된 후에 시작된 것이 아니라 왕이 되기 전에 여자가 있었고 또 아들도 있었던 것입니다. 문제는 왕이 되기 전에 어떤 여자와 사고(?)를 쳤느냐 하는 것입니다. 이게 재미있는 일입니다. 이스라엘 여인이 아니라 불행하게도 첫번 불장난의 주인공은 이방 암몬 여인이었던 것입니다. 『르호보암이 왕위에 오를 때에... 그의 어머니의 이름은 나아마요 암몬 사람이더라』(14:21하). 역대하12장 13절에도 똑같이 말하고 있습니다. 『르호보암의 어머니의 이름은 나아마요 암몬 여인이더라』

솔로몬은 조숙(早熟)했음이 분명합니다. 머리가 영특한 것은 물론이고 육체도 건장하여 일찍 성(異)에 눈을 떠 여자를 밝혔고 왕자라는 신분으로 인해 사고(?)도 일찍 친 것 같습니다. 그것이 사랑인지 사고인지는 모릅니다만 애까지 낳고만 것입니다. 그 아이가 훗날 솔로몬의 뒤를 이어 이스라엘의 네번째 왕이 된 르호보암입니다. 다윗이 솔로몬을 자신의 뒤를 이어 왕이 되게 했지만 그의 생전에 그 사건으로 얼마나 골치가 아팠을까요? 어쩌면 솔로몬을 왕으로 세울 때 여러 대신들은 솔로몬의 도덕적인 결함으로 인해 그가 왕이 되는 것을 반대했을지도 모릅니다. 다윗의 치세에 어려움이 있었던 것도 여자 문제에 기인한 것이었는데 솔로몬은 왕좌에 오르기도 전에 여자를 밝히고 있으니 그런 그가 왕이 된다는 것에 원로들은 큰 걱정이었을 것이라는 생각입니다.

솔로몬이 애굽 왕의 딸을 아내로 맞이하긴 했으나 그녀가 다윗 성에 거하지 못했다는 역대기 기자의 기록(대하8:11)을 보면 분명 원로 대신들의 강력한 반대가 있었을 것이라는 생각입니다. 나단을 비롯한 보수주의자들은 솔로몬의 정략결혼(政略結婚)을 반대했었을 것이지만 왕의 고집스런 행동에 할 수 없이 애굽 왕의 공주를 정비(正妃)로 맞아들이긴 했으나 신성시되었던 다윗 성에 거하는 것만은 끝까지 반대했던 것 같습니다. 결국 솔로몬은 애굽 왕의 공주를 달래기 위해서라도, 애굽 왕과 애굽 왕의 딸에게 만족할 만한 궁궐을 지어 줄 수밖에 없었던 것입니다.

솔로몬은 통치 초기에 정적(政敵)들을 숙청하므로 인해 이스라엘 내부에서는 왕권에 대해 도전해 오는 세력이 없었습니다. 그러나 외부의 상황은 달랐습니다. 전략가인 다윗이 죽은 후로 주변의 나라들은 이스라엘을 넘보기 시작했습니다. 다윗도 죽었지만 솔로몬 등극 후 요압을 비롯한 이스라엘의 전쟁 영웅들이 대거 숙청되었기 때문입니다.

애굽도 이스라엘을 노리기는 마찬가지였습니다. 당시 애굽의 21왕조의 수세네스(Psuennes)라는 왕이 이스라엘을 은근히 넘보고 있었던 것이지요. 솔로몬 정부는 이 애굽이 부담스러웠습니다. 더군다나 솔로몬은 다윗의 유언에 따라 성전을 짓기 위한 준비를 하고 있을 때였습니다. 만일 성전을 짓고 있는 중에 애굽이 공격을 해 온다면 성전 건축 사업은 물론 나라에 큰 혼란이 올 것이 불 보듯 보였습니다. 그래서 생각해낸 것이 애굽의 바로와 화친(和親)정책을 세우는 것이었습니다. 그래서 솔로몬은 애굽 바로의 공주를 왕비(王妃)로 맞이한 것입니다. 정략(政略) 결혼이었습니다. 어쨌거나 솔로몬의 수많은 여인들과의 인연들 가운데 최초이자 정식으로 기록된 솔로몬 왕의 여자입니다.

『솔로몬이 애굽의 왕 바로와 더불어 혼인 관계를 맺어 그의 딸을 맞이하고 다윗 성에 데려다가 두고 자기의 왕궁과 여호와의 성전과 예루살렘 주위의 성의 공사가 끝나기를 기다리니라』(:1)

솔로몬의 마음에는 항상 다윗의 유언이 부담으로 자리 잡고 있었습니다. 말이 왕이지 나라를 다스리는 일도 상당한 부담이었습니다. 정권을 세우기 위해 어머니 밧세바를 비롯한 주변 사람들의 말을 듣고 정치적으로 부담이 되는 사람들을 숙청하여 권력에 도전하는 것을 근본적으로 차단하였습니다만 그것은 사실상 바람직한 정치가 아님을 알고 있었습니다. 그러나 하여간 다윗의 유언이라서보다는 어쨌건 간에 하나님의 전(殿)을 건축하여 봉헌을 하고 싶은 마음이 간절했습니다. 게다가 성전 건축이라는 빌미로 백성들의 마음을 모을 수 있기 때문이라는 계산도 있었습니다. 아무튼 솔로몬의 마음은 언제나 성전 건축에 있었고 또 하나님을 기쁘시게 하기 위해, 다윗이 말한 것처럼 하나님의 법도를 따라 행하려고 애를 썼습니다. 더욱이 성전을 지으면서도 백성들이 산당에서 제사를 드리는 것을 보면 성전을 속히 완공해야겠다는 마음을 먹곤 했습니다. 물론 자신이 제사 드릴 때마다 그 마음은 더욱 간절했습니다.

『그 때까지 여호와의 이름을 위하여 성전을 아직 건축하지 아니하였으므로 백성들이 산당에서 제사하며 솔로몬이 여호와를 사랑하고 그의 아버지 다윗의 법도를 행하였으나 산당에서 제사하며 분향하더라』(:2-3)

세상에서 살다보면 끌리는 일이 많습니다.
그 가운데 본능이 끌어당기는 경우가 제일 많습니다.
이런 것을 육신의 정욕 안목의 정욕 이생의 자랑이라고 합니다.
솔로몬은 다른 것은 기록이 없어서 잘 모르겠지만
그에게 있어서 이성(異性)에 대한 본능적 끌어당김은
강했던 것 같습니다.
그래서 어린 나이에 사고를 쳤겠지요.
분명 왕이 되기 이전에 아이를 낳은 것을 보면 사고가 분명합니다.
그것도 암몬 여인과의 사이에서 낳은 아들인 것을 보면
사고를 친 것이 틀림없습니다.
다윗과 이스라엘이 이방 여인인 암몬 여인과

결혼을 허락했을 리가 없기 때문입니다.

아마도 열두살 때 신하들과 여행을 갔다가

암몬 여인을 만나 불장난(?)을 놀다가 사고를 친 것 같습니다.

사고를 치고 아버지 다윗에게 엄청나게 혼이 났다고

생각할 수도 있겠으나

다윗의 자식 다루는 성격은 엄하지 않았던 것으로 보아

솔로몬의 사고도 크게 나무라지는 않았을 것으로 생각됩니다.

물론 다윗 자신도 여자 문제가 깨끗하지 않았으니

그냥 넘어갔을 수도 있었겠죠.

어쨌든 솔로몬은 '끌리는 본능'에 따라

엄청난 일(?)을 사고를 친 것입니다.

② 3:4~15

기도

국가 내부에서의 도전 세력은 차단하였지만 주변 나라들의 추근덕 거림은 무척이나 신경이 쓰였습니다. 애굽과의 문제는 공주를 왕비로 데리고 옴으로서 일단락 지었습니다만 주변의 다른 나라들의 문제는 여전히 남아 있었습니다. 불안은 계속되었습니다. 게다가 말이 그렇지 찾아오는 백성들의 문제를 판결하는 일이 보통 어려운 일이 아니었습니다. 모든 것이 어려웠고 부담이었습니다. 조여오는 압박감을 어린 솔로몬은 견뎌내기가 쉽지 않았습니다. 그러던 그는 그 무거운 짐들을 가지고 제단으로 나갔습니다. 아버지 다윗이 그랬던 것처럼 하나님께 나아가 엎드렸던 것입니다.

이것이 지혜입니다.

지혜를 분별하는 능력이라고 말하는 사람이 있습니다.

맞는 말입니다.

그러나 분별하는 능력이 지혜라면

세상 사람들이 신자들보다 앞서는 경우가 많습니다.

참 지혜는 '하나님을 의지하는 것' 입니다.

참 지혜는 사람을 의지하거나 무기를 의지하거나

돈을 의지하지 않습니다.

자신의 지식이나 그것을 나타내는 학위를 의지하지 않습니다.

하나님을 찾고 의지하는 것입니다.

솔로몬은 어리지만 지금 지혜롭네요.

당신이 참 지혜로운 사람이기를 원한다면

솔로몬이 하는 일을 따라야 합니다.

솔로몬이 무거운 짐을 지고 하나님께 나아가기로 결심한 것처럼

당신도 하나님께로 나아가야 합니다.

찬송가 337장의 시(詩)는 우리가 어떻게 사는 것이

지혜로운 삶을 사는 것인지를 노래하고 있습니다.

1. 내 모든 시험 무거운 짐을 주 예수 앞에 아뢰이면
   근심에 싸인 날 돌아보사 내 근심 모두 맡으시네
2. 내 모든 괴롬 닥치는 환란 주 예수 앞에 아뢰이면
   주께서 친히 날 구해주사 넓으신 사랑 베푸시네
3. 내 짐이 점점 무거워질 때 주 예수 앞에 아뢰이면

주께서 친히 날 구해주사 내 대신 짐을 져주시네
4. 마음의 시험 무서운 죄를 주 예수 앞에 아뢰이면
예수는 나의 능력이 되사 세상을 이길 힘주시네

(후렴)
무거운 짐을 나 홀로 지고 견디다 못해 쓰러질 때
불쌍히 여겨 구원해 줄 이 은혜의 주님 오직 예수

어려운 일도 많았고 부담스런 일도 많았습니다. 서러운 일도 많았구요. 두려운 일도 많았습니다. 그럴 때마다 성전에 들어가서 소를 잡았습니다. 기도하면서 드린 제물입니다. 큰 소를 죽이는 일이 쉽지 않았습니다. 힘든 일이었고 시간이 많이 걸리는 일이었습니다. 그러나 그렇게 해야 하나님께로 마음을 집중할 수가 있었습니다. 어렵고 복잡하고 살벌한 문제들이 제사를 준비하면서는 잊어지곤 했습니다. 소의 피를 받아 제단에 뿌리고 제사장의 손에 피가 담긴 그릇을 넘겨주면서 하나님께 기도하곤 했습니다. 열번의 제사를 드렸습니다. 백번의 제사를 드렸습니다. 오백번, 팔백번, 구백번... 드렸습니다. 아침에 눈을 뜨면 기브온 산당에 가서 제사를 드리렸습니다. 비가 오는 날도 있었습니다. 바람이 부는 날도 있었습니다. 날씨가 추웠던 날도 있었고 너무 더워서 기진하던 날도 있었습니다. 일년이 지나고 이년이 지나갔습니다. 열세 살에 왕이 되어 처음 제사를 드릴 때는 몸집도 작아 제사드리는 모습도 어색했었는데 지금은 그렇지 않습니다. 구백번 넘게 제사를 드리는 동안 이제는 아주 성숙하게 제사를 드리게 되었고 몸집도 많이 컸습니다. 벌써 열여섯 살이 된 것입니다. (아마 왕이 된지는 3년 몇 개월이 된 때이고 제사 드리기 시작한 지도 거의 3년째 되었을 때 시므이가 예루살렘을 벗어난 죄로 인해 죽임을 향한 사건이 있었습니다). 하루하루 드리는 솔로몬의 제사는 변함이 없었습니다. 아주 지극 정성스런 제사였습니다. 어느덧 천번째 제사를 드리는 날이 되었습니다. 이날도 여느 날처럼 정성을 다해 제물을 준비해서 하나님께 제사를 드렸습니다. 제사를 마치고 그날은 제사 드린 기브온에서 잠을 자기로 했습니다. 천번의 제사를 마친 감격도 있었습니다. 그런데 그렇게 자던 중에 꿈을 꾸었답니다. 그러나 꿈 치고는 너무나 생생했습니다.

알지 못하는 분이 꿈속에 나타나셨습니다. 들어보지 못한 음성인데 친절하게 솔로몬의 이름을 불렀고 압도하는 위엄스런 목소리로 말하기 시작했답니다. 하나님이 분명했습니다. 틀림없이 그분이 나타나신 겁니다. 그분의 소리를 들었습니다.

『내가 네게 무엇을 줄꼬 너는 구하라』(:5하)

어린 솔로몬은 침착했습니다. 마치 하나님이 물으실 것을 알고 대답을 준비한 것처럼 아주 침착하게 자신의 말을 올렸습니다.

『솔로몬이 이르되 주의 종 내 아버지 다윗이 성실과 공의와 정직한 마음으로 주와 함께 주 앞에서 행하므로 주께서 그에게 큰 은혜를 베푸셨고 주께서 또 그를 위하여 이 큰 은혜를 항상 주사 오늘과 같이 그의 자리에 앉을 아들을 그에게 주셨나이다 나의 하나님 여호와여 주께서 종으로 종의 아버지 다윗을 대신하여 왕이 되게 하셨사오나 종은 작은 아이라 출입할 줄을 알지 못하고 주께서 택하신 백성 가운데 있나이다 그들은 큰 백성이라 수효가 많아서 셀 수도 없고 기록할 수도 없사오니 누가 주의 이 많은 백성을 재판할 수 있사오리이까 듣는 마음을 종에게 주사 주의 백성을 재판하여 선악을 분별하게 하옵소서』(:6-9)

솔로몬의 기도는 지성(至誠)을 드린 기도입니다.
"그 제단에 일천 번제를 드렸더니"(:4하)
누구에게 보이기 위한 제사나 기도가 아닙니다.
백성들에게 신앙적인 사람이라는 칭찬을 듣기 위해서
드리는 제스쳐도 아니었습니다.
자신의 인기를 위해 오기로 드리는 행위가 아니었습니다.
그는 하나님께 마음을 드린 것이고 하나님을 사모하기에 드린
생명과 정성이 어우러진 행위였습니다.
진실한 겸손, 그리고 간절함에서 나오는 제사와 기도입니다.
"주께서 종으로... 다윗을 대신하여 왕이 되게 하셨사오나
종은 작은 아이라 출입할 줄을 알지 못하고"(:7)
마음속으로는 왕이 될 수 있는 사람이
"나 말고는 없다"라고 생각하면서
제사와 기도할 때만 겸손이라는 언어로 포장하는
그런 기도가 아니었습니다.

그는 진정으로 자신이 다윗 왕을 이어
이스라엘의 제3대 왕이 된 것을
전적인 하나님의 은혜로 감격하고 있는 것입니다.
사실 나이로 보나 용모로 보나 여론으로 보나
분명 왕이 될 사람은 아도니야였습니다.
혹시 그가 아니더라도 자신 앞에는
형님 왕자들이 많이 있었습니다.
그런데 열세살에 불과한 자신이 왕이 되었다는 것은
하나님의 은혜로만 가능했음을 인정하는 것입니다.

사명의 가치와 중요성을 알고 그것을 위해
필요한 것을 구하는 기도입니다.
"누가 주의 이 많은 백성을 재판할 수 있사오리이까
듣는 마음을 종에게 주사 주의 백성을
재판하여 선악을 분별하게 하옵소서"(:9)
자신이 무슨 일을 해야 하는 존재인지를 알 뿐만 아니라
그 일이 얼마나 중요한 일인지를 알고 드리는 기도입니다.
자기가 하는 일이 하나님께서 주신 사명이기에
드리는 기도입니다.
그 일을 하기 위해 필요한 것을 구하는 기도입니다.

솔로몬의 기도 속에서 생각하는 것들이 있습니다.
기도함이 '하나님께'가 아닌 '사람'에게,
나의 신앙을 평가받으려고 드리는 기도가 있습니다.

자세도 언어도 몸짓도 하나님께 드린 것보다는
사람들을 의식해서 하는 기도이지요.
지성(至誠)으로 '하나님께' 가 아닌
지성(至誠)으로 '사람들의 눈' 을 의식한 기도가 아니었나
생각해 봅니다.
나의 많은 기도 행위가 겸손한 기도도 아니었던 것 같습니다.
마음 깊은 곳에서는 내가 최고라고 인정하는 기도는 아니었는지
반면에 나는 아무것도 아니라는 용어를 쓰면서
겸손한 척하지 않았나 하는 생각도 듭니다.
내가 하는 일을 하나님이 주신 일이라고 생각하기보다는
더 성공한 사람이 되기 위한 발판으로 삼기 위해 이용하고
단지 더 인정받기 위한 기도를 하지 않았는가 하는
부끄러운 생각도 듭니다.

하나님께만 집중하는 기도를 드리려 합니다.
진실로 내가 아무것도 아님을 인정하는 겸손의 기도를
드리려 합니다.
주께서 주신 일을 잘 성취하기 위해
꼭 필요한 것을 구하려고 합니다.
어린 솔로몬이 했던 것처럼.

솔로몬의 구한 것이 하나님 마음에 감동되었습니다. 자기를 위해 구한 것이 아니기 때문이었습니다. 하나님께서 감동하신 것은 천번이

라는 대단한 숫자 때문이 아닙니다. 하나님의 마음에 맞는 기도를 드렸기 때문입니다. 감동하신 하나님은 솔로몬이 구한 것은 물론이고 덤으로의 복을 말씀하셨습니다.

『솔로몬이 이것을 구하매 그 말씀이 주의 마음에 든지라... 자기를 위하여... 구하지 아니』했기 때문이랍니다.(:10-11)

『이에 하나님이 그에게 이르시되... 내가 네 말대로 하여 네게 지혜롭고 총명한 마음을 주노니 네 앞에도 너와 같은 자가 없었거니와 네 뒤에도 너와 같은 자가 일어남이 없으리라 내가 또 네가 구하지 아니한 부귀와 영광도 네게 주노니 네 평생에 왕들 중에 너와 같은 자가 없을 것이라』(:11-13)

고대(古代)의 왕에게 가장 중요한 일은 재판하는 일이었습니다. 물론 모든 백성들의 문제를 일일이 재판하는 것은 아닙니다. 일차적으로는 지방 관리들이 재판을 하고 그래도 해결이 되지 않으면 좀 더 신분이 높은 관리에게 찾아가 재차 재판을 받게 됩니다. 몇번의 절차를 통해서도 합당한 재판이 되지 않았다고 생각되면 최종적으로 왕에게까지 가서 왕의 판결을 받게 되는데 그것이 마지막 재판입니다. 그러므로 왕에게 있어서 가장 중요한 것은 사람들로 하여금 억울함을 당하지 않도록 하는 명재판이었습니다.

하나님의 가장 큰 관심이 어떤 것일까요?
나라가 경제적으로나 군사적으로나 문화적으로나
부강(富强)해지는 것이 아닙니다.

하나님의 관심은 사람입니다. 한사람에 관한 관심입니다.
나라가 아무리 강해지고 풍부해진다 하더라도
하나님의 형상으로 지어진 사람이 억울하게 짓밟히는 것을
하나님께서는 싫어하십니다.
큰 것, 위대한 것, 선두주자, 영향력,
이러한 단어에 미혹되지 마십시오.
그러한 단어는 사람을 끄는 힘이 있기는 합니다만
하나님은 한사람에 대한 관심에 더 매력을 가지고
있으시다는 사실을 명심해야 합니다.
그 한사람이 바로 나입니다.

그런 사랑을 받은 사람이기에 우리도 사람에 대하여
바른 판단을 할 수 있도록 하나님의 마음과 지혜를 구해야 합니다.
사람은 자신의 경험과 지식을 가지고 판단하는 경우가
많기 때문입니다.

하나님은 솔로몬에게 복을 약속하셨습니다. 그러나 이 놀라운 복을 보존하는 것은 솔로몬의 몫임을 말씀하셨습니다. 하나님이 주신 복을 보존하고 누리기 위해서는 그릇을 준비해야 합니다. 그 그릇은 하나님의 법도와 명령을 지키는 것이었습니다.

『네가 만일 네 아버지 다윗이 행함 같이 내 길로 행하며 내 법도와 명령을 지키면 내가 또 네 날을 길게 하리라』(:14)

솔로몬은 모든 것을 받았습니다.

그러나 그 복을 누릴 것인지 아니면 누리지 못할 것인지는
그의 마음과 삶의 태도에 달려 있답니다.
하나님을 사랑하면서 살면 그 복을 누리게 됩니다만
하나님을 사랑하지 않으면 준 복도 누리지 못한다는 말씀입니다.
왜 하나님을 사랑하는 것이 복을 누리는 길인가 하면
하나님을 사랑하면 그의 계명을 저절로 지키게 되기 때문입니다.
"너희가 나를 사랑하면 나의 계명을 지키리라"(요14:15)
"예수께서 대답하여 이르시되 사람이 나를 사랑하면
내 말을 지키리니"(요 14:23상)
"나를 사랑하지 아니하는 자는 내 말을 지키지 아니하나니"(요 14:24상)
하나님의 계명을 지키는 원리는 하나님을 사랑하는 것입니다.

밤중에 하나님의 음성을 들은 어린 솔로몬은 기분이 좋았습니다. 마음 깊은 곳에 자리 잡고 있던 두려움이 사라졌고 용기도 생겼습니다. 어떤 일이든지 잘 해낼 수 있다는 자신감이 생겼습니다. 온 천하를 얻은 것 같은 마음속에 하나님께 대한 감사와 감동이 솔로몬의 마음을 고요한 풍성함으로 가득 채웠습니다. 아직 날이 밝기가 먼 새벽임에도 불구하고 솔로몬은 감동으로 인해 잠을 이루지 못했습니다. 그냥 꿈이겠거니 하면서 아무런 일이 아닌 것처럼 넘기려고 애를 썼지만 그럴수록 그의 마음은 더욱 생생하게 그것이 꿈이 아니라는 것을 알 수 있었습니다.

이른 아침 솔로몬은 꿈을 가지고 예루살렘으로 돌아왔습니다. 그리고 다윗이 세운 장막 속에 들어가 언약궤 앞으로 가서 섰습니다. 두려움과 걱정 그리고 불안함의 지난 몇년의 세월들이었습니다. 여러 동료들이 자신을 도와 나라를 다스리기 위해 충성스럽게 일하고 있었습니다만 솔로몬 자신의 마음속에는 남이 볼 수 없는 불안함이 언제나 꿈틀거리고 있었습니다. 이 마음을 누가 알 수 있는지요. 그런데 지난 밤 하나님께서 나타나신 것입니다. 언약궤 앞에서 있는 솔로몬은 솟구치는 눈물을 막을 수가 없었습니다. 그 감격을 제사로 표했습니다. 그리고 신복들을 위해서도 큰 잔치를 베풀었습니다.

『솔로몬이 깨어 보니 꿈이더라 이에 예루살렘에 이르러 여호와의 언약궤 앞에 서서 번제와 감사의 제물을 드리고 모든 신하들을 위하여 잔치하였더라』(:15)

꿈.

밤에 잠을 자다가 뇌(腦) 속에 그려지는 장면들을 꿈이라고 합니다. 이 꿈을 잘 해석해야 합니다. 첫째는 어떤 일에 깊이 집중하고 집착한 것으로 인해 무의식 속에 세뇌가 되어 나타나는 장면의 꿈이 있습니다. 좋은 일이나 나쁜 일에 집중하고 집착한다든지 혹은 어떤 큰 충격을 받으면 자는 중에 나타납니다. 어린아이들이 무서운 영화를 보면 잠잘 때 그것이 연상되어 나타납니다. 반대로 좋은 것을 보면 그 또한 나타나는 경우가 있습니다.

두 번째는 아무것도 아닌 꿈입니다. 일상생활과도 아무런 상관이 없는 꿈이 있습니다. 왜 그런 꿈을 꾸게 되었는지를 모르기에 기억에서 쉽게 잊혀지는 꿈입니다. 그러나 이 꿈을 왜 꾸었는지 또는 어떤 것인지 본인은 모르지만 어느 경우에는 하나님께서 꾸게 하신 것인 경우가 있기도 합니다. 예를 들면 요셉이 꾼 꿈입니다(창 40:9-17, 41:1-7). 요셉의 꿈은 분명 하나님이 주신 꿈이었습니다. 그러나 요셉은 그 꿈이 무엇을 의미하는지 몰랐습니다. 어떤 이는 요셉이 이 꿈을 붙들고 어려움을 이기면서 살았다고 합니다만 그것은 지나친 해석입니다. 하나님께서는 그 꿈이 무엇을 의미하는지를 요셉에게 알려주시지 않았습니다. 그리고 요셉은 스스로가 꿈을 만든 것이 아닙니다. 그런데 우리는 요셉을 이야기할 때 요셉은 꿈꾸는 청년이었으므로 우리도 미래를 향한 꿈을 꾸면서 살자고 합니다. 매력적인 말이긴 합니다만 다분히 어떤 목적 달성을 위한 수단으로서 요셉의 꿈 이야기를 오용(誤用)하고 있는 것에 불과합니다. 다시 말합니다만 요셉은 성공하는 멋진 미래를 위해 꿈을 만든 사람이 아닙니다. 자신의 의도와는 상관없이 자신도 모르게 하나님에 의해 하나님께서 살짝 잠결에 꿈을 꾸게 하신 사건입니다. 요셉의 꿈은 일상적인 꿈들 가운데 하나일 뿐이라는 말이죠.

세 번째는 특별한 계시를 위한 꿈이 있습니다. 이 꿈은 꿈을 꾸는 본인이 명백하게 계시임을 압니다. 그리고 이 꿈을 꾸면 자신이 어떤 행동을 해야 하는지에 대한 해석이 생깁니다. 예를 들면 마리아의 남편 요셉의 꿈입니다. 하나님은 요셉에게 꿈속에서 말씀하셔서 헤롯에게로 가지 말고 다른 길로 돌아갈 것을 지시하셨습니다. 다니엘도 많은 꿈을 꾸었는데 그것은 하나님의 인류의 역사가 어떻게 진행될 것인지를 인류에게 알려 주시기 위한 계시였습니다. 이런 계시적인 꿈은 긴박성을 요구합니다. 그래서 사람을 움직이도록 하지요. 솔로몬의 꿈도 여기에 속합니다. 왕이 된 솔로몬이 너무 어리기에 두려움과 불안에 싸여 있었을 때 하나님이 용기를 주시기 위해서 직접 꿈에 나타나신 것입니다.

그렇다면 오늘날의 우리가 꾸는 꿈은 무엇이냐는 것입니다. 사람들은 자신이 꾸는 꿈이 계시적 꿈이기를 바랍니다. 그래서 특별한 것을 알고 특별한 행동을 하고 싶어합니다. 그래서 잠 잘 자고 나서 꾼 꿈이 마치 미래를 계시 받은 것처럼 과장할 때가 있습니다. 그러나 성경이 기록된 이후로는 계시나 꿈이 있을 필요가 없게 되었습니다. 왜냐하면 성경이 완벽한 계시로 주어졌기 때문입니다. 그러므로 잠자다가 꾼 꿈을 성경보다 나은 계시로 해석하려고 하는 것은 잘못된 일입니다. 꿈을 통해 무엇인가 신비한 것을 기대하지도 말고 성령께서 친히 쓰신 성경을 신뢰하십시오! 『그러나 너는 배우고 확신한 일에 거하라... 성경은,,, 구원에 이르는 지혜가 있게 하느니라 모든 성경은 하나님의 감동으로 된 것으로 교훈과 책망과 바르게 함과 의로 교육하기에 유익하니
이는 하나님의 사람으로 온전하게 하며 모든 선한 일을 행할 능력을 갖추게 하려 함이라』(딤후 3:14-17)

❸ 3:16~28

하나님께 받은 지혜의 한 예

인생은 참으로 다양합니다만

그러나 그렇게 다양함에도 불구하고 사람들은 그것을 쉽게 인정하지 않습니다. 언제나 자신이 기준이 되어 그 수 많은 다양성을 판단하는 것이 인생의 모습입니다. 인생의 교만이지요. 언제나 내 생각이 옳고 언제나 내 행동이 옳습니다. 나보다 나은 삶을 사는 사람에 대한 판단을 할 때도 올바른 방법으로 그렇게 되었다고 인정하기보다는 어떤 숨겨진 꼼수나 혜택이 있었기에 그렇게 되었다고 몰아붙이는 경우가 많이 있습니다. 반면 나보다 못한 사람을 향해서는 게을러서 그렇게 되었다는 식으로 말하고 또 다른 여러 가지 좋지 않은 이유를 만듭니다.

그러면서도 자신이 지금 그렇게 살고 있는 것에 대해서는 너그럽고 관대합니다.

여인 둘이 있었습니다. 그녀들은 창기(娼妓)였습니다. 당시 사회적인 분위기는 단지 여자라는 성(性) 때문에 멸시받는 분위기였습니다. 그런데 이 두 여인은 짐승 취급받는, 아니 그보다 못한 취급을 받는 창기(娼女)였다고 하니 그 인생이 얼마나 기구했겠는지요? 당시의 분위기에서는 창기(娼妓)에게는 인격이 없습니다. 그러므로 창기는 문제가 생긴다 하더라도 재판을 제대로 받을 수 없습니다. 재판관들은 힘있는 사람들의 재판이나 신중을 기해서 할 뿐 천한 사람의 문제에는 에너지를 쏟지 않았던 것입니다. 더군다나 창기의 문제에는 누구도 개입하려 하지 않습니다.

이날 임금에게까지 문제를 가지고 올라온 송사자(訟事者)들은 인간 취급받지 못하고 있는 창기(娼妓)들이었습니다. 일반 관리들은 이 창기(娼妓)들의 송사를 신경도 쓰지 않았습니다. 오히려 인격적인 모독을 하였을지도 모릅니다. 관리들이 소홀히 다루자 창기(娼妓)들은 온갖 수모를 다 겪으면서 최고 재판자인 임금까지 왔습니다. 그리고 자신들의 일들을 솔로몬 임금에게 고하고 판결을 기다리고 있는 것입니다.

『그 때에 창기 두 여자가 왕에게 와서 그 앞에 서며... 말하되...』(:16-17상)

사람들의 재판은 항상 이렇습니다.
'어떤 것' 을 재판하느냐가 아니라 '누구' 의 문제를 재판하느냐에 더 무게를 둡니다.
그래서 생겨난 말이 무전유죄(無錢有罪), 유전무죄(有錢無罪)라는 말입니다.
가난하고 힘없는 사람들의 말에 귀를 기울이는 사람이 얼마나 될까요?
그러나 솔로몬은 그렇지 않았습니다.
창기(娼妓)를 만나주었고 창기로 하여금 말을 하도록 허락했으며 그녀들의 이야기를 신중하게 듣고 있었습니다.
솔로몬이 받은 지혜는 단순히 분별하는 능력이 아니었습니다.
사람을 받아들이는 지혜였습니다.
사람을 차별하지 않는 지혜를 말합니다.

우리에게도 이런 지혜가 필요합니다.
사람을 사람으로 받아들이는 지혜 말입니다.
상대방의 직업에 따라 무게를 두거나 대하는 것이 다르면 안 됩니다.
지식이나 명성 혹은 가능성에 따라 차별하여 대하면 안 된다는 말입니다.
사람을 대할 때는 하나님께서 친히 만드신 존재로 대해야 합니다.
창기(娼妓)의 직업을 갖는 것은 좋은 것이 아닙니다.

그러나 그녀를 판단할 분은 하나님이실 뿐
우리는 우리가 대접받고 싶은 것처럼 그 사람을 대접해야 합니다.
그렇게 하는 것이 하나님이 원하시는 일입니다.

창기(娼妓)들의 문제는 한 갓난아이의 친모(親母)가 누구냐 하는 문제였습니다. 창기들은 남자들에게 몸을 내주는 일을 할 수밖에 없었던 사람들인 것을 보면 이들이 낳은 아이는 아비가 누구인지를 알 수 없는 일입니다. 우연히도 두 여인은 비슷한 시기에 임신을 했고 한 여인이 아들을 출산한 후 삼일이 지난 후에 다른 여인도 아이를 출산했습니다. 창기(娼妓)들의 생활이란 비참한 생활입니다. 당시 창기로 사는 사람들은 가난했고 합숙하는 생활이었을 것입니다. 이 두 여인도 좁은 한 방에서 산후(産後)의 생활을 한 것입니다. 좁은 방에서의 생활, 몸도 움츠리기가 어려운 고통이었겠죠. 산모들은 아이를 가운데 두고 가장자리에 자신들의 자리를 만들었을 것입니다. 아이의 웃음과 울음, 갈아줘야 하는 기저귀, 젖도 먹여야 했고 매일 쏟아내는 빨래는 여인들을 힘들게 했습니다. 밤에라도 잠을 잘 자주면 좋겠는데 엄마에 대한 생각은 아랑곳하지 않고 울어 댈 때면 정말 짜증이 났습니다. 잠이 모자라는 엄마, 친정에 가서 어머니의 보살핌을 받고 싶지만 아비 모르는 아기를 데리고 가면 부모님들이 받을 고통 생각에 그리 하지도 못했습니다.

그 날 늦은 저녁도 아기들이 잠든 것을 보고 엄마들도 옆에서 잠들었습니다. 한 아기는 엄마의 젖을 물고 있다가 아기도 엄마도 잠이 들었습니다. 깊은 밤이었습니다. 아기들도 깨지 않은 밤, 피곤들을 한꺼번에 씻어보내는 듯 엄마들은 아주 깊이 잠들었습니다. 언제일까 달콤한 잠결 중인데 아기로 하여금 젖을 물고 재운 엄마가 잠에서 깨어났습니다. 깜깜한 밤, 아기를 젖으로부터 떼어놓으려 하는데, 느낄 수 있었습니다. 아기가 죽어 있음을. 아기의 얼굴과 몸을 만져보니 축 늘어졌고 아기의 몸은 싸늘합니다. 아기 엄마는 소스라치게 놀랐습니다. 가슴이 떨렸습니다. 그리고는 조용히 죽은 아기 옆에서 자고 있는 또 다른 여인의 아기를 만져보았지요. 따뜻했습니다. 아기를 만질 때 죽은 자기 아기와는 달랐습니다. 새근새근 소리도 납니다. 몸을 쭉 뻗어 기지개도 켭니다. 여인은 두근거렸지만 살아 있는 아기를 자기 쪽으로 잡아 끌어당겼습니다. 그리고 죽은 아기를 그 자리에 밀어 놓았습니다. 그리고는 산 아기의 입을 자신의 가슴에 대어 젖을 물렸습니다. 다른 여인은 아무것도 모르고 깊은 잠을 잘 뿐입니다.

아기를 바꾼 여인은 정신이 말똥말똥 하였습니다. 잠을 이루려고 했지만 전혀 피곤하지 않은 것처럼 잠이 오지 않았습니다. 심장만 거칠게 뛰고 있었습니다. 깜깜한 밤, 새벽이 올 때를 기다리고 있었습니다만 그 밤은 무척이나 더디게 지나가고 있었습니다. 그러다가 깜박

잠이 들었는데 옆에서 자고 있던 여인이 난리를 치고 깨웠습니다.

"이 년아 이 아기는 네 년의 아기잖아? 이 년이 제 아기 죽여 놓고 내 아기와 자리를 바꿔 놓아 나쁜 년!"

밤에 일을 꾸몄던 여인도 여기서 밀리면 안 된다는 생각에 소리를 고래 고래 지르면서 말도 안 되는 억지를 부린다고 받아치기 시작했습니다. 창기들의 싸움입니다.

엄마는 아기를 알고 있었습니다. 숨소리를 들어도 내 아기인지 아닌지를 알 수 있는 것이 엄마입니다. 창기들의 처절한 싸움에 사람들이 몰려왔습니다만 두 여인은 부끄러움도 모르고 아기 하나를 놓고 싸웠습니다. 사람들은 그칠 줄 모르고 싸우고 있는 여인들을 말리다 못해 그녀들을 데리고 재판관에게 갔습니다. 그러나 판결은 엉터리였습니다. 또 다른 재판관에게 가고 또 다른 재판관에 가고. 그러나 재판관들은 하나같이 귀찮아했고 엉터리 재판이었습니다. 재판이 몇 번 되었지만 창기라는 신분 때문에 괄시만 받았을 뿐 누구 하나 신중하게 이 문제를 다루어 주지 않았고 또 타당성 있게 판결하지도 않았습니다. 그러다가 왕궁에까지 이 문제가 들렸고 결국은 솔로몬 임금에게까지 들린 것입니다.

산 아기의 엄마는 미칠 것 같았습니다. 자신이 창기라고 멸시받아도 괜찮았습니다. 그러나 아기만은 안 됩니다. 임금 앞에 와 있었지만 산 아기의 어미는 속에서 불이 타는 것 같았습니다. 그리고 이 아기가 자신의 아기라고 미친 여인처럼 하소연하고 있었습니다. 그런데 다른 여인은 여유가 있네요. 그러면서도 아기의 소유권을 이야기할 때는 자신의 아기라는 주장을 양보하지 않았습니다. 솔로몬 왕이 싸우는 여인들의 이야기를 듣고 또 싸우는 것을 보더니 병사를 시켜 칼을 가져오게 했습니다. 그리고 이 문제가 (여느 재판관이 그렇게 취급했던 것처럼) 귀찮은 듯이 아주 간단하게, 냉정하게 말했습니다.

"산 아이를 둘로 나누어 반은 이 여자에게 주고 반은 저 여자에게 주라"(3:25)

솔로몬 왕의 판결 선언은 아주 단순했습니다. 그런데 갑자기 시끄럽게 싸우면서 산 아기가 자신의 아이라고 소리를 지르던 여인이 임금의 말을 듣고 마치 미친 것처럼 소리를 질렀습니다.

"전하! 아기를 저 여인에게 주시고 아무쪼록 죽이지 마옵소서. 저 아기는 내 아기가 아닙니다. 저 아기는 내 아기가 아닙니다. 그러니 제발 그 아기를 죽이지 마시고 저 여인에게 주소서!"

정말 실성한 여인이었습니다. 다른 여인도 말했습니다. 아주 점잖게 말했습니다.

"야 이년아, 임금께서 내리시는 판결이니 니 년이나 내 년이나 이렇다 저렇다 할 수 없는 거여. 이년아! 이 자리가 어떤 자린 줄 알고 지 년이 떠들어 떠들긴. 주둥아리 닥치고 전하께서 하라는 가만히 있지 못하고."

여인은 아기를 죽이지 말라고 애원하는 여인을 향해서 욕을 하며 핀잔을 주고 있었습니다. 그러더니 다시 솔로몬 왕을 보고 말합니다.

"전하, 전하의 뜻대로 하시는 것이 옳은 줄로 아옵니다. 호호호"

재판장은 난장판이었습니다. 한 여인은 칼을 들고 있는 병사의 손을 잡고 솔로몬을 향해서 자기 자식이 아니니 죽이지 말라고 통곡을 하고 있고 다른 여인은 임금님의 판결이 명석하다 하여 따르자는 주장이었습니다. 솔로몬 왕과 신하들이 그 광경을 물끄러미 바라보고 있었답니다. 그러더니 솔로몬 왕이 입을 열었습니다.

"이보라, 저 아기의 에미가 저 여인이로구나. 자기 자식이 아니라고 하는 저 여인 말이다. 저 저 여인에게 아기를 주어라."

『산 아이를 저 여자에게 주고 결코 죽이지 말라 저가 그의 어머니이니라』(:27)

아기를 죽이지 말라 하던 여인이 왕의 판결을 듣자마자 아기에게 달려갔습니다. 그리고 끌어안고 하염없이 울었습니다. 아기가 죽지 않게 된 것이 그녀의 행복이었습니다. 반면 아기를 바꿔치기 한 여인은 '아차' 하는 생각이 들었습니다. 자신이 순간적으로 판단을 잘못해서 엄마의 심정을 연기하지 못했다는 생각이 스쳐 지나갔기 때문입니다.

그렇다고 그녀는 질 수 없었습니다. 왕 앞에서 바락바락 소리를 지르며 변명했습니다. 그러나 솔로몬 왕은 대꾸하지 않았습니다. 산 아기의 친엄마가 누구인지는 명확하게 모른다 할지라도 아기를 키울 자격은 적어도 아기의 생명을 사랑하기에 칼로 나누지 말라고 한 그 여인에게 있었기 때문입니다.

어미의 자식을 향한 마음은
불붙는 것 같은 마음입니다.
교양 있고 훌륭하고 지식이 있는 여인이든지
아니면 본문에 나와 있는 것과 같은 창기 생활하는 여인이든지
자식을 향한 마음은 같습니다.
그런데도 어떤 경우 어떤 어미는 자식을 버리기도 잊기도 합니다.
그런데 혹 인간에게는 그런 일이 있을지 모르지만
하나님께서는 절대로 자신의 자녀들을 잊지 않으신답니다.
“여인이 어찌 그 젖 먹는 자식을 잊겠으며
자기 태에서 난 아들을 긍휼히 여기지 않겠느냐
그들은 혹시 잊을지라도 나는 너를 잊지 아니할 것이라”(사 49:15)

아버지 하나님께서는 죄로 인한 심판받아 죽게 된 인간을
보고 계실 수가 없으셨습니다.
하나님의 마음은 불붙는 것 같으셨습니다.

그래서 자신이 육신의 몸을 입고 이 땅에 내려오셨습니다.
그리고 자신을 십자가에 못 박으시면서
우리에 대한 사랑을 확증하신 것이지요.
자신을 향한 불붙는 사랑이 우리 하나님의 마음입니다.

솔로몬의 재판은 하나님의 지혜로 인한 재판이었습니다.
하나님의 지혜는 사랑을 근저(根?)로 한 지혜입니다.
옳고 그름을 가르는 것이 목적이 아닙니다.
사랑을 소유한 사람이 승리하도록 하는 재판이었습니다.
진짜 엄마가 누구인가를 구별하는 것은 별 의미가 없습니다.
혹 아이의 어미가 아니라고 판결받은 여인이
진짜 아기를 낳았을 수도 있습니다.
그러나 고깃덩어리만 섞였을 뿐이지 그 이상도
그 이하도 아무것도 아닙니다.
사랑이 없는 관계는 아무것도 아니라는 말입니다.
내 몸에서 낳은 아이가 아닐 수 있습니다.
그러나 그 아이에 대한 사랑이 있다면
그것은 진짜 부모인 거지요.

〉〉 제4장

화려한 왕권

잘 살려고 하나님께서 정해 준 구역을 떠났잖아요. 하나님 없이도 행복해 질 수 있다는 믿음으로 떠난 거잖아요. 하나님 마음 아픈 것은 생각도 하지 않고 말이어요. 그래서 얻은 것이 무엇인지는 몰라도 재산을 얻었겠죠. 좋은 집에서도 살겠구요. 그리고 또 무엇을 얻었을까요? 그런데 중요한 것들을 잃었네요. 그나마 간들간들했던 신앙 잃었네요. 10년 동안 하나님께 제사 드리지 않았을 거구요. 남편도 잃었구요. 두 아들도 잃었답니다. 잘 살러 가서 잘 살게 되었는데 같이 잘 살 사람들이 다 떠났네요. 왜 섞일 수 없는 아니 섞이면 안 되는 모압으로 갔는지요. 지금의 어려움을 극복하기 위해 하나님을 버리면 안 됩니다. 그러면 금방은 해결이 오는 것 같은데 조금 지나면 더 큰 어려움이 온다는 교훈 잊지 마세요. 주님 안에서 발버둥을 쳐야 합니다. 약속의 땅 안에서 노력해야죠. 주님이 우리에게 정해주신 구역이 있잖아요. 아무리 힘들어도 그 구역을 벗어나지 마시라구요. 그것이 바로 믿음... 입니다.

❶ 4:1~6
솔로몬의 국정(國政) 관리 능력

솔로몬의 재판은 매사에 모든 사람의 속을 시원하게 했습니다. 아기의 친모를 가려내는 시원함 같은 것들이었습니다. 그러나 정치는 혼자 하는 것도 할 수 있는 것이 아닙니다. 명석하고 지혜로운 행정 능력의 조직(System & Team)이 있어야만 했습니다. 솔로몬은 자신과 나라의 미래를 책임질 일꾼들을 찾아 임명했습니다.

무엇보다 백성들의 영적인 문제를 책임질 영적 지도자가 중요했습니다. 아비아달 대제사장이 반역죄로 인해 숙청을 당하고 대신 사독이 그 자리를 이었습니다만 사독은 더 젊은 대제사장을 왕 옆에 두는 것이 바람직하다고 생각하고 자신의 아들 아사리아를 천거(薦擧)했습니다. 왕은 사독의 말대로 젊은 제사장 아사리아에게 기름을 부어 대제사장으로 임명했습니다. 행정적인 책임 자리인 서기관으로는 엘리호렙과 아히야를 임명했습니다. 오늘날로 보면 국무총리가 하는 일을 하는 자리입니다. 왕의 모사(謀士) 역할을 하면서 역사를 기록하는 기록관으로서는 여호사밧을 임명했고 군대장관으로는 그동안 솔로몬의 호위무사로서 개혁에 앞장섰던 브나야를 임명했습니다.

이러한 새로운 조직이 있기 전에 임시 조직이었던 사람들의 이름입니다. 다윗 시대부터 제사장 역할을 해 온 사독과 아비아달은 제사장이었습니다. 물론 이 두 제사장은 개편된 조직에서 빠진 것입니다. 아비아달은 숙청되어 고향에 내려가 있었고 사독은 새로운 조직에서는 빠진 것입니다.

솔로몬의 정권 창출을 위해 혁혁한 공을 세운 나단 선지자에 대해서도 소홀히 할 수 없었습니다. 그래서 그의 아들 가운데 하나를 관리장으로 삼았는데 그의 이름은 아사리아였습니다. 그리고 나단의 다른 아들 사붓에게도 직책을 하나 주었습니다. 왕의 개인 자문관이었습니다. (성경에는 왕의 벗이라는 관직으로 적혀 있습니다). 나단의 두 아들이 얻은 직책은 요직(要職)이었습니다. 말이 관리장이지 실제로는 나라의 살림을 책임진 실권의 자리였습니다. 매월 열두 관장들이 보내는 상납품 전체를 관리하는 자리였습니다. 왕의 벗이라는 영향력은 나라를 움직이는 실세라는 말이었습니다. 나단의 두 아들이 솔로몬 정부의 권력을 오른팔과 왼팔에 다 쥐고 있었던 것입니다.

솔로몬 정부에는 왕실의 토지와 건물 및 재산을 관리하는 관리직이 새로 생겼습니다. 궁내 대신이라는 직책입니다. 그 책임자로는 아사헬이었고, 아도니람이라는 사람은 감역관으로 임명했는데 건축하는 일을 관장하는 직책이었습니다. 솔로몬 시대에 가장 바빴던 사람입니다.

솔로몬의 관료 체제는 다윗 당시의 체제와는 확연히 달랐습니다. 그 체제가 발달되어 여느 주변 나라들보다 훨씬 체계적이었습니다. (학자들은 이런 정부조직을 솔로몬의 장인 나라인 애굽 정부의 조직을 본받았을 것이라고 생각을 합니다).

『솔로몬 왕이 온 이스라엘의 왕이 되었고 그의 신하들은 이러하니라 사독의 아들 아사리아는 제사장이요 시사의 아들 엘리호렙과 아히야는 서기관이요 아힐룻의 아들 여호사밧은 사관이요 여호야다의 아들 브나야는 군사령관이요 사독과 아비아달은 제사장이요 나단의 아들 아사리아는 지방 관장의 두령이요 나단의 아들 사붓은 제사장이니 왕의 벗이요 아히살은 궁내 대신이요 압다의 아들 아도니람은 노동 감독관이더라』(:1-6)

본문, 열왕기상 4장7-34절의 말씀은 연대기적인 기술이 아니라 솔로몬 치하의 일반적인 상황을 묘사하는 내용입니다.

큰일을 하려면 조직이 필요합니다.
그러나 조직이 아무리 잘 짜여졌다 하더라도
그 자리의 일을 감당할 수 있는 능력의 사람이어야 할 것입니다.
그런데 능력만이 중요한 게 아닙니다.
진실성입니다.
사람은 힘을 갖게 되면 대부분 변하기 때문입니다.
조직은 좀 어눌해도 됩니다.
사람이 중요하거든요.
신실한 사람, 변함없는 사람,
하나님의 사람, 성령의 인도함을 따르는 사람이면
되기 때문입니다.

❷ 4:7~19

열두 관장(官長)들

솔로몬 왕은 통치하는 동안 열두 관장(regional manager)을 두었습니다. 관장들이 열둘이라는 말인데 이 숫자는 지파 동맹에다가 새로운 가나안 지역을 포함한 숫자였습니다. 각각의 관장들은 주로 왕실에 바치는 상납품들을 관장하는 일을 했습니다.

각 관장들은 일년 중 한 달씩을 책임졌습니다. 열두 관장들의 지역과 이름이 성경에 자세히 기록되어 있습니다. 벤훌은 에브라임 산지의 관장이었고 벤데겔은 벧세베스와 주변 지역의 관장이었습니다. 벤헤

셋이라는 사람은 소고 지역과 주변 지역을 관장했고 벤아비나답은 솔로몬 왕의 사위, 즉 왕의 딸 다밧이라는 여인의 남편으로서 돌이라는 지방의 관장이었지요. 바아나라는 사람은 다아낙, 므깃도와 이스르엘 지역의 관장이었고 벤게벨은 요단 동편 길르앗 라못 지역의 큰 성읍 육십 개를 주관한 관장이었습니다. 아히나답 요단 동편 마하나임 지역 관장 노릇을 했고 아히마아스는 납달리 지역 관장이었는데 이 사람 역시 솔로몬의 딸 바스맛의 남편이었지요. 바아나는 아셀지역 담당했는데, 성경에는 그가 후새의 아들이라고 합니다만 다윗의 친구 후새를 말하는지는 알 수 없습니다. 여호사밧이라고 하는 사람은 잇사갈 지역 관장했고 시므이는 베냐민 지역 관장했습니다. 그리고 게벨이라고 하는 사람이 요단 동편 시혼과 바산 지역의 관장으로 일했답니다. 그 땅이 무척이나 큰데도 혼자 다스렸습니다.

❸ 4:20~28

왕국의 풍요로움

솔로몬의 국내 정치는 야당(野黨)이 드러날 수 없는 상황이었습니다. 치정(治政) 초기부터 정적(政敵)이나 정치적인 반대 세력들을 강하게 제거해 왔기 때문입니다. 솔로몬의 정치적인 방향과 결정에 거침돌이 되는 사람들은 견딜 수가 없었습니다. 그렇기에 내치(內治)에는 별반 어려움이 없었습니다. 게다가 지난번 하나님께서 약속하신 것처럼 하나님께서는 기후를 비롯한 자연계를 움직이셨고 그로 인해 당시에는 온 이스라엘의 농사(農事)나 유목(遊牧)등 뿐만 아니라 만사가 형통했습니다. 나라와 백성에게는 식물이 풍성했고 물도 풍성했으며 짐승들도 풍성했습니다.

이러한 풍성함은 솔로몬의 지혜에 의한 것이 아니라 하나님의 풍성한 은혜였습니다. 그렇기에 온 이스라엘 사람들은 풍요함을 누리면서 살았던 것이지요. 이러한 풍요 속에 매년 한 차례씩은 왕실을 위한 세금을 내곤 했습니다. 그것만을 관리하는 사람이 위에서 말한 열두 관장들입니다.

『유다와 이스라엘의 인구가... 먹고 마시며 즐거워하였으며』(:20)

국내 사정만 좋은 것은 아니었습니다. 주변 국가와의 사정도 좋았습니다. 당시 큰 나라인 애굽과의 관계는 물론이요 다윗 왕 시대에는 원수로 지냈던 블레셋과의 관계도 좋았습니다. 그야말로 주변에 적(敵)이 없었습니다. 그러한 가장 큰 이유는 모든 나라는 물론 그 나라의 크고 작은 성(城)의 군주(郡主)들의 딸을 아내로 맞이하면서 관계를 형성했기 때문입니다. 솔로몬은 모든 나라와 성(城) 군주들의 사위였던 것입니다. 주변 국가는 냉전 내지는 위협의 대상이 아니라 사위인 솔로몬을 돕고 싶은 장인으로서의 마음을 가지고 있었던 것이고 그렇기에 주변의 나라와 성(城)에서 자신들의 딸들을 위해, 솔로몬에게 늘상 좋은 것(조공)을 갖다 주었던 것입니다.

『솔로몬이 그 강에서부터 블레셋 사람의 땅에 이르기까지와 애굽 지경에 미치기까지의 모든 나라를 다스리므로 솔로몬이 사는 동안에 그 나라들이 조공을 바쳐 섬겼더라』(:21)

어쨌든 이스라엘 내부에서 왕실에 바치는 것도 대단했고 주변 국가들이 보내는 선물들도 대단했습니다. 풍요 자체였습니다. 그래서 그것으로 왕실은 풍부해졌고 그 왕실에서 하루에 소요되는 식량들은 어마어마 했습니다.

『솔로몬의 하루의 음식물은 가는 밀가루가 삼십 고르요 굵은 밀가루가 육십 고르요 살진 소가 열 마리요 초장의 소가 스무 마리요 양이 백 마리이며 그 외에 수사슴과 노루와 암사슴과 살진 새들이었더라』(:22-23)

이 정도의 식량으로는 몇 명이 먹을 수 있는 양(量)일까요? 먼저 밀가루를 생각해 보면 약 4,000에서 5,000명이 먹을 수 있는 식물의 양(量)입니다. 시대에 따라 다른 계산을 하기에 가는 밀가루가 30석이라는 것은 약5.1kl에서 9.5kl 정도에 해당하며 굵은 밀가루 60석이라는 것은 약 10.2kl에서 19kl에 해당합니다. 어떤 학자의 계산으로는 이만한 양(量)의 밀가루로는 13,400kg의 빵을 만들 수 있고 14,000-15,000명이 한꺼번에 먹을 수 있는 양(量)이라고 합니다. 또 하나는 살찐 새에 관한 의문입니다. 살찐 새에 대한 의견은 거위, 어떤 주석은 어린 암닭이라고도 합니다. 또 뻐꾸기라고도 하는 의견도 있습니다. 어쨌건 간에 중요한 것은 양(量)과 더불어 질(質)이라는 것입니다. 솔로몬 당시의 식물들은 최상질(最上質)의 것이었습니다.

솔로몬 왕국은 행복(?)했습니다. 먹을 것이 많았고 내부적으로도 갈등이 없었고 외적의 침입은커녕 오히려 사이가 좋았기 때문입니다. 뿐만 아닙니다. 백성들도 평안했습니다. 홍수도 가뭄도 없습니다. 질병도 없습니다. 지진도 없고 태풍도 없었습니다. 때가 되면 적당히 비가 오고 때가 되면 식물들이 풍성하게 열매를 맺고 전쟁을 할 필요도 없고 정말 안연히 살았습니다. 왕실은 화려하고 웅장함으로 자랑스러웠습니다. 병거(兵車)와 말과 말을 양육하는 외양간과 병거(兵車)를 모는 매력 있는 마병(馬兵)들이었습니다. 병거(兵車)의 말을 사육하는 외양간만 사만 채였고 그 말을 모는 전문 마병(馬兵)들이 만 이천 명이었습니다. 병거는 천사백 대였습니다(대하1:14).

『... 그가 사방에 둘린 민족과 평화를 누렸으니 솔로몬이 사는 동안에 유다와 이스라엘이 단에서부터 브엘세바에 이르기까지 각기 포도나무 아래와 무화과나무 아래에서 평안히 살았더라 솔로몬의 병거의 말 외양간이 사만이요 마병이 만 이천 명이며』(:24하-:26)

솔로몬 왕국의 병거(兵車)는 말이 둘 혹은 네마리가 짝이 되어있는 애굽 스타일의 병거(兵車)입니다. 솔로몬은 병거(兵車)와 말을 애굽에서 사왔습니다. 애굽의 말은 아주 좋은 준마(駿馬)였습니다. 물론 값도 비싸게 주었습니다. 병거(兵車)의 값은 한 대 당 은(銀) 육백 세겔을 주고 사왔는데 약 은(銀) 7kg을 주고 사왔다는 말입니다.
말은 한마리 당 백오십 세겔(은 1.7kg)을 주고 사왔습니다.

그렇다면 병거(兵車)가 천 사백 대였다면 1,400× 600=840,000세겔입니다. 병거(兵車) 값으로만 은(銀)9,800kg을 지불한 셈입니다. 어마어마한 돈입니다. 『솔로몬의 말들은 애굽과 구에에서 사들였으니 왕의 무역상들이 떼로 값을 정하여 산 것이며 애굽에서 사들인 병거는 한 대에 은 육백 세겔이요 말은 백오십 세겔이라』(대하 1:16-17상)

하나님은 솔로몬에게는 모든 것을 주시고
하고 싶은 대로 하도록 하신 것 같습니다.
그가 원한다면 모든 것을 제공해 주신 것 같습니다.
그런데 그것이 진정 복일까요?

솔로몬은 국내의 정치적 안정을 위해서
자신의 정책을 반대하는 사람들이 활동하지 못하도록
무서운 독재를 했습니다.
오죽했으면 솔로몬 시대에는 선지자 한 사람 등장하지
않았겠는지요?

사람들에게 먹을 것을 넉넉하게 제공해 주는 것이
나라를 잘 다스리는 것으로 생각하면 잘못입니다.
그래요, 그 당시는 풍요롭게 먹고 풍요롭게 입고 살았습니다.
그러나 인간은 짐승이 아닙니다.
영적인 존재요 생각하는 존재이고 말하는 존재입니다.

풍성하게 좋은 것을 먹는 것이 행복이 아닙니다.
그것으로만 만족한다면 그건 짐승이지요.
먹지 못하더라도 마음과 영혼이 풍성한 것이
진정한 풍요이고 행복인 것입니다.

또 하나 솔로몬 시대에는 전쟁이 없었습니다.
외국에서 쳐들어오지도 않았고
다른 나라를 공격도 하지 않았습니다.
전쟁이 없는 이스라엘은 평안했습니다.
그런데 전쟁이 없던 이유는 이방 민족과 피를 섞었기 때문입니다.
신앙과 상관없이 주변 나라 왕의 공주와 결혼을 했고
주변 성(城)의 군주들의 딸과 결혼을 했습니다.
그래서 전쟁이 없었던 것입니다.

솔로몬은 군주들의 마음을 사기 위해서
자기의 아내가 된 군주들의 딸이 원하는 대로 해 주어야 했습니다.
싫다고 하거나 거부하면 이 여자들이 자기 아버지 나라에 가서
자신을 소홀히 대한다고 일러바치는 것이 무서워서라도
그녀들이 원하는 모든 것을 해 주었습니다.
특히 자신들이 섬기는 신(神)들을 위한
신전(神殿)을 지어 달라고 하는 요청은 거부하지 않았습니다.
그러므로 인해 나라는 전쟁없이 평화로웠을지 모릅니다.
그런데 그래서 얻은 평화가 진정된 평화인가요?

주변 민족의 여인들을 아내로 맞이하여
주변 국가들과 잘 지낼 수 있었을지는 모릅니다.
그러나 하나님의 뜻은 주변 국가 사람들과의 평화가 아니라
하나님과 평화해야 하는 것입니다.
솔로몬이 만든 평화(?)는 백성들을 행복(?)하게 만들었습니다.
이방 민족과 어울리는 것을 편하게 만들었고
저들과 섞이는 것을 자연스럽게 만들었습니다.
저들의 풍습을 거부하기는커녕 환영하도록 만들었습니다.
분명 무엇인가 잘못되고 있었습니다.

솔로몬의 왕실은 화려했습니다.
비싼 애굽의 병거(兵車)와 애굽의 준마(駿馬)들
그리고 화려한 마병(馬兵)들입니다.
얼마나 멋있었는지 모릅니다.
그런데 애굽으로 말을 가지러 가지 말라는
율법(신 17:16)을 무시하고
애굽의 준마와 병거를 가져다가 호화롭게 하면서
사람들에게 웅장함과 위대함에 대한 박수를 받는 것이
참된 영화일까요?
영화(榮華)와 아름다움은 말과 병거에 있는 것이 아닙니다.
참된 영화와 아름다움은 하나님에 대한 사랑과
말씀을 지키는 순종에 있습니다.

사람들은 솔로몬을 존경하지 않습니다.
그는 화려했을지 모르지만 네온사인의 화려함에 불과한

화려함인 것을 사람들은 알고 있기 때문입니다.

그러나 다윗을 존경하는 것은
그의 삶이 고통과 아픔의 날들이었지만
하나님을 향한 사랑과 하나님의 말씀을 따라
살려는 순수함 때문입니다.

④ 4:29~34

솔로몬의 지적(知的) 활동 능력

정치적인 리더쉽과 더불어 행정 조직 능력 그리고 국가적인 풍요로움을 주신 하나님께서는 그에게 학문 활동을 할 수 있는 지적 능력도 주셨습니다. 솔로몬은 문학적인 재질이 뛰어나서 글을 많이 남겼는데 그것을 잠언이라고 말하면서 약 삼천 편의 글을 남겼고 노래(시/詩)를 천다섯 편을 지어 남겼습니다. 자연 과학에 대한 업적도 대단했습니다. 식물을 연구하여 식물학의 기원을 세웠고 짐승(포유류/哺乳類)과 새(조류/鳥類)와 기어 다니는 것(파충류/爬蟲類)과 물고기(어류/魚類)를 연구하는 일까지 했습니다.

『하나님이 솔로몬에게 지혜와 총명을 심히 많이 주시고 또 넓은 마음을 주시되 바닷가의 모래 같이 하시니... 동쪽 모든 사람의 지혜와 애굽의 모든 지혜보다... 그는 모든 사람보다... 나으므로 그의 이름이 사방 모든 나라에 들렸더라 그가 잠언 삼천 가지를 말하였고 그의 노래는 천다섯 편이며 그가 또 초목에 대하여 말하되 레바논의 백향목으로부터 담에 나는 우슬초까지 하고 그가 또 짐승과 새와 기어다니는 것과 물고기에 대하여 말한지라』 (:29–33)

무엇을 받고 어떤 것을 가지고 있느냐 하는 것보다
그것은 받아 가지고 있는 것을 어떻게 사용하느냐 하는 것이
더 중요합니다.
행복은 얼마나 가졌느냐에 있는 것이 아니라
얼마나 베풀었느냐에 있기 때문입니다.

긴 생명을 받아 장수함을 자랑하지 마세요.
무쇠같이 건강한 육체 가짐을 자랑하지 마세요.
부족함 없이 풍요한 물질을 갖고 있음,
명석한 두뇌를 가지고 있음을 자랑하지 맙시다.
자랑할 것은 오직 '주신 하나님' 뿐입니다.
그리고 주신 하나님을 기쁘게 하기 위하여
바르고 성실하게 최선을 다하면 됩니다.
"여호와께서 이와 같이 말씀하시되 지혜로운 자는 그의 지혜를 자랑하지 말라 용사는 그의 용맹을 자랑하지 말라 부자는 그의 부함을 자랑하지 말라"(렘 9:23)

〉〉 제5장

건축 준비

솔로몬이 왕으로 기름 부음 받은 지사년이 흘렀습니다. 아슬아슬한 순간들로 엮어진 정권 초기였습니다. 왕이라는 것이 무엇인지 모르는 가운데 얼떨결에 엄청난 일들을 해냈던 지난 4년의 세월이었습니다. 세월은 어느 정도 왕으로서의 자신감을 갖게 했습니다. 벌써 열일곱 살입니다. 나이는 어렸지만 그동안 여러 가지 정치적인 이유로 인해 아내도 많았습니다. 왕이 된 후 얻은 애굽 왕의 딸을 비롯하여 결혼 전에 사고로 아들까지 낳은 암몬 여인을 포함하

❶ 5:1~6

성전 건축 준비

솔로몬이 왕으로 기름 부음 받은 지 사년이 흘렀습니다. 아슬아슬한 순간들로 엮어진 정권 초기였습니다. 왕이라는 것이 무엇인지 모르는 가운데 얼떨결에 엄청난 일들을 해냈던 지난 4년의 세월이었습니다. 세월은 어느 정도 왕으로서의 자신감을 갖게 했습니다. 벌써 열일곱 살입니다. 나이는 어렸지만 그동안 여러 가지 정치적인 이유로 인해 아내도 많았습니다. 왕이 된 후 얻은 애굽 왕의 딸을 비롯하여 결혼 전에 사고로 아들까지 낳은 암몬 여인을 포함하여 수십 명의 여인들이 아내가 되어있었습니다. 자식들도 여럿 있었습니다. 그러나 사랑하는 여인은 아무도 없었고 정이 가는 여인도 없었습니다. 그냥 데리고 살뿐입니다. 외로웠습니다.

아버지 다윗의 말이 많이 생각났습니다. 무엇보다도 하나님을 잘 섬기라는 말과 성전 건축에 대한 유언이 귀에서 떠나지 않았습니다. 물론 다윗을 그리워하는 대신들도 성전을 건축하라고 압박했을 것입니다. 하여간 솔로몬은 다윗이 그렇게도 소원했던 여호와의 성전을 지어야겠다고 결심했고 자신의 위대함을 보이기 위해 궁궐도 더 멋있고 웅장하게 지어야겠다고 마음을 먹었습니다.

『솔로몬이 여호와의 이름을 위하여 성전을 건축하고 자기 왕위를 위하여 궁궐 건축하기를 결심하니라』(대하2:1)

솔로몬이 왕으로 기름 부음을 받고 취임하자 여러 외국 국빈(國賓)들이 왔었습니다. 그 가운데 아버지 다윗과 특별한 친분이 있던 두로 왕 히람도 있었습니다. 일찍이 다윗 왕이 히람의 궁궐을 지을 때 도와줌으로서 관계를 맺었던 사람입니다. 히람은 오래전부터 다윗이 성전을 짓고 싶어한다는 것을 알고는 다윗이 성전을 짓겠다고 했을 때 적극적으로 도와주겠다고 약속도 했었습니다. 그러나 아쉽게도 하나님의 반대로 성전을 짓지 못했던 것입니다. 솔로몬은 이 히람 왕에게 사람을 보낸 것입니다. 그리고 성전 건축을 위한 큰 역사를 설명하고 협조를 요청했습니다.

『여호와께서 내 아버지 다윗에게 하신 말씀에 내가 너를 이어 네 자리에 오르게 할 네 아들 그가 내 이름을 위하여 성전을 건축하리라 하신 대로 내가 내 하나님 여호와의 이름을 위하여 성전을 건축하려 하오니 당신은 명령을 내려 나를 위하여 레바논에서 백향목을 베어내게 하소서 내 종과 당신의 종이 함께 할 것이요 또 내가 당신의 모든 말씀대로 당신의 종의 삯을 당신에게 드리리이다 당신도 알거니와 우리 중에는 시돈 사람처럼 벌목을 잘하는 자가 없나이다』(:5-6)

두로 왕 히람이 평생에 다윗을 사랑하였다고 합니다.
그 두 사람의 우정이 다윗의 아들 솔로몬에게까지
영향력을 미치고 있습니다.
아버지의 인덕(仁德)의 덕을 보는 것입니다.
사람들은 자식이 잘되기를 바랍니다.
그래서 자식에게 많은 것을 남겨 주려고 합니다.
그러나 남겨 줄 가장 좋은 것은 자신의 인덕(仁德)입니다.
아버지 자신이 주변 사람들에게 덕(德)을 끼치면서 살면
훗날 당신에게 은혜 입은 많은 사람이 당신의 자녀에게
은혜를 끼치기 때문입니다.
"히람이 평생에 다윗을 사랑하였음이라"(:1하)

❷ 5:7~12

도움을 주고 받는 기쁨

생각만 해도 기분 좋은 사람이 있습니다. 무엇인가를 도와주고 싶고 기쁨을 주고 싶은 사람이 있습니다. 더욱이 그 사람이 도움을 구하면 얼마나 행복한지 모릅니다. 히람이 솔로몬을 대할 때 그랬습니다. 솔로몬이 히람 왕에게 사람을 보내어 부탁했습니다.

"히람 왕이여, 내가 성전을 건축하려 하는데 레바논의 백향목이 필요합니다. 허락하신다면 내 나라의 일꾼들을 보내 백향목을 베는 일을 하도록 허락해 주시고 당신 나라의 일꾼들도 동참하게 하여 차질이 없도록 해 주십시오. 당신 나라의 일꾼은 나무를 베는 일에 있어서 우리 일꾼보다 월등하다는 소리를 들었소이다. 그들에 대한 비용은 이스라엘이 부담할 것입니다."

히람은 솔로몬에게는 아버지뻘 되는 사람이었습니다. 이 히람이 솔로몬의 청을 듣고 얼마나 기뻤는지 모릅니다.

『당신은 명령을 내려 나를 위하여 레바논에서 백향목을 베어내게 하소서 내 종과 당신의 종이 함께 할 것이요 또 내가 당신의 모든 말씀대로 당신의 종의 삯을 당신에게 드리리이다 당신도 알거니와 우리 중에는 시돈 사람처럼 벌목을 잘하는 자가 없나이다 히람이 솔로몬의 말을 듣고 크게 기뻐하여...』(:6-7상)

솔로몬이 히람에게 요구한 것을 역대기 기자는 상세하게 기록했습니다. 『솔로몬이 사절을 두로 왕 후람에게 보내어 이르되 당신이 전에 내 아버지 다윗에게 백향목을 보내어 그가 거주하실 궁궐을 건축하게 한 것 같이 내게도 그리 하소서 이제 내가 나의 하나님 여호와의 이름을 위하여 성전을 건축하여 구별하여 드리고 주 앞에서 향 재료를 사르며 항상 떡을 차려 놓으며 안식일과 초하루와 우리 하나님 여호와의 절기에 아침 저녁으로 번제를 드리려 하오니 이는 이스라엘의 영원한 규례니이다 내가 건축하고자 하는 성전은 크니 우리 하나님은 모든 신들보다 크심이라 누가 능히 하나님을 위하여 성전을 건축하리요 하늘과 하늘들의 하늘이라도 주를 용납하지 못하겠거든 내가 누구이기에 어찌 능히 그를 위하여 성전을 건축하리요 그 앞에 분향하려 할 따름이니이다 이제 청하건대 당신은 금, 은, 동, 철로 제조하며 자색 홍색 청색

실로 직조하며 또 아로새길 줄 아는 재주 있는 사람 하나를 내게 보내어 내 아버지 다윗이 유다와 예루살렘에서 준비한 나의 재주 있는 사람들과 함께 일하게 하고 또 레바논에서 백향목과 잣나무와 백단목을 내게로 보내소서 내가 알거니와 당신의 종은 레바논에서 벌목을 잘 하나니 내 종들이 당신의 종들을 도울지라 이와 같이 나를 위하여 재목을 많이 준비하게 하소서 내가 건축하려 하는 성전은 크고 화려할 것이니이다 내가 당신의 벌목하는 종들에게 찧은 밀 이만 고르와 보리 이만 고르와 포도주 이만 밧과 기름 이만 밧을 주리이다 하였더라』(대하 2:3-10)

히람의 협력은 다윗으로 인한 솔로몬에 대한 사랑이었습니다. 히람은 솔로몬이 왕이 된 것을 극찬(極讚)하였습니다. 그 어린 나이에 성전을 짓겠다고 했기 때문입니다. 그리고 궁궐을 짓는다는 것에 놀랐습니다. 여하간 후람(히람)은 자기 나라에서 가장 건축술에 능통하고 믿을 만한 사람을 추천했습니다. 나이 많아 경험이 풍성하고 탁월하고 노련한 건축 기술자였습니다.

"솔로몬 왕이시여, 내가 귀한 기술자 한 사람을 추천합니다. 이 사람은 나이가 많은 자이온데 내 아버지 때부터 신임을 받아 온 신실하고 실력있는 사람입니다. 왕께서 성전을 건축하는 일이나 궁을 건축하는 일에 큰 도움이 될 사람입니다. 기이하게도 이 사람은 이스라엘의 단 지파 출신 여인과 두로 사내 사이에서 출생한 사람입니다. 왕께서 성전 짓는 일을 위해 아주 유용한 사람이니 전하의 선대 왕께서 준비하신 기술자와 더불어 일하게 하소서."

『내가 이제 재주 있고 총명한 사람을 보내오니 전에 내 아버지 후람에게 속하였던 자라 이 사람은 단의 여자들 중 한 여인의 아들이요 그의 아버지는 두로 사람이라 능히 금, 은, 동, 철과 돌과 나무와 자색 청색 홍색 실과 가는 베로 일을 잘하며 또 모든 아로새기는 일에 익숙하고 모든 기묘한 양식에 능한 자이니 그에게 당신의 재주 있는 사람들과 당신의 아버지 내 주 다윗의 재주 있는 사람들과 함께 일하게 하소서』(대하2:13-14)

성전 건축을 위해 모두가 헌신할 수 있습니다.
그러나 헌신하는 모든 사람이 일을 할 수 있는 것은 아닙니다.
일을 해낼 수 있는 능력을 가진 사람만이 선택되어
일을 할 수 있습니다.
그러므로 어떤 일에 전문가가 된다는 것은
하나님의 일을 하기 위하여 아주 좋은 무기입니다.
"네가 자기의 일에 능숙한 사람을 보았느냐
이러한 사람은 왕 앞에 설 것이요 천한 자 앞에
서지 아니하리라"(잠22:29)

히람 왕은 기술자만 보낸 것이 아니었습니다. 솔로몬이 부탁한 백향목과 잣나무를 보낼 것을 약속했습니다. 히람은 운송에 관한 계획도 철저했습니다. 자신은 재목(材木)들을 레바논

에서 벌목(伐木)해서 바다를 통해 옮길 것이고 도착지는 항구인 욥바로 하겠다고 했습니다. 욥바에 도착한 다음부터는 이스라엘 정부에서 책임지고 성전 건축 장소인 예루살렘까지 옮기는 것이 좋겠다고 제안한 것입니다. 『우리가 레바논에서 당신이 쓰실 만큼 벌목하여 떼를 엮어 바다에 띄워 욥바로 보내리니 당신은 재목들을 예루살렘으로 올리소서 하였더라』(대하2:16)

솔로몬의 제안을 받아들인 히람은 그에 상응하는 대가를 요구했습니다. 그렇다고 무리한 요구를 한 게 아닙니다. 백성들에게 먹일 식물이었습니다. 히람이 다스리는 두로 땅에는 먹을 것이 흔하지 않았기 때문입니다. 요구한 식물은 밀과 보리와 기름과 포도주 등이었습니다.(대하2:15) 솔로몬은 흔쾌히 받아드렸습니다. 성전과 궁궐을 짓는 동안 솔로몬 왕은 히람 왕에게 매년 밀가루 이만 석(×400kg/cor=8,000,000kg)과 맑은 기름 이십 석(bath/115,000gallons)을 주었답니다. 솔로몬 왕과 두로의 히람 왕의 계약이 이루어졌습니다. 서로가 만족스런 계약이었습니다.

『... 나의 궁정을 위하여 음식물을 주소서 하고』(:9하)

❸ 5:13~18

정교한 부역(負役)

솔로몬은 감역관(監役官) 아도니람을 중심으로 해서 일꾼들을 불러 모았습니다. 아니 어떤 면으로는 강제 노동을 위한 소집입니다. 먼저는 레바논에 가서 나무를 벌목(伐木)할 사람들을 불러 모았습니다. 이들에 대한 조건은 한 달은 레바논에 가서 벌목을 하고 두 달은 집에 와서 쉬는 노동 조건이었습니다. 물론 그에 상당한 보상도 좋았습니다. 이스라엘 사람들 가운데 이 일을 하기 위해서 나선 사람이 삼만 명이나 되었습니다. 건축 위원회에서는 이 삼만 명을 일만 명씩 삼개조로 나누어 한 달은 레바논에서 벌목하는 일을 하게 하였고 두 달은 집에 있게 하였습니다.

감역관 아도니람은 이스라엘 땅에 살고 있는 이방인들 가운데 일을 시킬 사람을 찾아 숫자를 계수 했는데 그 가운데 칠만 명은 짐을 나르는 담군(擔軍)으로, 팔만 명은 산에서 돌을 뜨는 일을 하도록 했습니다. 그리고 이들을 관리하는 자들만도 삼천 삼백 명이나 되었습니다. 도합이 십오만 삼천 삼백 명이었습니다.

『솔로몬이 그들을 한 달에 만 명씩 번갈아 레바논으로 보내매 그들이 한 달은 레바논에 있고 두 달은 집에 있으며 솔로몬에게 또 짐꾼이 칠만 명이요 산에서 돌을 뜨는 자가 팔만 명이며 이 외에 그 사역을 감독하는 관리가 삼천삼백 명이라 그들이 일하는 백성을 거느렸더라』(:14-16)

역대하 2:17-18의 기록에는 이 노동자의 숫자가 삼백 명 더 많은 것으로 기록되어 있습니다. 『전에 솔로몬의 아버지 다윗이 이스라엘 땅에 사는 이방 사람들을 조사하였더니 이제 솔로몬이 다시 조사하매 모두 십오만 삼천 육백 명이라 그 중에서 칠만 명은 짐꾼이 되게 하였고 팔만 명은 산에서 벌목하게 하였고 삼천 육백 명은 감독으로 삼아 백성들에게 일을 시키게 하였더라』(대하 2:17-18). 그래서 해석되는 것이 다윗이 성전 건축을 위해 참여할 이방인을 조사했던 기록과 명단은 십오만 삼천 삼백 명이었는데 아도니람이 감역관을 맡아 철저하게 조사하다보니 다윗 때에 삼백 명의 숫자를 덜 센 것이 아닌가 생각되기도 합니다. 아니면 다윗이 선정한 이방인의 숫자는 정확했는데 몇 년이 지난 지금 삼백 명의 지원자가 더 늘어났을 수도 있는 것이지요.

역대기 본문이 "다시" 조사했다고 하는 것에서 힌트를 얻은 것입니다.

솔로몬 왕 열일곱 살 때 성전 건축이 시작됐습니다. 건축을 위한 모든 준비, 설계도는 물론 건축 비용도 넉넉하게 있었습니다. 건축 자재를 어떻게 조달할 것인지에 대한 계획과 기술자와 일꾼들도 해결되었습니다.

"이제 성전을 건축하기 위해 기초석을 놓을 것이니 일꾼들은 크고 귀한 돌을 찾아 다듬어 기초석을 놓도록 하라!"

기공(起工)을 알리는 어명(御命)이었습니다. 솔로몬의 기술자와 두로의 히람 왕이 보낸 기술자 그리고 그발에서 온 기술자들이, 아니 예술가들이 돌들을 다듬고 조각하기 시작했습니다.

『이에 왕이 명령을 내려 크고 귀한 돌을 떠다가 다듬어서 성전의 기초석으로 놓게 하매 솔로몬의 건축자와 히람의 건축자와 그발 사람이 그 돌을 다듬고 성전을 건축하기 위하여 재목과 돌들을 갖추니라』(:17-:18)

〉〉 제6장

세워지는 성전

잘 살려고 하나님께서 정해 준 구역을 떠났잖아요. 하나님 없이도 행복해 질 수 있다는 믿음으로 떠난 거잖아요. 하나님 마음 아픈 것은 생각도 하지 않고 말이어요. 그래서 얻은 것이 무엇인지는 몰라도 재산을 얻었겠죠. 좋은 집에서도 살겠구요. 그리고 또 무엇을 얻었을까요? 그런데 중요한 것들을 잃었네요. 그나마 간들간들했던 신앙 잃었네요. 10년 동안 하나님께 제사 드리지 않았을 거구요. 남편도 잃었구요. 두 아들도 잃었답니다. 잘 살러 가서 잘 살게 되었는데 같이 잘 살 사람들이 다 떠났네요. 왜 섞일 수 없는 아니 섞이면 안 되는 모압으로 갔는지요. 지금의 어려움을 극복하기 위해 하나님을 버리면 안 됩니다. 그러면 금방은 해결이 오는 것 같은데 조금 지나면 더 큰 어려움이 온다는 교훈 잊지 마세요. 주님 안에서 발버둥을 쳐야 합니다. 약속의 땅 안에서 노력해야죠.

❶ 6:1~10
성전 건축

성전 건축이 시작되었습니다.

솔로몬이 왕이 된 지 사 년하고도 두 번째 달(시브월)에 시작했습니다. 출애굽한 지 사백팔십 년 된 해이고 연대로는 주전(B.C.) 구백육십육 년입니다.

『이스라엘 자손이 애굽 땅에서 나온 지 사백팔십 년이요 솔로몬이 이스라엘 왕이 된 지 사 년 시브월 곧 둘째 달에 솔로몬이 여호와를 위하여 성전 건축하기를 시작하였더라』(:1)

사람들은 이 사백팔십 년이라는 것을 가지고 출애굽의 연대를 측정을 하는데 계산을 하면 출애굽의 연대가 B.C. 1446 년이 됩니다.

예루살렘의 모리아 산(해발 740m)에 모였습니다. 솔로몬 왕과 원로들은 물론 대소신하(大小臣下)들, 백성들도 모여 역사적인 성전 건축의 기공식을 하려는 순간입니다. 한 원로가 산의 바람을 맞으며 감격하면서 지금 서 있는 땅을 설명했습니다.

"이 자리는 우리 조상 아브라함께서 이삭을 제물로 바치던 자리입니다."

모두 숙연했습니다. 원로의 이야기에 따라 모인 사람들은 물론 어린 솔로몬 왕의 머리속에 들어만 왔던 오래전에 있었던 모리아 산의 장면이 그려지기 시작했습니다.

"아버지 나무도 있고 불도 있는데 제물이 없어요!"

십대 후반인 이삭은 제사하러 가는 것이 소풍을 가는 발걸음 같이 가벼울지 모르지만 아브라함은 그렇지 않았습니다. 백이십 세 가까이의 나이인 그는 여느 때도 걷는 것이 어려웠었습니다. 그런데 이날은 아들을 죽이러 가는 발걸음입니다. 한 걸음 한 걸음을 옮기는 것이 쉽지 않았습니다. 머릿속에 텅 빈 것 같았고 가슴은 숨을 쉴 수 없을 만큼의 답답함을 가지고 산으로 가고 있는데 이삭의 물음이 귀에 들려 온 것입니다. 아브라함은 터질 것 같은 심장이었습니다만 침착하게 대답을 했습니다.

"아들아, 제물은 하나님이 친히 준비하시겠지..."

제물 태울 나무를 등에 짊어지고 산을 오르는 이삭과 늙음과

기막힘으로 인해 제대로 오르지 못하는 아브라함이었습니다. 제단 있는 곳에 다다르자 이삭은 나무를 내려놓습니다만 늙은 아브라함은 아직도 저 멀리서 올라오고 있었습니다.
"아버지 천천히 올라오셔요! 제가 다 준비해 놓을게요!"
아들의 목소리에 아브라함은 잠깐 멈추고 눈을 들어 제단 있는 곳을 봅니다. 주름이 골골이 파인 얼굴에 늘어진 흰 수염과 얼마 안 되는 흰 머리카락이 날리고 있었습니다. 관절이 튀어나오고 굵어진 손가락으로 지팡이를 잡고있는 아브라함은 천천히 발을 하나씩을 떼었습니다. 무거운 발뗌입니다. 힘이 많이 듭니다. 가고 싶지 않습니다. 조금이라도 늦게 제단 앞으로 가야 하는 것 같습니다.
"하나님! 저곳에 이르기 전에 절 죽여주십시오!"
늙은이의 피 마르는 절규였습니다. 몇 걸음 걷다가 멈춥니다. 그리고 또 그렇게 합니다. 얼마나 오래 걸려 올랐을까요? 아무것도 모르는 아들, 아버지와 제사 드리는 것을 좋아하는 이삭은 이미 제물 태울 준비를 완벽하게 해 놓았습니다. 산에 놓인 제단 옆에서 하늘을 한번 쳐다보던 아브라함이 이삭을 불렀습니다. 그러더니 투박하고 주름진 손으로 이삭의 손을 잡았습니다. 지난날 제사를 드리기 전에 그랬던 것처럼 아버지와 아들이 손을 잡고 정성스럽게 기도하는 것입니다.
"여호와 하나님이시여… 당신의 뜻대로 이 아들 이삭을 당신께 제물로 바치나이다."

기도를 마친 아브라함이 눈을 떴습니다. 그리고 아들을 봅니다. 아들은 아직도 눈을 뜨지 못하고 있습니다. 그의 긴 속눈썹이 떨리는 게 보였습니다. 그리고 그 사이로 눈물이 새어 흐르는 것이 보였습니다. 아버지가 아들에게 미안했는지 꼭 끌어안았습니다. 한참동안.

아브라함은 준비한 끈으로 이삭의 손을 묶었습니다. 발도 묶었습니다. 둘은 아무 말도 나누지 못했습니다. 아브라함이 묶여진 이삭을 제단에 올려놓기 위해 안아 들을 자세를 취했습니다. 그런데 너무 이삭이 큰 겁니다. 얼마 전까지만 해도 업고 다녔고 얼마 전까지만 해도 안고 다녔는데 이젠 안을 수도 없을 만큼 장성한 겁니다. 아브라함은 어떻게 안아야 하는지 몰랐습니다. 백세가 훨씬 넘은 노인이 들기에는 너무 무거운 청년입니다.

"아버지, 발을 풀어 주셔요. 제가 제단에 올라갈께요."

아들의 목소리에 숨이 막힙니다. 그러나 태연한 척합니다. 아브라함은 아들의 말대로 무릎을 굽혀서 자세를 낮춘 후 묶인 아들의 다리에 손을 갖다 대었습니다. 묶인 발을 풀기 위해서였습니다. 아주 천천히 풀었습니다. 아브라함의 눈에서 굵은 눈물이 아들의 다리에 떨어졌습니다.

'이놈아 날 밀치고 도망가거라, 애비를 밀치고 도망가, 어서!' 아들의 발을 만지면서 속으로 외치는 소리였습니다. 이삭은 묶인 발이 풀어지자 스스로 제단에 올랐습니다. 그리고 순한 양처럼 제단에 눕습니다. 그러나 그도 두려웠는지 큰 한숨을 내쉽니다. 그러나 아버지가 눈치채지 않도록 아주 조용히. 그러나 아브라함은 아들 이삭이 두려워하고 있는 것을 알 수 있었습니다.

하늘에서 내리쬐는 태양 빛은 눈을 뜰 수가 없을 만큼 강렬했습니다. 아브라함이 칼을 들었습니다. 그리고...

하늘에서 소리가 났습니다.

"아브라함아! 아브라함아!"

아브라함도 들었습니다. 그리고 이삭도 들었습니다. 사람의 소리가 아니었습니다.

"그 아이에게 네 손을 대지 말라 아무 일도 그에게 하지 말라 네가 네 아들 네 독자라도 내게 아끼지 아니하였으니 내가 이제야 네가 하나님을 경외하는 줄을 아노라"

솔로몬 왕이 선조 아브라함이 이삭을 바친 곳에서 그때 있었을 만한 생각을 하고 있는데 원로의 말이 또 들려 왔습니다.

"전하, 그뿐 아니라 여호와께서 선왕 다윗 왕에게 나타나신 곳이기도 합니다. 다윗 왕께서 이 땅을 여부스 사람 오르난의 타작 마당이었던 것을 사서 성전 터로 한 것이지요."

어린 솔로몬 왕은 지금 서 있는 터가 예사롭지 않다는 생각으로 바라보고 있었습니다.

『솔로몬이 예루살렘 모리아 산에 여호와의 전 건축하기를 시작하니 그 곳은 전에 여호와께서 그의 아버지 다윗에게 나타나신 곳이요 여부스 사람 오르난의 타작 마당에 다윗이 정한 곳이라』(대하 3:1)

성전 건축은 하나님의 구원 계획을 위한 것입니다. 하나님께서는 죄로 인해 심판받을 사람들을 구원하시기 위해 시대에 따라 계획하신 것이 있으셨습니다. 그 가운데 하나가 노아를 통해 만드신 방주였고 또 하나는 출애굽을 하여 광야를 지날 때 주신 성막이었습니다. 구원을 위한 수단이었던 방주도 성막도 하나님께서 그 설계도를 직접 주셨었습니다. 사람의 의도는 전혀 들어가지 않은 작품들입니다. 그리고 이제 솔로몬이 지으려고 하는 성전 또한 마찬가지였습니다. 솔로몬의 의도나 당시의 건축가들의 의도가 전혀 개입되지 않은 (다윗에게 주신) 완벽한 하나님의 작품입니다. 이유는 단 한 가지입니다. 구원을 위한 일이기 때문입니다. 구원은 하나님만이 계획하실 수 있는 것이고 또 하나님은 인간 구원을 위해서 이 성전을 짓게 하신 것입니다.

성소와 지성소를 말하는 성전이 조금씩 조금씩 올라갔습니다. 길이는 육십 규빗(약 27m)이었고 너비는 이십 규빗(약 9m), 높이는 삼십 규빗(약 13.5m)의 크기로 지어지고 있었습니다. 광야에서의 성막보다 많이 컸습니다. 광야 성막은 길이가 삼십 규빗, 너비가 십 규빗, 높이가 십 규빗이었는데 그보다 훨씬 큰 성전이었습니다.

『길이가 육십 규빗이요 너비가 이십 규빗이요 높이가 삼십 규빗이며』(:2하)

역대하 3장 4절에서는 고(高/높이)가 백 이십 규빗으로 기록되어 있습니다. 그것은 70인역 성경과 시리아역에 기록된

것인데 표기 잘못인 것 같습니다. 높이가 백 이십 규빗이라면 약 54m의 길이인데 그렇게 높을 이유가 없기 때문입니다.

성전 본당 앞에는 현관이 있었습니다. 주랑이라고 합니다. 성전 내부로 들어가려면 이곳을 통과해야 합니다. 그것은 성전의 넓이와 똑같았습니다. 이십 규빗(9m)이었고 넓기는 십 규빗(4.5m)이었습니다.

『성전의 성소 앞 주랑의 길이는 성전의 너비와 같이 이십 규빗이요 그 너비는 성전 앞에서부터 십 규빗이며』(:3)

성전에는 열고 닫을 수 있는 창문이 있었습니다.

『성전을 위하여 창틀 있는 붙박이 창문을 내고』(:4)

성소와 지성소 벽에는 다락들을 만들어 골방으로 삼았습니다.

『또 성전의 벽 곧 성소와 지성소의 벽에 연접하여 돌아가며 다락들을 건축하되 다락마다 돌아가며 골방들을 만들었으니』(:5)

성소와 지성소를 둘러 만들어진 다락들의 넓이는 올라가면서 커졌습니다. 맨 아랫층의 넓이는 오 규빗(약2.3m)이었고 가운데 층의 넓이는 육 규빗(약2.7m)이었으며 맨 윗층의 넓이는 칠 규빗(약3.2m)이었습니다. 이 다락들을 지탱하는 구조는 밖에서 세워지게 함으로 성전 안에는 기둥이 보이지 않는 구조였습니다.

『하층 다락의 너비는 다섯 규빗이요 중층 다락의 너비는 여섯 규빗이요 셋째 층 다락의 너비는 일곱 규빗이라 성전의 벽 바깥으로 돌아가며 턱을 내

어 골방 들보들로 성전의 벽에 박히지 아니하게 하였으며』(:6)

다락방은 무엇을 하는 곳이었을까요? 성물(聖物)들을 두는 곳이었습니다. 성전의 기구들을 두는 곳이었고 제사장들의 옷(에봇)들을 두는 곳이었습니다.

매우 웅장한 건축이었습니다. 그러나 성전을 짓는 곳에는 아무런 소리가 없었습니다. 왜냐하면 돌의 경우는 채석장에서 다듬었고 완성품을 가져다가 건축을 했기 때문입니다. 건축 현장에서는 방망이나 도끼나 어떤 연장도 사용하지 않았습니다.

『이 성전은 건축할 때에 돌을 그 뜨는 곳에서 다듬고 가져다가 건축하였으므로 건축하는 동안에 성전 속에서는 방망이나 도끼나 모든 철 연장 소리가 들리지 아니하였으며』(:7)

어떤 사람은 성전 건축에 사용한 돌은 연장으로 다듬어지지 않은 것이라고 주장합니다. 자연 그대로의 것을 가져다가 채석하여다가 사용했다고 합니다. 물론 그렇게 주장하는 근거가 있기도 합니다. 율법에 기록하기를 단을 쌓을 때는 다듬지 말라고 했기 때문입니다. 『네가 내게 돌로 제단을 쌓거든 다듬은 돌로 쌓지 말라 네가 정으로 그것을 쪼면 부정하게 함이니라』(출 20:25/ cf:신 27:5). 그러나 솔로몬이 건축할 때 사용한 돌은 자연적인 것이 아니라 채석장에서 예술가들이 멋있게 다듬은 것이었습니다.

성전 건축은 소리가 나지 않는 특별한 공사였습니다.
무려 칠년 동안 계속되는 공사였고
매일 수천 명이 달라붙어서 일을 했습니다만
아무 소리도 없었습니다.
하나님의 일은 소리가 나지 않아야 합니다.
자신의 의견을 죽이고 자신의 고집을 죽여야 합니다.
맡겨진 일에 묵묵히 순종하면 됩니다.

"너희는... 하나님의 집이니라"(고전 3: 9)
"살아계신 하나님의 성전"(고후 6:16/cf:고전 3:16, 6:19, 엡2:22)
그렇다면 '내가 하나님의 성전' 이란 말인가요?
그렇습니다.
도전이 됩니다.
내가 지금 지어져 가고 있는 성전이라는 말씀입니다.
시간이 지나면 완성될 모습을 나의 모습을 상상해 봅니다.
웅장해질 내 모습, 아름다워질 내 모습...

누군가가 나를 지어가고 있습니다.
나는 잘 모르겠습니다. 너무도 조용하기 때문입니다.
나도 모르게 소리 없이 기초석이 놓여집니다.
하나님의 일꾼들이 저 멀리서 다듬은 변함없는
말씀의 돌들을 가지고 와서
아주 조용히 '나' 라는 지어지는 성전의 기초를 삼습니다.

나를 깨뜨리지 않고, 나를 힘들게 하지 않고,
나를 정신없게 하지 않고
아주 조용히 "나"라는 성전을 지어가고 있습니다.

지금 나는 요란하지 않습니다. 아주 조용합니다.
아무런 일이 일어나지 않는 것 같습니다.
그런데 분명한 것은 기초가 다져져 있고
벽이 올라가면서 하나님의 전으로 변하고 있는 것입니다.
'그' 분이 나를 그렇게 만들어 가고 계십니다.
나를 택하시고 성전 삼으시기로 작정하신 그분,
날 위해 죽으시고 부활하신 그분께서 말입니다.

다락 골방들은 삼 층으로 되어있었습니다. 건축자는 삼 층으로 만들어 놓고 그곳에 올라가는 계단도 만들었습니다. 오른쪽에 골방들의 문이 있었는데 그 문에 닿도록 아래에서부터 나사 모양의 계단을 만들어 놓아 오르락내리락 하게 한 것입니다.

『중층 골방의 문은 성전 오른쪽에 있는데 나사 모양 층계로 말미암아 하층에서 중층에 오르고 중층에서 셋째 층에 오르게 하였더라』(:8)

❷ 6:11~13

진짜 중요한 것

성전 건축은 잘 진행되고 있었습니다.

그러나 건물은 잘 올라가고 있었을지 모르지만 백성들과의 문제는 달랐습니다. 성전 건축에 따른 강제 부역이 백성들의 원성(怨聲)을 사고 있었습니다. 하나님을 기쁘시게 하기 위한 성전 건축이 분명했지만 그 목표에 다다르려는 집념 때문에 왕과 관료들은 정도(正度)를 무시하곤 했기 때문입니다. 우선은 성전 건축에 방해받지 않기 위하여 외국의 침입을 미리 막아야 했기에 율법에 어긋난 행동을 했습니다. 왕은 물론 관료들도 이방의 왕들이나 성주들과 사돈 관계를 맺은 것입니다. 백성들을 강제로 징집(徵集)하여 노동을 시킨 것도 그렇습니다. 백성들이 자원하는 마음으로 성전 건축을 위한 부역에 동참한 것이 아닙니다. 솔로몬 정부의 강압에 끌려나간 것입니다. 목표를 위한 정치는, 그것이 신성한 것을 위한 것이라 하더라도 억압이라는 죄악과 연결이 되어있었던 것입니다. 일은 아주 잘, 빠르게 진행되고 있었습니다. 그러나 하나님의 관심은 일이 얼마나 잘되어 가고 있느냐가 아니었습니다. 바르게 일을 하고 있느냐 하는 것이었습니다. 그런데 그렇지 못했기에 하나님이 나타나셨던 것입니다.

"솔로몬아, 일이 아니라 말씀대로 바르게 살아가는 것이다! 네 아비 다윗처럼 내 법도를 따라야 내가 너를 버리지 않을 것이고 이스라엘을 버리지 않을 것이다!"

『여호와의 말씀이 솔로몬에게 임하여 이르시되 네가 지금 이 성전을 건축하니 네가 만일 내 법도를 따르며 내 율례를 행하며 내 모든 계명을 지켜 그대로 행하면 내가 네 아버지 다윗에게 한 말을 네게 확실히 이룰 것이요 내가 또한 이스라엘 자손 가운데에 거하며 내 백성 이스라엘을 버리지 아니하리라 하셨더라』(:11-13)

우리가 실수하는 부분도 비슷합니다.
목표를 성취하기 위해 '과정의 올바름'을 희생시킵니다.
하나님은 결과를 보고 칭찬하시는 분이 아닙니다.
결과도 중요합니다만
어떤 과정들을 거친 결과냐 하는 것에 따라
하나님의 평가가 달라집니다.

하나님은 과정을 무시한 위대한 결과를 좋아하시지 않습니다.
결과를 얻지 못했다 하더라도 바른 방법으로 일했다면
하나님은 그것을 기뻐하십니다.
반면에 세상은 결과만을 강조합니다.
악을 행했을지라도 결과가 위대하면 악했던 과정을 지우고
큰 결과를 낸 사람을 영웅으로 만듭니다.

우리는 목표를 이루기 위해 열심히 일하고 있습니다.
그런데 일을 이루기 위해 사람의 마음에 상처를 주고
하나님의 법도에 어긋난 일을 하면서
목표 달성을 위해서는 어쩔 수 없는 일이라고 하면서
양심을 희생시키지 않습니까?
솔로몬의 관심은 웅장한 성전이었을지 모르지만
하나님의 관심은 솔로몬의 마음이었습니다.

세상은 일을 해냈을 때와 일을 해내지 못했을 때는 다릅니다.
일을 해냈을 때는 어떤 잘못도 용서되고
악행들도 사라지게 합니다.
세상에서는 바르게 했느냐 그렇지 못하느냐가
그리 중요하지 않습니다.
결과가 잘 잘못을 결정하기 때문입니다.
옳게 하다가 성취를 하지 못하면 무능한 사람으로 혹은 바보로
어느 경우에는 죄인으로까지 취급을 합니다.
반면에 거짓되고 악한 수를 써서라도 무엇인가를 이루면

영웅이 되고 인물이 되는 것이 현실 세상입니다.

그래서 만들어진 말이 역사는 승자의 편이라는 말입니다.

그러나 하나님은 그렇게 판단하지 않으십니다.

어쩌면 하나님은 결과에는 별 관심이 없으실지도 모릅니다.

'진실과 정직한 방법으로 하고 있는가' 에 관심을 두십니다.

그러므로 우리는 '큰 것, 위대한 것, 유명한 것,

많은 것, 높은 것' 의 노예 됨으로부터

'진실한 것, 정직한 것, 깨끗한 것' 으로 방향을 바꿔야 합니다.

솔로몬에게 하나님께서 그것을 요구하시는 말씀을

나에게 하는 말씀으로 들어야 합니다.

❸ 6:14~36

성전 안의 모습들

성전이 완성되었습니다.

물론 건물 뼈대만 완성된 것입니다. 이제 그 건물 안으로 여행을 떠날 차례입니다. 먼저 이해를 돕기 위해서 성전의 평면을 생각해 봅시다. 성전은 세 부분으로 되어 있습니다. 첫째는 지성소입니다. 내소(內所)라는 말로도 표현되어 있습니다. 두 번째는 성소입니다. 외소(外所)라고 표현되어 있습니다. 세 번째는 주랑입니다. 현관을 말합니다. 주랑(현관)을 통하여 외소(성소)로 들어가게 되며 외소를 지나 내소(지성소)가 있는 것입니다.

예수님께서는 자신을 성전이라고 말씀하셨습니다(요 2:21).
이 예수님을 알아 가는 것이 얼마나 매력적인지 모릅니다.
시간이 가면 갈수록, 생각하면 할수록
알아가면 알아갈수록 밀려오는 기쁨이 있습니다.
벅찬 감격과 행복이 흘러넘칩니다.
교회의 뜰, 마당을 밟고 다닐 때는 그저 그렇습니다.
아니 그때도 좋습니다.
그런데 조금 더 들어가 주랑(현관)으로 들어가 보십시오.
비록 아무것도 없는 곳이지만 아름다움을 발견하게 될 것입니다.
그 아름다움은 당신을 놀라게 할 것입니다.
그런데 거기서 주위를 둘러보면서 좋아하고만 있으면 안 됩니다.
주님을 그렇게만 보고 있으면 안 된다는 말입니다.
성소로 들어가십시오. 사방이 온갖 정금으로 덧입혀진
성소로 들어가십시오.
그곳에는 먹을 양식이 놓여 있습니다.
성소에서 영혼의 양식을 먹으며 영혼의 배부름을 경험할 것입니다.
그곳에는 촛대가 있어서 당신의 모습을 밝히 보게 해 줍니다.
성소이신 주님 안으로 들어오시면 빛 되신 주님 때문에
당신의 모습을 발견하게 될 것입니다.
그곳에서 하나님께 기도하게 될 것입니다.
그렇다고 성소가 너무 좋아 거기에 계속 머무르면 안 됩니다.
가장 깊은 곳까지 들어가야 합니다.
지성소까지.
주님의 마음속으로 들어가야 합니다.

그 속에 들어가면 또 다른 황홀경에 빠지게 될 것입니다.
하나님을 만나는 영광과 황홀함입니다.

열두 제자들을 데리고 다니시다가 빌립으로부터
엉뚱한 질문을 받으셨답니다.
“주여 아버지를 우리에게 보여 주옵소서
그리하면 족하겠나이다”(요14:8)
빌립의 질문에 주님은 답답하셨습니다.
빌립은 주님과 살면서 누구보다도 주님을 잘 알고 있었습니다.
주님의 키, 주님의 걸음걸이, 주님의 식성, 주님의 잠버릇,
주님의 성격, 주님의 말투 등등.
빌립은 주님을, 주님의 모든 것을 좋아했습니다.
주님으로부터 말씀을 들으며 그것을 영의 양식으로 삼기도 하고,
주님으로 인해 자신의 부족함과 죄상을 발견하기도 하고,
주님과 더불어 기도하기도 하고,
그런데도 그는 하나님이 보고 싶었습니다.

빌립이 주님께로 더 깊이 들어갔으면 좋았을텐데.
“예수께서 이르시되 빌립아 내가 이렇게 오래 너희와 함께 있으되
네가 나를 알지 못하느냐 나를 본 자는 아버지를 보았거늘
어찌하여 아버지를 보이라 하느냐”(요14:9)
주님께로 더 깊이 들어가야 합니다.
그러면 하나님을 보게 됩니다.
뜰에 머무르지 마십시오.

주랑에서 혹은 성소에서만 기뻐하지 마십시오.

지성소로 들어가십시오.

그러면 하나님을 만나게 될 것이고

하나님의 성품으로 들어가게 됩니다.

베드로 사도는 지성소로 들이시기로 계획하신 하나님의 뜻을 이렇게 소개하고 있습니다.

"하나님과 우리 주 예수를 앎으로 은혜와 평강이 너희에게 더욱 많을지어다 그의 신기한 능력으로 생명과 경건에 속한 모든 것을 우리에게 주셨으니

이는 자기의 영광과 덕으로써 우리를 부르신 이를 앎으로 말미암음이라 이로써 그 보배롭고 지극히 큰 약속을 우리에게 주사 이 약속으로 말미암아

너희가 정욕 때문에 세상에서 썩어질 것을 피하여

신성한 성품에 참여하는 자가 되게 하려 하셨느니라"(벧후 1:2-4)

지성소의 주님을 앎으로 하나님의 성품에 참여하는 행복을 맛보시지 않으시렵니까?

찬송가 453장은 주님을 더 깊이 알아간 선배의 간증입니다.

예수 더 알기 원하네 크고도 넓은 은혜와

대속해 주신 사랑을 간절히 알기 원하네

성령이 스승 되셔서 진리를 가르치시고

거룩한 뜻을 깨달아 예수를 알게 하소서

성령의 감화 받아서 하나님 말씀 배우니
그 말씀 한 절 한 절이 내 맘에 교훈되도다

예수가 계신 보좌는 영광에 둘려 있도다
평화의 왕이 오시니 그 나라 왕성하도다

(후렴)
내 평생의 소원 내 평생의 소원
대속해 주신 사랑을 간절히 알기 원하네

아! 우리를 성전이라고 하셨음이 생각납니다.
누가 우리를 대할 때도 내 모습이
성전의 깊이와 같았으면 좋겠습니다.
멀리서 볼 때보다도 가까이서 볼 때가 아름답고
가까이서 볼 때보다도 알아 가면 갈수록 더욱 귀하고
대화하며 생각을 나눌 때는 더 풍성하며
영혼을 나눌 때는 생명을 느끼며
나를 통해 하나님을 보게 되는 성전 같은 성도가 되고 싶습니다.
사귈수록 알아 갈수록 귀한 사람 되게 하소서!

이 세 부분을 성전이라고 하는데 성전의 안쪽 부분 즉 천정과 벽 그리고 마루까지 모두 백향목으로 만든 널판을 입혔습니다. 그런 다음 바닥 부분에는 다시 잣나무로 마루를 깔았습니다.

『백향목 널판으로 성전의 안벽 곧 성전 마루에서 천장까지의 벽에 입히고

또 잣나무 널판으로 성전 마루를 놓고』(:15상-15)

지성소(至聖所)로 들어가 보겠습니다. 지성소는 성전의 맨 뒷부분에 위치합니다. 길이가 뒤에서부터 재면 약 9m나 되었습니다. 길이만 20규빗(9m)가 아니고 넓이도 높이도 각각 20규빗(9m) 씩입니다. 출애굽 당시 성막의 지성소 크기보다 꼭 두 배입니다. 정육면체 모양입니다. 지성소는 마루를 제외하고 천정과 벽이 모두 백향목으로 만든 널판으로 되어있는데 그 널판이 그냥 널판이 아니라 박과 핀 꽃들이 새겨져 있는 예술 판화였습니다. 그리고 조각이 새겨진 백향목 널판 전체를 정금으로 덮었던 것입니다. 성전의 외소(성소)와 내소(지성소) 모두 금으로 입혔습니다. 그리고 지성소 앞에는 금으로 만든 사슬을 걸어 놓았습니다.

『또 성전 뒤쪽에서부터 이십 규빗 되는 곳에 마루에서 천장까지 백향목 널판으로 가로막아 성전의 내소 곧 지성소를 만들었으며 내소 앞에 있는 외소 곧 성소의 길이가 사십 규빗이며 성전 안에 입힌 백향목에는 박과 핀 꽃을 아로새겼고 모두 백향목이라 돌이 보이지 아니하며 여호와의 언약궤를 두기 위하여 성전 안에 내소를 마련하였는데 그 내소의 안은 길이가 이십 규빗이요 너비가 이십 규빗이요 높이가 이십 규빗이라 정금으로 입혔고 백향목 제단에도 입혔더라 솔로몬이 정금으로 외소 안에 입히고 내소 앞에 금사슬로 건너지르고 내소를 금으로 입히고』(:16-21)

지성소(至聖所) 안에는 두 그룹을 만들어 놓았습니다. 감람나무로 만들었는데 그 높이가 십규빗(4.5m)였습니다. 그룹은 날개가 있었고 활짝 펴진 날개로 만들어져 있었습니다. 날개 이 끝에서 저 끝까지의 길이를 재보니 십규빗(4.5m)이었습니다. 두 그룹이 나란히 서서 날개를 펴고 있었는데 양쪽 벽에 닿아 있었습니다. 십규빗씩 되는 날개를 편 그룹 둘의 날개가 지성소(至聖所)를 덮고 있었습니다. 그룹들 또한 금으로 입혀져 있었습니다. 이 지성소는 언약궤를 두는 곳이었습니다.

『내소 안에 감람나무로 두 그룹을 만들었는데 그 높이가 각각 십 규빗이라 한 그룹의 이쪽 날개도 다섯 규빗이요 저쪽 날개도 다섯 규빗이니 이쪽 날개 끝으로부터 저쪽 날개 끝까지 십 규빗이며 다른 그룹도 십 규빗이니 그 두 그룹은 같은 크기와 같은 모양이요 이 그룹의 높이가 십 규빗이요 저 그룹도 같았더라 솔로몬이 내소 가운데에 그룹을 두었으니 그룹들의 날개가 펴져 있는데 이쪽 그룹의 날개는 이쪽 벽에 닿았고 저쪽 그룹의 날개는 저쪽 벽에 닿았으며 두 날개는 성전의 중앙에서 서로 닿았더라』(:23-27)

다음번 관람은 성소(聖所)입니다. 외소(外所)라고도 불렸습니다. 성소는 지성소와 주랑 중간에 있었는데 크기는 지성소의 두 배인 사십 규빗이었습니다(:17). 내부는 지성소와 마찬가지로 백향목 널판으로 되어있었고 예술적 가치가 있는 무늬들이 새겨져 있었습니다. 물론 천정을 비롯하여 벽과 마루까지 금으로 입혀졌습니다.

문(門)에 관한 설명입니다. 지성소(至聖所/내소(內所))와 성소(聖

所/외소)사이의 문(門) 입니다. 지성소와 성소를 드나드는 문은 감람나무로 만들었습니다(:31). 문의 문인방(門引枋)과 문설주(門設柱)는 벽의 1/5크기였습니다(:31). 문은 둘이었으며 두 문짝에 그룹과 종려나무와 활짝 핀 꽃송이 무늬를 조각하고 그 위에 금을 입혔습니다(:32).

지성소에는 언약궤가 있었습니다.
하나님이 계신 곳이라는 상징입니다.
그런데 그곳에 들어가는 문은 오직 하나뿐입니다.
하나님을 만나기 위해서는 하나뿐인 문을
통과해야 한다는 말입니다.
문은 예수 그리스도이십니다.
"내가 문이니"(요 10:9)
만일 예수 그리스도를 통하지 않고 하나님을
만나려는 사람이 있다면
강도요 도적이라고 하셨습니다.
"내가 진실로 진실로 너희에게 이르노니
문을 통하여 양의 우리에 들어가지 아니하고
다른 데로 넘어가는 자는 절도며 강도요"(요 10:1)
하나님을 만나러 가는 사람들은 예수님을 통과해야 합니다.

문은「두 짝」으로 되어있습니다.
무슨 의미가 있을까 생각해 보았습니다.
필자 생각에는 하나님을 만나기 위해 들어가려면

예수님을 통과해야 하는 것은 분명한데
단순히 예수님에 관한 지식만으로는 안 되고
예수님에 대한 믿음을 갖게 하는 성령님의 내주하심이
있어야 하기에
그 의미로 문이 두 짝으로 되어있지 않나 하는 생각을 합니다.
그렇게 생각할 수 있는 힌트는
문은 감람목으로 만들었다고 했는데
감람목은 기름을 상징하거든요.
그러므로 하나님을 만나려면
예수님과 성령님의 역사하심의
복합 작용임을 말하는 것이라 생각됩니다.

하나님을 만나기 위해 들어가는 문의 문인방과
문설주의 크기는 벽 크기의 1/5입니다.
신기합니다.
왜 이처럼 정확하게 1/5라고 표기했을까요?
문인방과 문설주의 크기입니다.
'5' 라는 숫자는 고난이나 은혜를 상징합니다.
그렇다면 문은 예수님을 상징하고 문을 달고 있는 인방과
설주는 고난을 상징한다면
하나님을 만나기 위해 거쳐야 하는
예수님은 고난받으신 예수님이라고 말해도
무리가 아니듯 싶네요.

그렇습니다.
예수께서 십자가의 고난을 받으시기 전까지는
우리가 예수를 통하여 하나님을 만나지 못했습니다.
그런데 고난받으신 예수님으로 인해
우리는 하나님을 만나고 있는 것입니다.
하나님을 만나기 위해서는 예수님의 손을 꼭 붙잡고 가야 하는데
그 손에는 못 자국이 있습니다.
그분의 발에도 못 자국이 있습니다.
옆구리를 들춰보면 찔린 창 자국이 있고
머리에는 가시 면류관을 썼던 자국이 있습니다.
우리도 귀히 여기지 않았던 그분, 고난받으신 예수님만을 통해서
하나님을 만날 수 있는 것입니다.

문에 "아로새기고"라는 말이 눈에 들어옵니다.
나무를 파냈다는 말입니다.
나무가 많이 아팠겠죠?
주님이 아프셨다는 말이 아닐까요?
하나님을 만나게 하시기 위해
주님께서 어떤 고초를 당하셨는가 생각하게 됩니다.

지성소 앞의 금 사슬,
어떤 의미가 있을까요?
금 사슬은 많은 고리들이 연결된 모양입니다.
금 사슬에 관한 이야기를 잠언에서 발견할 수 있습니다.

"내 아들아 네 아비의 훈계를 들으며 네 어미의 법을 떠나지 말라 이는 네 머리의 아름다운 관이요 네 목의 금 사슬이니라"(잠 1:8-9)

말씀을 금 사슬로 표현해 놓았습니다.

그렇다면 말씀이 지성소 앞에 주렁주렁 널려 있다는 것입니다.

성소(聖所/외소)로 들어가는 문(門)은 이렇습니다. 이 문도 두 짝으로 되어있는데 접는 문이었습니다. 문(門)을 만든 재료는 잣나무였습니다. 문짝에는 아름다운 모양의 예술을 조각하였고 그 위에는 금으로 입혔습니다. 주랑(현관)과 외소(外所/성소)와 내소(內所/지성소)는 실내(室內)였습니다. 그곳을 안뜰이라고 불렀습니다. 이 건물 밖을 바깥뜰이라고 하는데 안뜰과 바깥을 구분하기 위해 돌을 세 층으로 쌓고 그 위에 백향목 널판을 한층 얹었답니다.

『그 두 문짝은 잣나무라 이쪽 문짝도 두 짝으로 접게 되었고 저쪽 문짝도 두 짝으로 접게 되었으며 그 문짝에 그룹들과 종려와 핀 꽃을 아로새기고 금으로 입히되 그 새긴 데에 맞게 하였고 또 다듬은 돌 세 켜와 백향목 두꺼운 판자 한 켜로 둘러 안뜰을 만들었더라』(:34-36)

④ 6:37~39

건축 일정 보고

솔로몬이 왕이 된 때가 주전 970년입니다. 그리고 4년 만에 성전을 짓기 위해 기초를 놓기 시작했습니다. 그러니깐 주전 966년 시브월(2월)입니다. 솔로몬이 왕이 된 때를 열세살 정도라고 가정하면 대략 십칠세 때 성전 건축을 시작한 것이 됩니다.

『넷째 해 시브월에 여호와의 성전 기초를 쌓았고』(:37)

성전 건축은 칠년 동안 계속되었습니다. 솔로몬 십일년 불월에 완공되었습니다. 그러니깐 주전 959년쯤이었고 솔로몬의 나이는 이십사세 정도 되었습니다.

솔로몬이 건축한 성전의 특색은 다윗에게 받은 설계와
식양(式樣)대로 건축된 것입니다.
솔로몬의 잘한 점입니다.
자기의 기분 혹은 시대의 유행에 따라 성전을 건축한 것이 아니라
이미 작성된 설계와 식양(式樣)을 따라 건축한 것입니다.
이 설계와 식양(式樣)은 사람들의 회의를 통해
만들어낸 것이 아닙니다.
다윗 왕이 전해준 것이었습니다.
그렇다면 다윗 왕이 설계도를 만들 때
참모진들과 머리를 맞대고 만든 것이냐 하는 것입니다.
그것도 아닙니다.
다윗 왕도 하나님께 받은 것이었습니다.
그리고 그것을 솔로몬에게 그대로 전해주었을 뿐입니다.
"다윗이 설계도를 그의 아들 솔로몬에게 주고…
다윗이 이르되 여호와의 손이 내게 임하여
이 모든 일의 설계를 그려 나에게 알려 주셨느니라"(대상
28:11,19)
중요한 교훈입니다.
우리의 신앙도 그렇습니다.
무슨 일을 하기 전에 하나님께서 주신 설계도를
보아야 합니다.
설계도는 성경입니다.
모든 성경은 하나님의 감동으로 된 것으로
하나님이 인간에게 주신 생명 설계도, 인생 설계도입니다.

교훈과 책망과 바르게 함과 의로 교육하기에

유익한 설계도입니다.

성경을 따라 인생을 세워간다면

솔로몬이 하나님이 주신 설계도와 식양을 따라 건축한 성전이

아름다웠던 것처럼 우리의 인생도

아름다운 모양을 갖추게 될 것입니다.

›› 제7장

아름다움

다윗이 받은 계시대로의 성전이었습니다. 사람들은 고생은 하였지만 하나님의 성전을 건축하는 것이었기에 잘 참았고 자신은 물론 후손들을 위한 성전(聖殿)이었기 때문에 기쁘게 감당했습니다. 노동이 힘들고 세금이 과중해도 견뎠습니다. 일년중 한 달 동안씩 왕궁에 먹을 것 대는 것도 쉽지는 않았습니다만 '성전이 완공될 때 까지만' 이라는 목표가 있기에 참고 칠 년을 견뎠습니다. 칠 년이란 세월이 짧은 세월이 아님에도 불구하고 잘 참은 것입니다. 그런데 성전이 완공되어 모두들 강제 노역이 끝났기에 개인의 삶을

THE BIBLICAL

THE BIBLICAL BIBLE STUDY

❶ 7:1~12

왕궁 건축

성전을 지었습니다.

다윗이 받은 계시대로의 성전이었습니다. 사람들은 고생은 하였지만 하나님의 성전을 건축하는 것이었기에 잘 참았고 자신은 물론 후손들을 위한 성전(聖殿)이었기 때문에 기쁘게 감당했습니다. 노동이 힘들고 세금이 과중해도 견뎠습니다. 일년중 한 달 동안씩 왕궁에 먹을 것 대는 것도 쉽지는 않았습니다만 '성전이 완공될 때까지만' 이라는 목표가 있기에 참고 칠 년을 견뎠습니다. 칠 년이란 세월이 짧은 세월이 아님에도 불구하고 잘 참은 것입니다.

그런데 성전이 완공되어 모두들 강제 노역이 끝났기에 개인의 삶을 준비하고 있는데 뜻밖의 새로운 건축 계획이 발표되었습니다. 왕궁을 건축한다는 것입니다. 백성들은 수군거리기 시작했고 또다시 부역(負役)을 해야 한다는 것으로 인해 화가 났습니다. 칠 년 동안 이를 악물고 성전 건축 사업에 몸을 바치고 물질을 바쳤는데 다시 왕궁을 건축한다는 것에 화가 난 것입니다.

"아니, 지난 칠 년 동안 그렇게 고생을 했는데 또 그 고생을 하란 말이야? 왕이 미친 거 아니야? 그것도 왕궁을 건축한다고? 선대 다윗왕이 지어 놓은 궁전도 아직 멀쩡하구먼, 뭐가 부족해서 또 궁전을 짓는다는 거야? 왕이 되더구먼 건축하는 일에 살판났구먼."

백성들의 불만이었습니다.

"그것도 성전보다도 훨씬 어마어마하게 짓는다고 발표하지 않았나. 그걸 누가 짓는다는 말인가? 전부 우리가 낸 세금으로 지을 것이 아닌가? 얼마나 또 뜯어내려고 그래. 못해, 못해! 이러다가 나라가 망하지, 망해. 자기는 호화로운 궁에서 살지 모르지만 백성은 굶어 죽는다고."

누군가가 또 말을 이었습니다.

"그뿐인 줄 아나? 젊은 왕이 여자들이나 밝히고... 그 여자들에게 궁을 하나씩 지어준다고 하네."

"그 여자들도 이방 여자들이라며? 그래서 그 여자들마다 섬기는 신을 위해 신당도 지어준다지? 완전히 미친 거야, 솔로몬 왕이."

왕실에서 발표한 왕궁 설계도는 어마어마했습니다. 성전보다도 약 네 배나 큰 청사진이었습니다. 감역관 아도니람이 중심이 된 건축 위원회는 백성들에게 강제 노역을 강행했습니다. 그런데 다행인 것은 아도니람 밑에서 일하던 많은 관리들이 반대를 했던 것입니다. 백성들에게 너무 부담이 된다는 의견입니다. 또 부역을 시킨다면 백성들의 원성을 막을 수 없게 될 것이고 급기야는 국가의 분열을 가지고 올 수 있을 것이라는 말이었습니다. 그러나 아도니람은 아랑곳하지 않았습니다. 강력했습니다. 솔로몬 왕에 대한 과잉 충성이었습니다. 솔로몬과 아도니람의 일에 많은 반대가 있었고 장수 중에 하나인 에브라임 사람 여로보암 같은 사람은 참을 수가 없었습니다. 그는 백성들과 다른 장수들을 대변하여 감역관 아도니람에게 강제 노역 징집에 직접적이고 강력한 항의를 했습니다.

"백성들을 다 죽게 만들 것입니까?"

거친 항의였습니다. 솔로몬 왕도, 감역관 아도니람도 그리고 대신들도 그의 항의를 들었습니다. 그런데 왕은 그의 조언(助言)을 신중하게 생각했어야 하는데 오히려 그를 왕명을 거역하는 자로 몰아 곱지 않은 눈으로 보았습니다. 그럼에도 불구하고 솔로몬 왕을 향한 여로보암의 충언과 항의는 멈추지 않았습니다. 그는 왕궁이 건축되어 가는 동안 쉬지 않고 노동자를 대변하여 강제 노동의 고충을 왕실에 항변했던 것입니다. 왕과 왕실은 여로보암이 귀찮았습니다. 아니 여로보암의 말을 듣고 그와 같은 목소리를 내는 사람들의 수가 점점 많아지고 있었기 때문에 문제가 심각해진다고 생각한 것입니다. 그러다가는 민중 봉기가 일어날 것같은 분위기까지 된 것입니다. 결국 왕실은 여로보암을 잡으라는 체포령을 내렸고, 이것을 들은 여로보암은 솔로몬과 아도니람을 피해서 애굽으로 망명을 했던 것입니다.(이 부분에 대해서는 나중에 상세하게 나옵니다).

솔로몬은 성전을 건축하는 칠 년 동안 건축에 관한 지식과 아이디어가 생겼습니다. 그것으로 왕궁을 지을 생각을 한 것입니다. 성전보다 더 화려하고 더 웅장하고 더 멋있게 짓고 싶었습니다. 그러다 보니 건축 비용은 물론 시간까지도 배로 들었습니다. 무려 십삼 년이나 걸렸습니다. 이십 오세 때부터 왕궁을 건축하기 시작하여 삼십팔세가 되어서야 완공을 한 것입니다. 왕은 물론 백성들, 온 나라가 무려 이십 년 동안 성전과 왕궁 건축을 위해 세월을 보냈던 것입니다.

『솔로몬이 자기의 왕궁을 십삼 년 동안 건축하여 그 전부를 준공하니라』(:1)

6장 38절과 7장 1절은 함께 읽어야 합니다. 원래 성경은 장(章)과 절(節)이 구분이 없습니다. 장과 절을 나눈 것은 후대 사람들이 성경을 읽기 좋도록 나눈 것입니다.

(성경의 장(章)은 12세기경 영국의 켄터베리 대주교였던 랭튼(Langton, 1150년-1228년)이 라틴어 성경 불가타역

(Vulgata) 구약을 장(章)으로 나누었습니다. 성경의 절(節)은 프랑스의 궁정 인쇄 기술자인 스테파노스(Stephanus: 1503년~1559년)는 신약성경을 절로 구분하여 스위스 제네바에서 1551년에 출간했습니다. 신구약 전체에 장과 절이 붙여져 출간된 것은 1555년 스테파노스의 라틴어 불가타 성경이 처음입니다. 오늘날에 사용하는 성경은 1560년 제네바에서 발간한 불가타 성경의 장 절을 받아들이고 있습니다).

그렇기에 6장 38절과 7장1절을 연속하여 읽을 때 하나님의 마음을 더 잘 알 수가 있는데 우리 말 성경에는 빼먹은 "그러나"라는 말이 있기 때문입니다(NIV). 그러면 이렇게 읽혀집니다. "솔로몬이 칠 년 동안 성전을 건축하였더라 '그러나' 솔로몬이 자기의 왕궁을 십삼 년 동안 건축하여" 즉 성경은 솔로몬이 하나님의 성전보다 자기의 궁을 더 잘 지었다는 것(?)을 비꼬고 있는 것입니다.

솔로몬은 다윗이 전해준 설계도대로 성전을 지었습니다.
아름다움이 중요한 것은 아니지만
아름답고 훌륭한 성전이었습니다.
그러나 하나님을 사랑해서 지은 것이 아닌 것 같습니다.
아버지의 유언과 원로들의 강압에 못 이겨 지었을 수도 있고
아니면 처음에는 하나님께 대한 신앙으로 지었을 수도 있습니다만
추측할 수 있는 것은 시간이 지나감에 따라

마음이 변했다는 것입니다.

몸이 커가고 어른이 되어 가면서 솔로몬은 변하고 있었습니다.

정말 변했습니다.

왕궁을 건축한 것이 잘못이 아닙니다.

건축하는 동안 하나님에 대한 사랑과 순수함이 사라진 것이 잘못입니다.

왜 왕궁 건축이 십삼 년이나 걸렸을까요? 성전 건축을 마치자마자 왕궁 건축 계획이 발표되고 왕궁 건축이라는 대공사가 진행됐는데 이때는 누구도 십삼 년이 걸릴 것이라고는 생각하지 못했을 것입니다. 그런데 건축을 하다보니깐 욕심이 생기지 않았을까요? 게다가 수백명의 아내들이 요구하는 것까지 들으려니 건축 사업은 커질 수밖에 없었을 것이라는 생각입니다. 하나님께서 불쾌해하시는 것은 솔로몬이 아마도 이방 여인들의 잔소리(?)에 빠져 하나님을 떠났고 또 백성들의 하소연을 무시하고 폭력을 쓰면서 건축을 했기 때문이라는 생각입니다.

솔로몬은 자기 궁전(宮殿)도 성전 자재와 같은 두로에서 수입한 레바논 나무로 지었습니다. 그 크기는 성전보다 훨씬 컸습니다. 궁의 길이는 백 규빗(45m)이었고, 넓이는 오십 규빗(22.5m), 높이는 삼십 규빗(13.5m)이나 되었습니다. 궁전(宮殿)의 천정은 백향목으로 된 네 개의 기둥이 받치고 있었고 기둥 위에는 백향목 들보가 있었습니다. 천정 위에는 방이 사십오 개 있었는데 이 방들 역시 백향목 널판으로 덮었습니다. 판자의 숫자는 한 줄에 열 다섯장씩으로 이루어져 있었습니다. 궁전의 긴 쪽에는 세 줄의 창문들이 마주 보고 있었습니다. 문과 문설주들은 네모꼴이었고 창과 창은 세 겹으로 포개져 있었습니다. 궁전에도 주랑(현관) 있었습니다. 주랑의 길이는 50규빗(22.5m)이었고, 넓이는 30규빗(13.5m)이었습니다. 이 주랑(현관) 앞에 또 다른 자그마한 주랑(현관)이 있었고 그 앞에는 기둥과 섬돌이 있었습니다. 궁전에는 재판실도 있었습니다. 재판하는 주랑을 멋있게 짓고 마루는 역시 두로에서 수입한 백향목으로 깔았습니다. 솔로몬의 거처는 집무실 뒤뜰에 따로 마련했습니다. 그 집도 매우 우장하고 아름다웠습니다. 그리고 왕비인 애굽 왕 바로의 딸을 위해서도 아주 아름다운 집을 지어주었습니다. 당시의 가장 막강한 군사적인 힘을 가진 애굽 왕의 비위를 건드릴 수 없었기에 어쩔 수 없는 행동이었습니다.

『그가 레바논 나무로 왕궁을 지었으니 길이가 백 규빗이요 너비가 오십 규빗이요 높이가 삼십 규빗이라 백향목 기둥이 네 줄이요 기둥 위에 백향목 들보가 있으며 기둥 위에 있는 들보 사십오 개를 백향목으로 덮었는데 들보는 한 줄에 열 다섯이요 또 창틀이 세 줄로 있는데 창과 창이 세 층으로 서로 마주 대하였고 모든 문과 문설주를 다 큰 나무로 네모지게 만들었는데 창과 창이 세 층으로 서로 마주 대하였으며 또 기둥을 세워 주랑을 지었으니 길이가 오십 규빗이요 너비가 삼십 규빗이며 또 기둥 앞에 한 주랑이 있고 또 그 앞에 기둥과 섬돌이 있으며 또 심판하기 위하여 보좌의 주랑 곧 재판하는 주랑을 짓고 온 마루를 백향목으로 덮었고 솔로몬이 거처할 왕궁은 그 주랑 뒤 다른 뜰에 있으니 그 양식이 동일하며 솔로몬이 또 그가 장가 든 바로의 딸을 위하여 집을 지었는데 이 주랑과 같더라』(:2–9)

솔로몬 궁전의 안팎은 아주 좋은 돌들을 재료로 했는데 기초부터 처마까지 모두 십 규빗(4.5m)되는 것과 팔 규빗(3.6m)되는 규격대로 다듬은 것이었습니다. 대단히 큰 모양입니다. 이 큰 돌을 다듬는 것도 대단했지만 이것을 옮기고 쌓는데 얼마나 힘들었을까요? 이 돌들은 백향목 위에 놓아가면서 쌓았습니다. 솔로몬 왕궁을 둘러싼 것은 다듬은 돌 세 켜와 백향목 두꺼운 판자 한 켜로 했답니다. 성전의 것과 같은 방식이었습니다.

『이 집들은 안팎을 모두 귀하고 다듬은 돌로 지었으니 크기대로 톱으로 켠 것이라 그 초석에서 처마까지와 외면에서 큰 뜰에 이르기까지 다 그러하니 그 초석은 귀하고 큰 돌 곧 십 규빗 되는 돌과 여덟 규빗 되는 돌이라 그 위에는 크기대로 다듬은 귀한 돌도 있고 백향목도 있으며』(:10–11)

왕궁은 성전보다 못한 것이 하나도 없습니다.
성전보다 훨씬 화려합니다.
자신이 하나님과 같은 수준에 앉고 싶었을까요?
하나님은 솔로몬 태도를 보고만 계시지 않았습니다.
그래서 성경 기자를 통해 한마디 하셨습니다.
"마치 여호와의 성전 안뜰과 주랑에 놓은 것 같더라"(:12하)

어쩌면 하나님처럼 되고 싶었는지도 모릅니다.

하나님처럼 되고 싶은 마음

하나님의 자리만큼 올라가고 싶은 마음

인간이 앉고 싶은 마음입니다.

솔로몬은 성전보다 아래인 걸 택해야 합니다.

하나님 계신 곳이 그 정도라면 자신을 왕으로 세우신 분보다는

아랫것을 택해야 하는 것입니다.

그게 예의(?)가 아닐까요?

솔로몬은 변했습니다.

혹시 우린 하나님보다 더 높은 자리에 앉아 있지는 않은지요?

그렇지는 않더라도 그러고 싶지는 않은지요?

성전과 궁전과 다른 점이 무엇일까요?

성전은 하나님이 설계하신 것으로

하나하나에 생명에 대한 하나님의 사랑과 계획,

그리고 하나님의 마음이 있습니다.

그러나 궁전은 자신만을 위한 건물에 불과합니다.

물론 궁전 설계자는 자신의 건축물에 의미를 두려고 했을지

모릅니다만

생명 구원을 위한 생각은 없습니다.

아니 혹 그런 의미를 말한다 하더라도

그것 역시 자기가 지은 건물의 아름다움에

거룩성을 덧입히려는 포장에 불과합니다.

❷ 7:13~14

성전 치장 기술자

성경 기자는 십삼 년간 건축한 왕궁에 대한 보고(報告)는 간단하게 열 두절만 할애하고 다시 하나님의 성전에 눈을 돌렸습니다. 성경 기자의 관심은 크고 웅장한 왕궁이 아니라 하나님이 계신 성전이었습니다. 왕궁의 아름다움을 위해 수고한 일꾼에 대하여 소개하고 있습니다. 그 예술가의 이름은 히람이었습니다. (두로 땅에는 히람이라는 이름이 아주 좋은 이름이었나 봅니다). 히람의 어머니는 살아 있었습니다만 아버지는 일찍 죽은 것 같습니다. 어머니는 이스라엘의 납달리 사람이지만 돌아가신 아버지는 두로 사람이었습니다. 히람은 놋으로 작품을 만드는 데는 일인자였던 것 같습니다.

『그는 납달리 지파 과부의 아들이요 그의 아버지는 두로 사람이니 놋쇠 대장장이라 이 히람은 모든 놋 일에 지혜와 총명과 재능을 구비한 자이더니』(:14상)

히람에 대한 생각입니다. 중요한 건 아니지만 알고 넘어가야겠죠. 첫 번째는 그가 성전 건축에 관여한 사람일 경우입니다. 열왕기상에서 그의 어머니는 납달리 지파 사람이라고 하고 있는 반면에 역대하에서는 그의 어머니가 단 지파 사람이라고 하고 있습니다. 『이 사람은 단의 여자들 중 한 여인의 아들이요 그의 아버지는 두로 사람이라』(대하2:14). 헷갈리는 말입니다. 원래 단 지파는 이스라엘 중서부에 땅을 분할 받았었습니다. 그런데 그 땅 바로 옆에 블레셋이 있다고 해서 하나님이 주신 땅을 버리고 살기 좋은 땅을 찾아 나섰고 그래서 찾은 땅이 이스라엘 북쪽 경계와 접해있는 라이스라는 땅이었습니다. 단 지파는 하나님이 정해 주신 땅을 버리고 그곳에서 살기 시작했습니다. 그런데 이 라이스 땅과 붙어있는 땅에 살던 사람들이 납달리 지파입니다. 즉 단 지파는 납달리 지파 바로 위 터를 잡고 살았던 것이고 결국은 납달리 지파와 단 지파는 구분이 제대로 되지 않게 된 것입니다. 세월이 지나면서 북쪽에서 왔다 하는 사람은 납달리 사람인지 아니면 단 지파 사람인지 구분하는 것이 쉽지 않았던 것이지요. 더군다나 두로 사람에게는 그 사람이 그 사람 같았을 것입니다. 그러니 두로 왕이 보낸 기술자 히람을 단 사람이라고 혹은 납달리 사람이라고 말하는 것입니다. 아버지는 두로 사람이 분명한데 어머니는 납달리 지파 사람인지 단 지파 사람인지 알 수가 없었습니다. 그래서 열왕기상에서 말하는 것과 역대하에서 말하는 게 다른 것이 아닌가 하는 생각입니다. 두 번째는 히람이라는 기술자는 왕궁 지을 때만 관여한 사람일 수도 있다는 생각입니다. 만일 그렇다면 별문제가 없습니다.

히람은 분명 당대 최고의 훌륭한 건축 예술가입니다.
그런데 이 부분에서 아쉽게 느껴지는 부분이 있습니다.
하나님이 지명하여 불렀다는 말이 없습니다.
실로 대단한 재능인이었지만
하나님의 일을 위해 하나님으로부터 지명받았다는 말도
하나님의 신이 임했다는 말도 없습니다.
단지 훌륭한 실력가일 뿐입니다.

출애굽기에 성막을 짓는 내용이 나오고 있습니다.
그때에도 예술가들이 일을 했습니다.
그러나 그때 예술가를 부를 때는 솔로몬 성전 지을 때와는
다릅니다.
"여호와께서 모세에게 말씀하여 이르시되
내가 유다 지파 훌의 손자요 우리의 아들인
브살렐을 지명하여 부르고
하나님의 영을 그에게 충만하게 하여"(출31:1-3상)
그들은 하나님께서 지명한 사람이고
하나님께서 신으로 충만한 사람이었습니다.

❸ 7:14~22

성전의 두 놋기둥

성전의 맨 앞은 주랑(현관)이었습니다. 거기에는 놋으로 만든 두 기둥이 있었는데 주랑과 성전을 버텨주는 기둥이었습니다. 놋기둥의 높이는 십팔 규빗(약 8m)였고 기둥 둘레는 십 규빗(약 4.5m)으로 상당히 큰 기둥이었습니다. 기둥 꼭대기에는 놋을 녹여 높이가 오 규빗(2.3m)이나 둥근 공 모양의 기둥의 머리를 만들어 올려놓았습니다. 기둥 머리는 바둑판 무늬의 망(網)을 만들어서 늘어뜨려 놓았고 사슬 모양으로 땋은 것을 만들어 양 기둥에 일곱 개씩 늘어 뜨려 놓았습니다. 사슬 그물 하나에는 두 줄 석류를 둘러놓았습니다. 머리 부분 가운데는 네 규빗(1.8m)이나 되는 백합화 모양의 꽃무늬가 있었습니다. 각 기둥은 석류가 이백 개씩 매달려 있는 모양이었습니다. 이런 장식으로 인해 원래의 기둥의 머리 모양은 거의 보이지 않았습니다. 이 두 웅장한 기둥에 각각 이름을 주었는데 오른쪽의 기둥은 '야긴' 이라고 했고 왼쪽의 기둥은 '보아스' 라고 이름했습니다. 기둥 아래서 보면 마치 백합화 같은 모양이었습니다.

『그가 놋기둥 둘을 만들었으니 그 높이는 각각 십팔 규빗이라 각각 십이 규빗 되는 줄을 두를 만하며 또 놋을 녹여 부어서 기둥 머리를 만들어 기둥 꼭대기에 두었으니 한쪽 머리의 높이도 다섯 규빗이요 다른 쪽 머리의 높이도 다섯 규빗이며 기둥 꼭대기에 있는 머리를 위하여 바둑판 모양으로 얽은 그물과 사슬 모양으로 땋은 것을 만들었으니 이 머리에 일곱이요 저 머리에 일곱이라 기둥을 이렇게 만들었고 또 두 줄 석류를 한 그물 위에 둘러 만들어서 기둥 꼭대기에 있는 머리에 두르게 하였고 다른 기둥 머리에도 그렇게 하였으며 주랑 기둥 꼭대기에 있는 머리의 네 규빗은 백합화 모양으로 만들었으며 이 두 기둥 머리에 있는 그물 곁 곧 그 머리의 공 같이 둥근 곳으로 돌아가며 각기 석류 이백 개가 줄을 지었더라 이 두 기둥을 성전의 주랑 앞에 세우되 오른쪽 기둥을 세우고 그 이름을 야긴이라 하고 왼쪽의 기둥을 세우고 그 이름을 보아스라 하였으며 그 두 기둥 꼭대기에는 백합화 형상이 있더라 두 기둥의 공사가 끝나니라』(:15-:22)

'야긴' 은 "여호와께서 세우리라"는 뜻이고
'보아스' 는 "여호와께 힘이 있다"라는 뜻입니다.
여호와께서 성전을 세우시고 또 지켜 주시기를 바라는 마음에서 기둥의 이름을 붙힌 것이라는 생각이 듭니다.
하나님의 교회가 야긴과 보아스 되게 하소서!
사람들로 하여금 교회는 하나님이 세우심을 알게 하시고
하나님이 주시는 힘으로 세상을 이기는 교회 되게 하소서.
이런 마음입니다.

교회 공동체는 사람이 움직이는 교회가 아니라
하나님의 영이 움직이는 하나님의 교회가 되길 원합니다.
우리 교회, 사람의 힘이 움직이는 교회가 아니라
하나님의 능력으로 움직이는 교회가 되기를 바랍니다.
'하나님, 우리 교회 그런 교회 되게 해 주세요!'

우리 교회 식구들,
하나님 교회의 기둥 되게 하소서!
야긴, 보아스와 같이
하나님의 교회를 받들어 섬기는 충성된 종들 되게 하소서!

❹ 7:23~26

바다

(The sea-an immense round basin of cast metal)

바다는 큰 물통을 말합니다.

이것도 놋 기술자 히람이 만들었습니다. 놋을 녹여 부어서 만든 겁니다. 물을 담는 통이었기에 둥근 모양이었습니다. 그 직경이 십 규빗(4.5m)이고 높이만도 오 규빗(2.4m)이었습니다. 물통 둘레 길이는 줄자로 재었더니 삼십 규빗(13.5m)였습니다. 물통 가장 자리에는 돌아가면서 박 모양을 두 줄로 새겨 놓았습니다. 매 규빗마다 열 개씩이었습니다. 둘레가 삼십 규빗이니 박 모양의 갯수는 삼백개였을 것이고 두 줄로 되어있다고 했으니 합이 육백 개인 셈입니다.

『또 바다를 부어 만들었으니 그 직경이 십 규빗이요 그 모양이 둥글며 그 높이는 다섯 규빗이요 주위는 삼십 규빗 줄을 두를 만하며 그 가장자리 아래에는 돌아가며 박이 있는데 매 규빗에 열 개씩 있어서 바다 주위에 둘렸으니 그 박은 바다를 부어 만들 때에 두 줄로 부어 만들었으며』(:23-24)

『그 가장자리 아래에는 돌아가며 박이 있는데』라는 기록이 역대하 4장 3절에서는「박」대신에「소」로 되어 있습니다. 『그 가장자리 아래에는 돌아가며 소 형상이 있는데』(대하4:3) 이유는 이렇습니다. 히브리 음으로 "소"는「베라킴」이고 "박"은「페라킴」입니다. 글자로는 점 하나 차이입니다. 점이 있는 것은 "소"이고 점이 없는 것은 "박"이지요. 그런데 바로 다음 구절에 물통이 나오는데 그 밑의 형상이 "소"입니다. 따라서 아래 소가 있는데 또 소를 조각한다는 것이 모양새가 어울리지 않습니다. 필자 생각에는 점이 없는 "박"이 맞지 않나 하는 생각입니다.

물통인 바다는 땅에 닿아 있지 않았습니다. 그 큰 물통 밑에 소 형상 열둘을 만들어 물통을 받치게 했기 때문입니다. 물통을 받치는 소들은 세 마리씩 나누어 동서남북을 향하게 했지요. 물론 엉덩이는 안으로 하고 머리를 밖으로 한 모양이었습니다. 바다의 두께는 손바닥 넓이만 했는데 약 15cm정도 되었을 것 같습니다. 그 모양은 일반 잔들처럼 백합꽃 모양으로 만들었습니다. 바다에 들어가는 물의 양은 약 이천 밧(약 44Kl)정도였습니다.

『그 바다를 소 열두 마리가 받쳤으니 셋은 북쪽을 향하였고 셋은 서쪽을 향하였고 셋은 남쪽을 향하였고 셋은 동쪽을 향하였으며 바다를 그 위에 놓았고 소의 뒤는 다 안으로 두었으며 바다의 두께는 한 손 너비만 하고 그것의 가는 백합화의 양식으로 잔 가와 같이 만들었으니 그 바다에는 이천 밧을 담겠더라』(:25-26)

역대기에서는 바다에 들어가는 물의 양을 '3,000밧' 이라고 기록하고 있습니다. 『그 바다에는 삼천 밧을 담겠으며』(대하 4:5하) 그러니깐 약 66Kl라는 소리입니다. 아마도 워낙 바다에 들어가는 물의 양이 많아서 대충 짐작하여 계산한 것이 아닌가 생각합니다. 또 어떤 해석은 이렇습니다. 바다가 담을 수 있는 최대의 용량은 3,000밧인데 평소 때에는 2,000밧 만을 담아 두었다는 의미일 수 있다는 것이지요. 그런데 중요한 것은 바다를 만든 목적입니다. 『바다는 제사장들이 씻기 위한 것이더라』(대하 4:6하)

성전(聖殿/Temple)도 성막(聖幕/Tabernacle)처럼
하나하나가 예수님을 예표합니다.
그런데 성전의 바다에서 제사장들이 몸을 씻는다고 하니
얼마나 기쁜지요!
바다, 즉 성전이신 예수님 안에 씻음이 있다는 말이기 때문입니다.
그렇습니다. 주님 안에 씻음이 있습니다.
항상 주님은 날 씻기시기 위해 기다리고 계셨습니다.

성전의 바다가 제사장들을 씻기기 위해 준비되어 있는 것처럼.
이사야 선지자를 통하여 우리를 씻기시기 위한 말씀이 생각납니다.
"여호와께서 말씀하시되 오라 우리가 서로 변론하자
너희의 죄가 주홍 같을지라도 눈과 같이 희어질 것이요
진홍 같이 붉을지라도 양털 같이 희게 되리라"(사 1:18)
주님 품 안에 들어감이 얼마나 좋은지요.

5 7:27~39

물두멍 받침과 물두멍

히람은 물두멍과 물두멍을 받칠 받침을 각각 열 개씩 만들었습니다. 우선은 받침 수레입니다. 그 크기와 모양은 길이 너비가 각각 네 규빗(1.8m)이고 높이는 삼 규빗(1.4m)이었습니다. 사각형으로 되어 있는 것인데 사자와 소와 그룹들(lions, bulls and cherubim)의 모양이 새겨진 판이었습니다. 그리고 사자와 소 아래에는 꽃 모양이 새겨져 있었습니다.

『또 놋으로 받침 수레 열을 만들었으니 매 받침 수레의 길이가 네 규빗이요 너비가 네 규빗이요 높이가 세 규빗이라... 가장자리 가운데 판에는 사자와 소와 그룹들이 있고 또 가장자리 위에는 놓는 자리가 있고 사자와 소 아래에는 화환 모양이 있으며』(:27, :29)

사각형으로 된 받침의 네 귀퉁이에는 놋으로 만든 축에 놋바퀴가 있었습니다. 즉 바퀴가 네 개라는 말입니다. 바퀴를 가지고 있는 네 개의 받침에도 화환 모양으로 장식 되어 있었습니다. 바퀴의 높이는 한 규빗 반(68cm)이었습니다.

『그 받침 수레에 각각 네 놋바퀴와 놋축이 있고 받침 수레 네 발 밑에는 어깨 같은 것이 있으며 그 어깨 같은 것은 물두멍 아래쪽에 부어 만들었고 화환은 각각 그 옆에 있으며... 바퀴의 높이는 각각 한 규빗 반이며』(:30, :32)

네 개의 놋받침에는 물두멍을 올려놓도록 반원형의 우묵한 놋쇠가 얹혀 있었는데 높이가 한 규빗(45cm)이고 지경이 한 규빗 반(68cm) 되는 크기였습니다. 이 위에다 물두멍을 올려놓을 겁니다. 표면에는 여러 가지 장식으로 새겨져 있었습니다. 바퀴는 일반 병거와 마찬가지였는데 모두 놋을 부어 만든 것이었습니다.

『그 받침 수레 위로 들이켜 높이가 한 규빗 되게 내민 것이 있고 그 면은 직경 한 규빗 반 되게 반원형으로 우묵하며 그 나머지 면에는 아로새긴 것이 있으며 그 내민 판들은 네모지고 둥글지 아니하며... 그 바퀴의 구조는 병거 바퀴의 구조 같은데 그 축과 테와 살과 통이 다 부어 만든 것이며』(:31, :33)

받침에는 버팀대가 있었는데 받침의 버팀대 위에 물두멍 받침이 놓여 있었고 받침대보다도 반 규빗(23cm) 정도 더 높았습니다. 물론

이 받침은 받침대에 고정되어 흔들리지 않게 해 놓았습니다. 그리고 그 위에 물두멍을 올려놓은 것입니다. 이 받침대의 버팀대와 판 사이는 비어 있었는데 그 빈 곳에는 그룹과 사자 종려나무 그리고 사면에는 화환을 새겨 놓았습니다.

『받침 수레 위에 둥근 테두리가 있는데 높이가 반 규빗이요 또 받침 수레 위의 버팀대와 옆판들이 받침 수레와 연결되었고 버팀대 판과 옆판에는 각각 빈 곳을 따라 그룹들과 사자와 종려나무를 아로새겼고 또 그 둘레에 화환 모양이있더라』(:35-36)

이런 받침대와 물두멍을 각각 열 개씩을 만들어 물을 담아두게 하였답니다. 물두멍 하나에 들어가는 물의 양은 약 사십 밧 정도였습니다. 사십 밧의 양은 880l 정도를 말합니다. 물두멍은 직경이 네 규빗(1.8m)이나 되었습니다. 만들어진 열 개의 물두멍의 다섯 개는 성전 우편에 두었고 다섯 개는 성전 좌편에 두었습니다. 그리고 바다는 성전 동남(東南)쪽에 두었습니다.

『또 물두멍 열 개를 놋으로 만들었는데 물두멍마다 각각 사십 밧을 담게 하였으며 매 물두멍의 직경은 네 규빗이라 열 받침 수레 위에 각각 물두멍이 하나씩이더라. 그 받침 수레 다섯은 성전 오른쪽에 두었고 다섯은 성전 왼쪽에 두었고 성전 오른쪽 동남쪽에는 그 바다를 두었더라』(:38-39)

“그 바다는 제사장들이 씻기 위한 것이더라”(대하4:6하)라고 기록되어 있습니다.

반면에 물두멍은 성물(聖物)들을 씻기 위한 것이었습니다.
성도인 우리를 성전이라고 한다면 '성전' 되기 전에
깨끗이 씻는 일을 해야 합니다.
바다의 물은 제사장을 위한 물이기 때문에
우리와는 상관이 없다구요?
아닙니다.
예수 믿는 우리는 모두 왕 같은 제사장임을 잊지 마십시오!
그러므로 누구도 예외 없이 깨끗이 씻어야 합니다.
즉 예수 믿고 난 후에
지은 죄에 대한 회개를 말하는 것입니다.

❻ 7:40~47

히람 사역 종합

성전을 건축하는 데 있어서 히람의 사역은 모든 부분에 있어서 대단했습니다. 그리고 성전 기구들까지도 만들었습니다. 물두멍은 물론 제사드릴 때 쓰는 솥, 부삽이나 대접들도 만들었고 야빈과 보아스라고 이름 붙여진 기둥 둘과 그 위에 놓인 공 같은 모양의 머리 둘, 그것을 가리는 그물 둘, 기둥 머리를 가리게 한 석류 사백 개, 열 개의 받침과 물두멍, 바다 한 개와 그것을 받치는 소 열두 마리 등등 실로 엄청난 작업을 이루었습니다.

『히람이 또 물두멍과 부삽과 대접들을 만들었더라 이와 같이 히람이 솔로몬 왕을 위하여 여호와의 전의 모든 일을 마쳤으니 곧 기둥 둘과 그 기둥 꼭대기의 공 같은 머리 둘과 또 기둥 꼭대기의 공 같은 머리를 가리는 그물 둘과 또 그 그물들을 위하여 만든 바 매 그물에 두 줄씩으로 기둥 위의 공 같은 두 머리를 가리게 한 석류 사백 개와 또 열 개의 받침 수레와 받침 수레 위의 열 개의 물두멍과 한 바다와 그 바다 아래의 소 열두 마리와 솥과 부삽과 대접들이라 히람이 솔로몬 왕을 위하여 여호와의 성전에 이 모든 그릇을 빛난 놋으로 만드니라』(:40-45)

이러한 기구들을 만들기 위하여 진흙으로 본(本)을 떴는데 그때 사용한 진흙은 요단 평지 숙곳과 사르단 사이에 있는 차가운 진흙으로 하였습니다.

『왕이 요단 평지에서 숙곳과 사르단 사이의 차진 흙에 그것들을 부어 내었더라 기구가 심히 많으므로 솔로몬이 다 달아보지 아니하고 두었으니 그 놋 무게를 능히 측량할 수 없었더라』(:46-47)

❼ 7:48~51

성전 기구들

성전(외소/外所) 안에는 여러 가지 기구들이 있었습니다. 성막 안에 있었던 것과 같은 것들이었습니다. 금 향단, 금 떡상, 정금 등대와 더불어 금 꽃모양의 등잔과 불집게, 정금 대접과 불집게와 주발과 숟가락, 불 옮기는 그릇, 지성소와 성소 사이 문의 금 돌쩌귀, 성소 문의 금 돌쩌귀였습니다.

『솔로몬이 또 여호와의 성전의 모든 기구를 만들었으니 곧 금 단과 진설병의 금 상과 내소 앞에 좌우로 다섯씩 둘 정금 등잔대며 또 금 꽃과 등잔과 불집게며 또 정금 대접과 불집게와 주발과 숟가락과 불을 옮기는 그릇이며 또 내소 곧 지성소 문의 금 돌쩌귀와 성전 곧 외소 문의 금 돌쩌귀더라』(:48-50)

역대기에서는 조금 더 상세하게 기록하고 있습니다. 먼저 등대 열 개를 만들어서 외소(外所/성소) 좌우편에 각각 다섯 개씩 두었다고 합니다. 『또 규례대로 금으로 등잔대 열 개를 만들어 내전 안에 두었으니 왼쪽에 다섯 개요 오른쪽에 다섯 개이며』(대하4:7). 떡상도 열 개를 만들었는데 역시 성소 좌우편에 다섯 개씩 두었고

떡상에 필요한 금대접은 백 개를 만들었답니다. 『또 상 열 개를 만들어 내전 안에 두었으니 왼쪽에 다섯 개요 오른쪽에 다섯 개이며 또 금으로 대접 백 개를 만들었고』(대하 4:8)

이 수많은 은과 금으로 만든 기구들을 여호와의 전 곳간에 두었습니다.

『솔로몬 왕이 여호와의 성전을 위하여 만드는 모든 일을 마친지라 이에 솔로몬이 그의 아버지 다윗이 드린 물건 곧 은과 금과 기구들을 가져다가 여호와의 성전 곳간에 두었더라』(:51)

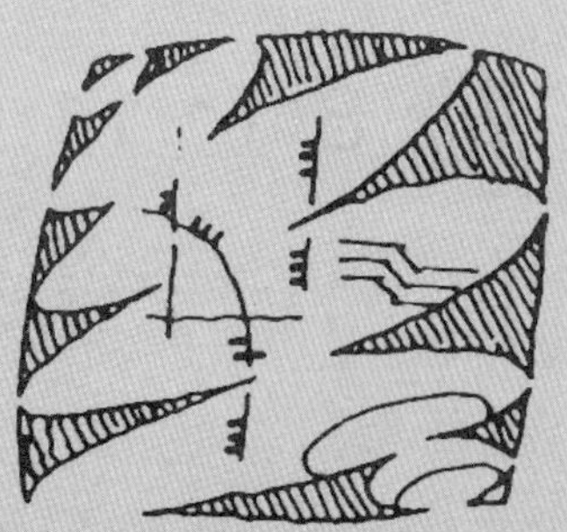

〉〉 제8장

성전 봉헌

다윗은 천으로 된 집(장막)이 하나님의 집이라는 것에 마음이 아팠던 사람입니다. 왕궁을 건축하면서도 하나님의 거하실 집을 걱정하고 있었고, 그래서 왕궁을 건축하자마자 성전을 건축할 계획을 가졌던 것입니다. 그런데 하나님은 그의 그런 마음을 기뻐하셨지만 그의 그런 아름다운 마음에도 불구하고 그에게는 성전을 건축하지 말라고 하셨습니다. 성전 건축은 그의 아들 솔로몬에게 하게 하시겠다고 하신 것입니다. 다윗은 하나님의 그 말씀을 듣는 중에 솔로몬에 의하여 지어질 성전 설계도를 받았고 또 성전 건축을

❶ 8:1~11

언약궤 옮김

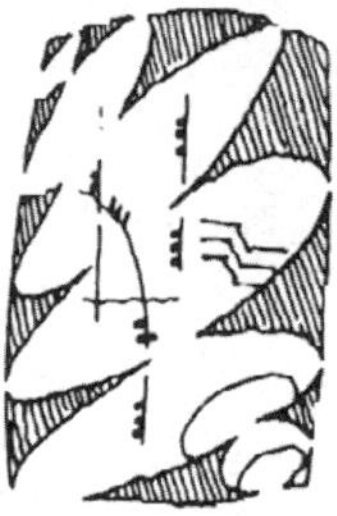

성전이 완공되었습니다.

칠 년 동안 정성을 드려 건축한 하나님의 집입니다. 솔로몬은 부친 다윗 왕이 하나님께서 계시로 주신 설계도와 식양에 따라 어긋남 없이 완공했습니다. 하나님께서 하라고 하신 대로 한 것뿐입니다. 성전은 건축을 주도했던 솔로몬의 작품이 아니었고 예술가였던 히람의 작품도 아닙니다. 하나님의 작품입니다. 성전은 솔로몬 성전이라는 말보다는 하나님의 성전이라는 말이 맞습니다. 건물을 누가 지었느냐고 말할 때는 설계자의 이름을 대는 것과 같은 의미입니다.

성전에는 하나님이 계셔야 합니다. 당시 하나님 계시는 곳에 대한 상징은 언약궤가 있는 곳이었습니다. 언약궤는 출애굽 당시 모세가 시내 산에서 계시를 받아 만든 것인데 처음에 언약궤는 '성막(Tabernacle)' 에 놓여 있었습니다. 이스라엘 백성들이 광야를 지나 가나안에 정착을 한 후에는 '장막(tent)으로 만든 성소(Holy place)' 에 언약궤를 두었습니다. 에브라임 땅의 실로 지역에 세워진 성전이 그곳입니다. 훗날 장막은 다시 기브온에 마련되었고, 그 후에는 다윗이 자신의 왕궁을 건축한 후 '자신의 왕궁' 에다가 하나님을 위한 장막을 만들어 놓고 그곳에 언약궤를 갖다가 놓았던 것입니다. 아직 언약궤는 왕궁 장막에 있었습니다.

다윗은 천으로 된 집(장막)이 하나님의 집이라는 것에 마음이 아팠던 사람입니다. 왕궁을 건축하면서도 하나님의 거하실 집을 걱정하고 있었고, 그래서 왕궁을 건축하자마자 성전을 건축할 계획을 가졌던 것입니다. 그런데 하나님은 그의 그런 마음을 기뻐하셨지만 그의 그런 아름다운 마음에도 불구하고 그에게는 성전을 건축하지 말라고 하셨습니다. 성전 건축은 그의 아들 솔로몬에게 하게 하시겠다고 하신 것입니다. 다윗은 하나님의 그 말씀을 듣는 중에 솔로몬에 의하여 지어질 성전 설계도를 받았고 또 성전 건축을 위한 기금과 필요한 모든 재료들도 충분하게 모아놓았던 것입니다. 그래서 솔로몬이 성전을 건축할 수 있었던 것입니다. 그리고 성전이 완공되자 솔로몬은 성전의 주인이 하나님임을 상징하는 언약궤를 성전으로 옮기게 된 것입니다. 솔로몬은 그 일을 제사장들과 의논했고, 언약궤 옮기는 일을 위하여 장로들과 각 지파의 두목(족장)들을 예루살렘으로 소집했습니다. 성전이 완공되고 십일 개월이 지난 때였습니다.

『이에 솔로몬이 여호와의 언약궤를 다윗 성 곧 시온에서 메어 올리고자 하여 이스라엘 장로와 모든 지파의 우두머리 곧 이스라엘 자손의 족장들을 예루살렘에 있는 자기에게로 소집하니 이스라엘 모든 사람이 다 에다님월 곧 일곱째 달 절기에 솔로몬 왕에게 모이고 』(:1-2)

왕상 6장38절에 보면 성전은 불 월(8월)에 완공되었다고 기록되어 있고 언약궤를 옮긴 것은 에다님 월(7월)에 사람들을 불러 모았다고 기록하고 있습니다. 이에 대하여 학자들의 의견은 분분합니다. 에발트(Ewald)라는 학자는 성전 봉헌은 완공 1개월 전 봉헌식을 했다고 하며, 카일(Keil)과 같은 학자는 솔로몬 왕궁이 완공된 13년 후에 봉헌식을 했다고 주장합니다. 그러나 일반적으로 대부분의 학자들은 성전 완공 후 11개월이 지난 후에 언약궤를 옮기고 봉헌식을 했다고 주장합니다. 그렇게 주장하는 이유가 있습니다.

첫 번째로는, 성전은 완공되었지만 부속 기구들은 아직 완성되지 않았기 때문에 부속기구들을 만드는 기간이었다는 주장입니다. 그러나 이 이유는 거의 신빙성이 없습니다.

두 번째는, 솔로몬이 언약궤 옮기는 것을 11개월 늦춘 것은 율법을 낭독하는 초막절(7월)에 맞춰서 봉헌식을 계획했다는 해석입니다.
세 번째 봉헌 지연 이유는, 훨씬 더 신앙적이고 율법 준수적 의미가 있습니다. 모세가 율법을 발표하면서 매 칠 년마다 율법을 낭독하라고 했는데 그것을 맞추기 위해 11개월을 지연했다는 주장입니다. 신명기 31장 10-11절의 말씀은 이렇습니다.
『모세가 그들에게 명령하여 이르기를 매 칠 년 끝 해 곧 면제년의 초막절에 온 이스라엘이 네 하나님 여호와 앞 그가 택하신 곳에 모일 때에 이 율법을 낭독하여 온 이스라엘에게 듣게 할지니』
솔로몬이 건축한 성전을 봉헌하는 때는 정확히 즉위 십이 년째 되는 때입니다. 즉 즉위 사 년 만에 성전 건축 시작하고(966년 B.C.) 건축 기간이 칠 년이었으며(959년 B.C.) 일 년이 지난 후의 때이기 때문에 그렇습니다(958년 B.C.).
솔로몬 왕 즉위 사 년 즉 성전 건축 시작 때가 출애굽을 한지(1446년 B.C.) 사백 팔십(480)년 후의 일이라고 했습니다(6:1). 그런데 모세가 율법을 발표한 것은 출애굽 할 때가 아니라 이스라엘이 가나안에 들어가기 바로 전이었습니다. 출애굽 한지 사십 년 십일 개월째였다는 것입니다.(1406년 B.C.) 『마흔째 해 열한째 달 그 달 첫째 날에 모세가 이스라엘 자손에게 여호와께서 그들을 위하여 자기에게 주신 명령을 다 알렸으나』(신1:3)
그러니깐 이렇게 계산됩니다. 율법 발표는 B.C. 1406년입니다. 언약궤를 옮기고 성전 봉헌을 한 것은 B.C. 958년입니다. 즉 448년만의 일입니다.(448년은 7년이 64번째 되는 해입니다). 그러므로 성전 건축 완공 후 언약궤 옮김과 봉헌이 십일 개월이 늦어진 이유는 첫째, 매 칠 년마다 율법을 낭독하라는 율법을 준수하기 위한 의도적 지연이며, 둘째는 (12개월 지연이 아니라 11개월 지연 이유) 칠 월에 초막절이 있기 때문인 것입니다. 율법 낭독은 초막절에 하도록 한 것을 준수하기 위한 것입니다. 그러므로 성전이 완공되었음에도 불구하고 십일 개월 늦게 언약궤를 옮기고 헌당을 한 것은 율법을 지키기 위한 몸부림이었던 것이라 볼 수 있습니다.

왕궁에 사람들이 모였습니다. 정치적 지도자과 각지파의 족장과 장로들, 제사장들과 레위 사람들이 모였습니다. 제사장들은 언약궤와 성물들을 메어 새 성전으로 옮길 준비를 한 후, 구별된 제사장들이 언약궤를 어깨에 메었습니다. 왕궁에서 언약궤를 메고 있는 동안 기브온에서도 성물(聖物) 운반 작업이 진행되고 있었습니다. 향단을 메는 제사장들과 등대를 책임진 제사장들, 촛대를 맡은 제사장들이 각각의 일을 성심(聖心)으로 수행하고 있었습니다. 성물(聖物)들은 물론이었습니다만 회막(장막)까지도 옮겼습니다.

솔로몬 왕과 백성들은 감동했습니다. 성물(聖物)들을 멘 제사장들이 여섯 걸음을 옮기면 이스라엘 회중들은 양을 잡고 소를 잡았습니다. 하나님께 축제의 제사를 드리는 것이었습니다. 제물의 수가 얼마나 많았는지 모릅니다.

『여호와의 궤와 회막과 성막 안의 모든 거룩한 기구들을 메고 올라가되 제사장과 레위 사람이 그것들을 메고 올라가매 솔로몬 왕과 그 앞에 모인 이스라엘 회중이 그와 함께 그 궤 앞에 있어 양과 소로 제사를 지냈으니 그 수가 많아 기록할 수도 없고 셀 수도 없었더라』(:4-5)

언약궤가 성전에 도착했습니다. 이미 만들어진 내소(內所/지성소)로 장엄하게 옮겨지고 있었습니다. 주랑과 황금으로 덧입혀진 외소(外所/성소)를 들어섰을 때는 은은한 백향목 냄새가 제사장들의 마음을 더욱 거룩하게 만들었습니다. 보이는 것은 화려함과 웅장함이요 냄새는 거룩한 향기였습니다. 언약궤를 맨 제사장들은 문을 통과하여 그룹이 날개를 펴고 있는 내소로 들어가서 날개를 편 두 그룹 아래 언약궤를 조심스럽게 내려놓았습니다. 채가 끼워진 채로 놓였기에 채는 성소 앞에서 보였습니다. 내소에 모셔진 언약궤 속에는 모세가 하나님으로부터 시내 산에서 받은 십계명이 들어 있었습니다.

『제사장들이 여호와의 언약궤를 자기의 처소로 메어 들였으니 곧 성전의 내소인 지성소 그룹들의 날개 아래라 그룹들이 그 궤 처소 위에서 날개를 펴서 궤와 그 채를 덮었는데 채가 길므로 채 끝이 내소 앞 성소에서 보이나 밖에서는 보이지 아니하며 그 채는 오늘까지 그 곳에 있으며 그 궤 안에는 두 돌판 외에 아무것도 없으니 이것은 이스라엘 자손이 애굽 땅에서

나온 후 여호와께서 저희와 언약을 맺으실 때에 모세가 호렙에서 그 안에 넣은 것이더라』(:6-9)

언약궤 안에는 무엇이 있었을까요? 언약궤 안에는 두 돌판과 함께 아론이 가지고 다녔던 싹 난 지팡이, 그리고 만나가 들었던 항아리가 있었습니다. 『금 향로와 사면을 금으로 싼 언약궤가 있고 그 안에 만나를 담은 금 항아리와 아론의 싹난 지팡이와 언약의 돌판들이 있고』(히9:4). 어쨌건 간에 그렇다면 언약궤 속에 두 돌판만 남고 아론의 싹난 지팡이와 만나를 담아 두었던 항아리는 어딜 간 것일까요? 그리고 언제 없어진 것일까요? 그것은 알 수 없습니다. 아마도 성막을 옮길 때나 혹은 가나안 땅에 정착하여 장막으로 옮겨질 때였든지, 아니면 다윗 궁의 장막으로 옮겨질 때 사라진 것 같습니다. 이스라엘 사람들은 마른 나무에서 싹 난 것을 신기해했고 하늘에서 내려진 신비의 식량이었던 만나를 신기하게 생각했지만 하나님은 그것이 계속 남아 있는 것을 허락하지 않으신 것 같습니다. 그리고 정말 중요하게 생각하게 해야 하는 계명만을 남게 하신 것 같습니다. 어쩌면 하나님의 계획은 처음부터 계명인 새겨진 돌판뿐이었을지 모릅니다. 즉 하나님은 처음부터 (기적이 아니라) 말씀만을 영원히 남기실 것을 계획하신 것이라는 생각입니다.

하나님은 신비한 것을 남기는 것을 원하지 않습니다. 인간의 마음속에 하나님의 말씀만이 있기를 원하십니다.

『그 궤 안에는 두 돌판 외에 아무것도 없으니 이것은 이스라엘 자손이 애굽 땅에서 나온 후 여호와께서 저희와 언약을 맺으실 때에 모세가 호렙에서 그 안에 넣은 것이더라』(:9).

기적은 하나님을 바라보는 눈과 마음을 빼앗기 때문입니다.

제사장들이 언약궤를 비롯한 성물(聖物)들을 자리에 놓는 동안 번제단 오른쪽에 정렬된 오케스트라의 장엄한 연주가 하늘에 울려 퍼졌습니다. 무려 백이십 명의 연주가들의 웅장한 합주였습니다. 또한 오케스트라의 연주에 맞춰 아름다운 세마포 옷을 입은 노래하는 자들의 합창이 울려 퍼졌습니다.

"선하시도다. 그 자비하심이 영원히 있도다!"

제사장들이 언약궤를 내소에 들여놓고 연주자들의 성대한 찬송이 울려 퍼지자 하나님의 영광을 상징하는 구름이 전(殿) 속에 임했습니다. 제사장들은 성전 안에 가득한 구름으로 인하여 서 있을 수가 없었습니다. 이 구름은 출애굽 당시 만들었던 성막의 완공 때 나타난 구름과 같은 것이었습니다. 「쉐키나의 영광」(the Shekinah Grory)입니다. 하나님이 거하신다는 상징의 구름이었습니다.

『노래하는 레위 사람 아삽과 헤만과 여두둔과 그의 아들들과 형제들이 다 세마포를 입고 제단 동쪽에 서서 제금과 비파와 수금을 잡고 또 나팔 부는 제사장 백이십 명이 함께 서 있다가 나팔 부는 자와 노래하는 자들이 일제히 소리를 내어 여호와를 찬송하며 감사하는데 나팔 불고 제금 치고 모든 악기를 울리며 소리를 높여 여호와를 찬송하여 이르되 선하시도다 그의 자

비하심이 영원히 있도다』(대하5:12-13상)

『제사장이 성소에서 나올 때에 구름이 여호와의 성전에 가득하매 제사장이 그 구름으로 말미암아 능히 서서 섬기지 못하였으니 이는 여호와의 영광이 여호와의 성전에 가득함이었더라』(:10-11)

『모세가 회막에 들어갈 수 없었으니 이는 구름이 회막 위에 덮이고 여호와의 영광이 성막에 충만함이었으며』(출40:35)

이 의미는 매우 중요합니다. 솔로몬이 지은 성전이 지난날 광야에서의 성막과 동일한 하나님의 처소임을 나타내는 것이기 때문입니다. 이 성전이 지난날 성막이 하던 기능을 모두 다 할 것입니다. 죄속함의 일부터 모든 제사와 축제가 벌어지는 신앙 중심체가 될 것이기 때문입니다.

예수님이 참된 성전입니다.
성막도 성전도 예수님을 말하는 상징입니다.
즉 성전이신 예수님 안에 하나님이 계신다는 말입니다.
예수 안에 죄 사함이 있고 축제가 있습니다.
솔로몬이 지은 성전에 하나님의 구름이 가득함으로
하나님의 임재를 느낀 것처럼
예수 안에 하나님의 영이신 성령이 충만함으로
하나님의 임재를 보게 됩니다.
그러므로 예수께서는 "아버지를 본 자는 나를 보았다"고
말씀하신 것입니다.

바울은 성도인 우리를 하나님의 성전이라고 했습니다.
과거에는 구름이 성전에 충만함으로
하나님의 전임을 보여주었다면
오늘날 우리가 성전이라고 하는 것은
하나님의 영이 거하기시 때문입니다.
그리스도인이 성전이 되는 광경이
사도행전 2장 1-4절에 기록되어 있습니다.
"오순절 날이 이미 이르매 그들이 다같이 한 곳에 모였더니
홀연히 하늘로부터 급하고 강한 바람 같은 소리가 있어
그들이 앉은 온 집에 가득하며
마치 불의 혀처럼 갈라지는 것들이 그들에게 보여
각 사람 위에 하나씩 임하여 있더니
그들이 다 성령의 충만함을 받고 성령이 말하게 하심을 따라
다른 언어들로 말하기를 시작하니라"(행 2:1-4)
성전에 하나님의 영광이 충만한 것처럼
우리 안에 성령으로 충만하기를 소원합니다.

❷ 8:12~21

성전 봉헌사(聖殿 奉獻詞)

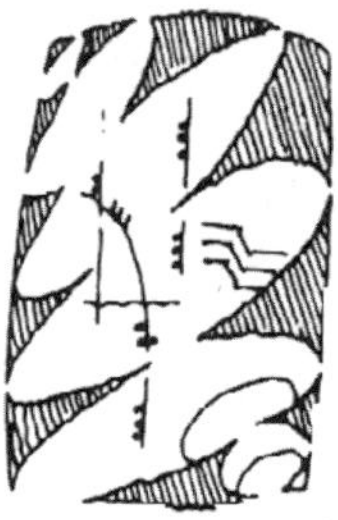

언약궤가 들어서고 하나님의 임재를 상징하는 구름이 성전에 가득하자 성전 봉헌식이 바로 진행되었습니다. 솔로몬 왕은 주랑 앞에 두 기둥 야긴과 보아스 사이에 섰습니다. 그리고 엄숙한 가운데 있는 성전 뜰의 백성들을 바라보면서 손을 들어 정숙하게 했습니다. 모두 숙연해졌습니다. 솔로몬은 몸을 돌려 성전 내소를 바라보고 큰 소리로 말했습니다.

"여호와 하나님이시여, 당신은 내 아버지께 성전을 짓지 말라하시고 오히려 캄캄한 데 계시겠다고 하셨고 구름 속에 계시었사오나 이제 내가 당신이 계실 성전을 건축하였나이다. 이제 이 전에 계시옵소서!"

『여호와께서 캄캄한 데 계시겠다 말씀하셨사오나 내가 참으로 주를 위하여 계실 성전을 건축하였사오니 주께서 영원히 계실 처소로소이다』(:12-13)

"캄캄한 데 계시겠다"는 말은 하나님은 언제나 하늘 구름 속에 계신 것으로 생각했던 이스라엘 사람들의 생각을 말하는 것입니다. 하나님께서 그렇게 말씀하신 것이 아니라 당시 사람들의 생각을 표현한 것입니다. 그러나 이제 솔로몬은 그 하나님이 이스라엘 가운데 계시기를 바라는 마음으로 성전을 지었다는 고백을 하는 것입니다.

솔로몬 왕은 다시 뒤를 돌아 백성들을 바라보았습니다. 그리고 백성들을 축복하며 성전 건축이 사람의 계획이 아니라 하나님의 절대적 계획이었음을 연설하였습니다.

"나의 사랑하는 백성들이여, 여호와 하나님을 송축하라. 이 성전은 하나님께서 내 아버지 다윗에게 말씀하신 것으로 이제 그대로 건축된 것이니라."

『왕이 이르되 이스라엘의 하나님 여호와를 송축할지로다 여호와께서 그의 입으로 내 아버지 다윗에게 말씀하신 것을 이제 그의 손으로 이루셨도다』(:15)

솔로몬은 여호와 하나님을 찬양했습니다.

건축을 주도한 자신의 위대함이나 지혜를 자랑하지 않았습니다.

그는 모든 것이 하나님의 작품이었음을 선포했습니다.
성전 건축을 계획하신 하나님, 그것을 다윗에게 계시하시고
하나님 자신의 손으로 완성하셨다는 것입니다.
웬만하면 다윗의 아들 솔로몬「나」의 손을 통해
성전 건축을 이루셨다고 할 수도 있을 것입니다.
그러나 솔로몬은 그렇게 말하지 않았습니다.
솔로몬은 자신은 아무것도 한 것이 없는 것처럼
하나님이 직접 이 일을 이루셨다고 하는 것입니다.

우리의 간증도 그래야 합니다.
하나님은 사람을 통해 일하십니다.
그리고 우리는 하나님께 쓰임 받았음을 귀히 여겨야 합니다.
그러나 우리가 하나님께로부터 쓰임을 받았다면
하나님만을 자랑해야 합니다.
다른 사람이 나에 대하여 하는 말은 할 수 없다손 치더라도
스스로가 "나는 하나님의 택하심을 입어 하나님의 일로
쓰임 받은 사람이다"라고 하는 것은 천박한 것입니다.
좀 떨뜨름하고 들을수록 역겹게 느껴집니다.
칭찬은 남이 하는 것이지
스스로가 자신을 칭찬하는 것은 '성인 아이' 입니다.
"타인이 너를 칭찬하게 하고 네 입으로는 하지 말며
외인이 너를 칭찬하게 하고 네 입술로는 하지 말지니라"(잠 27:2)

현대는 자기 P.R. 시대라고 합니다.
어떤 일을 하기 위해서는 자신이 가지고 있는
달란트를 말해야 합니다.
그러나 자신을 높이려고 스스로 드러내는 것은
교만이고 악입니다.

솔로몬은 성전 건축을 위해 하나님이 선택하여
사용하신 인물입니다.
오죽하면 후대들이 그 성전을 솔로몬 성전이라고 하겠습니까?
그러나 솔로몬 자신은 하나님 스스로가
그 일을 이루셨다고 고백합니다.
우리도 무슨 일을 하든지, 또는 했든지 간에
하나님이 이루셨다고 해야 합니다.

"우리 조상들을 애굽에서 인도하신 하나님께서는 그때부터 당신의 이름을 둘 만한 집을 계획하셨었느니라. 그 계획은 다른 지파가 아닌 유다 지파의 다윗을 선택하여 계획하셨느니라."

솔로몬은 백성들에게 하나님께서 성전 건축의 이유와 자신의 부친 다윗을 왕으로 세우신 이유를 백성들에게 설명했습니다. 성전 건축은 물론 다윗을 왕으로 세우신 것도 우연이 아니고 출애굽 때부터 하나님께서 계획하신 것이라고 말했습니다. 그리고 그 일을 위하여 자신의 부친 다윗을 왕으로 선택하신 것이라고 설파했습니다.

『내가 내 백성 이스라엘을 애굽에서 인도하여 낸 날부터 내 이름을 둘 만한 집을 건축하기 위하여 이스라엘 모든 지파 가운데에서 아무 성읍도 택하지 아니하고 다만 다윗을 택하여 내 백성 이스라엘을 다스리게 하였노라 하신지라』(:16)

하나님께서 다윗을 왕으로 선택하신 목적을 분명하게 말합니다.
하나님의 이름을 둘 집을 건축하기 위함입니다.
부귀영화(富貴榮華)를 누리게 하기 위함이 아니고
시대의 영웅을 만들기 위함도 아닙니다.
하나님의 이름을 둘 집을 건축하기 위함입니다.

하나님은 사람을 선택하실 때 하나님의 일을 위해 선택하십니다.
모세는 히브리 사람들을 애굽에서 끌어내기 위해,
여호수아는 가나안 땅을 정복하기 위해,
바울은 이방인 선교를 위해, 베드로는 유대인 선교를 위해
예레미야나 다니엘은 미래를 알려 주기 위해
느헤미야는 무너진 성벽을 재건하기 위해,
스가랴는 무너진 성전 재건을 위해 선택을 받은 것입니다.
이렇게 부름 받은 사람들을 사명자라고 합니다.

특별한 일에 쓰임 받기 위해 선택된 것도 복된 일입니다.
그러나 그렇지 않다 하더라도 괜찮습니다.
쓰임을 받는다거나 그렇지 않는 것은 나의 문제가 아니라

하나님의 주권입니다.

그러므로 쓰임 받았다고 우쭐대지 말아야 합니다.

만일 우쭐댄다면 오히려 하나님께 쓰임 받지 않는 것이

훨씬 나은 것입니다.

쓰임 받았다는 것은 당신이 잘나서 그런 것이 아니라

하나님의 은총일 뿐이기 때문입니다.

중요한 것은 하나님은 모든 사람을 동일하게

사랑하신다는 것입니다.

"내 아버지 다윗에게 하나님을 위한 성전을 건축할 마음이 간절했었도다. 이런 마음을 하나님도 귀하게 보셨고 기뻐하셨었느니라. 그러나 하나님은 내 아버지에게 성전을 건축하지 말라고 하셨고 내 아버지의 아들이 성전을 건축하게 될 것이라고 하셨도다. 이제 내가 다윗의 몸에서 나와 다윗의 뒤를 이어 왕위에 앉아 하나님이 말씀하신 대로 성전을 건축하였고 애굽에서부터 말씀하신 것들을 넣은 궤를 위해 성전에 한 처소를 설치하였노라"

『다윗이... 여호와의 이름을 위하여 성전을 건축할 마음이 있었더니 여호와께서 내 아버지 다윗에게 이르시되... 너는 그 성전을 건축하지 못할 것이요 네 몸에서 낳을 네 아들 그가 내 이름을 위하여 성전을 건축하리라 하시더니... 내가 여호와께서 말씀하신 대로... 이스라엘의 왕위에 앉고 이스라엘의 하나님 여호와의 이름을 위하여 성전을 건축하고 내가... 여호와의 언약을 넣은 궤를 위하여 한 처소를 설치하였노라』(:17-21)

일보다도 순종이 중요합니다.

다윗 일평생의 마음은 성전 건축이었습니다.

그러나 하나님께서 하지 말라고 하시기에 그쳤습니다.

능력이 없어서가 아닙니다.

하나님이 하지 말라고 하셨기 때문입니다.

건축하지 말라는 이유도 분명하지 않았습니다.

그러나 하나님의 뜻이기에 성전 건축을 하지 않은 것입니다.

만일 다윗이 성전을 건축했다면

성전은 다윗 성전이라는 이름이 붙었을지 모릅니다.

그의 이름이 위대한 성전을 건축한 이름으로

후세에 남았을 것입니다.

그러나 '불순종하고 건축한 사람' 이라는 이름이었을 것입니다.

다윗이 '하나님의 마음에 합한 사람' 이 된 것은

자신이 하고 싶은 일보다 하나님의 뜻에 복종하는 것을

더 귀하게 여기면서 살았기 때문입니다.

❸ 8:22~30

성전 봉헌 중에 드린 솔로몬의 기도(1): 기도 처소

단 앞에 서 있던 솔로몬은

이스라엘을 마주보는 자세로 하늘을 향해 두 손을 폈습니다. 그리고 무릎을 꿇었습니다(대하6:13하). 백성들은 숙연해졌습니다. 왕의 무릎을 꿇는 겸손함에 백성들의 마음도 함께 낮아지기 시작했습니다.

'꿇어진 무릎'의 아름다움을 아십니까?
'서 있음'이 멋있는 게 아닙니다.
점잖은 자세나 흐트러짐이 없는 반듯한 자세가 멋있지 않습니다.
근엄한 자세도 보기는 좋을지 모르지만
그리스도인의 자세는 아닙니다.

그리스도인의 멋있는 자세는 무릎 꿇은 모습입니다.
머리속에 신앙의 선배들을 그려보면
서 있는 모습이 아니라 무릎 꿇은 모습으로 그려집니다.
아브라함도 그렇고 다윗도 그렇고 예레미야도 그렇습니다.
예수님은 물론이고 바울도 디모데도
모두가 무릎 꿇은 모습입니다.
목사님들을 볼 때도 번지르한 스타일은
연예인이나 스타(star) 처럼 보이지만
왠지 '목회자의 멋, 성도의 멋' 은 아닌 것 같습니다.
깨끗하고 세련된 모습보다는
무릎 꿇었기에 양복바지의 무릎 부분이
툭 불거져 나온 목사님이 아름다워 보입니다.

이르되 이스라엘의 하나님 여호와여 위로 하늘과 아래로 땅에
주와 같은 신이 없나이다
주께서는 온 마음으로 주의 앞에서 행하는 종들에게 언약을 지키시고
은혜를 베푸시나이다
주께서 주의 종 내 아버지 다윗에게 하신 말씀을 지키사
주의 입으로 말씀하신 것을 손으로 이루심이 오늘과 같으니이다
이스라엘의 하나님 여호와여 주께서 주의 종
내 아버지 다윗에게 말씀하시기를
네 자손이 자기 길을 삼가서 네가 내 앞에서 행한 것 같이
내 앞에서 행하기만 하면
네게서 나서 이스라엘의 왕위에 앉을 사람이 내 앞에서
끊어지지 아니하리라 하셨사오니

이제 다윗을 위하여 그 하신 말씀을 지키시옵소서
그런즉 이스라엘의 하나님이여 원하건대
주는 주의 종 내 아버지 다윗에게 하신 말씀이
확실하게 하옵소서(:23-26)

하나님께서 일찍이 다윗에게 하신 약속이 있었습니다. 하나님의 율례와 법도를 따라 살면 왕위가 끊어지지 않을 것이라는 약속입니다. 솔로몬은 자신이 그렇게 살 수 있을 것이라고 자신했는지는 모르지만 하나님께 그 약속을 잊지 말고 확실히 하고 계시라고 기도하는 것입니다.

축복에 대한 약속이 있었습니다.
순간적인 축복이 아니라 계속 누리게 하겠다는 약속입니다.
그러나 그 축복을 누리기 위해서 우리가 해야 할 일이 있습니다.
말씀대로 행동하는 일입니다.
축복 보전의 유일한 방법입니다.
지금의 축복을 보전하기 위해
힘을 기르고 지식을 쌓으며 머리를 굴리라는 것도 아닙니다.
경호원을 두라는 것도 아닙니다.
하나님의 말씀대로 행동하라는 것입니다.
우리는 받은 축복을 어떻게 보전하고 있나요?
"내 앞에서「내 율법대로」행하기만 하면"(대하6:16) (:25중)
꼭 기억해야 합니다.

하나님이 참으로 땅에 거하시리이까
하늘과 하늘들의 하늘이라도 주를 용납하지 못하겠거든
하물며 내가 건축한 이 성전이오리이까
그러나 내 하나님 여호와여 주의 종의 기도와 간구를 돌아보시며
이 종이 오늘 주 앞에서 부르짖음과 비는 기도를 들으시옵소서

주께서 전에 말씀하시기를 내 이름이 거기 있으리라 하신 곳
이 성전을 향하여 주의 눈이 주야로 보시오며
주의 종이 이곳을 향하여 비는 기도를 들으시옵소서

주의 종과 주의 백성 이스라엘이 이곳을 향하여 기도할 때에
주는 그 간구함을 들으시되
주께서 계신 곳 하늘에서 들으시고 들으시사 사하여 주옵소서(:27-30)

성전은 하나님의 눈이 집중된 곳입니다.
솔로몬이 건축한 성전이 아무리 웅장하다 하더라도
하나님께서 그곳에만 계시겠습니까?
아닙니다.
하나님은 어디에나 계십니다.
그러나 하나님께서 성전에 계시겠다고 말씀하셨기에
우리는 성전을 귀중하게 여겨야 하는 것입니다.

우리는 교회 건물을 어떻게 생각하나요?
아주 자유롭게 생각하는 경우가 많습니다.
단순히 예배자들이 예배를 드리기 위한
'필요에 따른 건물'이라고 생각하는 것이 일반적 생각입니다.

그렇기에 교회 건물에 별다른 경외심을 갖지 않는 경우가
종종 있습니다.
어떤 경우는 교회 건물을 신성시하는 태도를 취하면
율법주의자라고 몰아붙이기도 합니다.
반면에 교회 건물을 일반 빌딩과 다를 바 없는 것으로 말하면
마치 복음 안에서 자유를 누리는 훌륭한 신앙인으로
여기기도 합니다.
물론 교회 건물을 우상화하고 신성화하면 안 됩니다.
그러나 예배를 드리는 처소에 대한 조심스러운 태도는
중요합니다.

솔로몬이 지은 성전에만
하나님이 계시는 것이 아닙니다.
그러나 하나님이 그곳에 계시겠다고 했으니
귀하게 여겨야 합니다.
지금 우리의 예배를 위한 건물도 마찬가지입니다.
그리스도의 생명을 가진 사람들이 모이는 장소입니다.
그러므로 그 장소를 귀하게 여겨야 합니다.
거룩한 건물로 생각하면서 조심해야 합니다.
그래서 예배처소를 구별된 집, 성전(聖殿)이라고 하는 것입니다.

❹ 8:31~40

성전 봉헌 중에 드린 솔로몬의 기도(2): 범죄했을 때

만일 어떤 사람이 그 이웃에게 범죄함으로 맹세시킴을 받고
그가 와서 이 성전에 있는 주의 제단 앞에서 맹세하거든
(만일 어떤 사람이 이웃에게 죄를 짓고 혐의를 받아
이 제단 앞으로 끌려와서
'만일 죄를 지었으면 저주를 받아도 좋다'고
스스로 맹세할 경우/현대어 성경)
주는 하늘에서 들으시고 행하시되 주의 종들을 심판하사
악한 자의 죄를 정하여 그 행위대로 그 머리에 돌리시고
의로운 자를 의롭다 하사 그의 의로운 바대로 갚으시옵소서(:31-32)

우리는 기도할 경우 자신의 옳고 그름과는 상관없이
하나님께서 우리만의 편이 되어 주시기를 바랍니다.
옳았을 때는 물론입니다만 자신이 틀렸을 경우에도

정당하게 판단 받기 원한다는 기도보다는
모면 내지는 피하게 해달라는 기도를 합니다.
그러나 솔로몬은 그렇게 기도하지 않았습니다.
옳고 그름이 밝혀지기를 기도했습니다.
물론 이렇게 기도하기 때문에 선과 악이 구분되는 것은 아닙니다.
그렇게 기도하지 않아도 하나님은 선과 악을 구분하십니다.
솔로몬의 기도는 나를 좋게 해달라는 기도가 아니라
하나님의 공의가 이루어지기를 바라는 기도를 올리는 것입니다.
우리도 이런 기도 드려야 하지 않을까요?

만일 주의 백성 이스라엘이 주께 범죄하여 적국 앞에 패하게 되므로
주께로 돌아와서 주의 이름을 인정하고 이 성전에서
주께 기도하며 간구하거든
주는 하늘에서 들으시고 주의 백성 이스라엘의 죄를 사하시고
그들의 조상들에게 주신 땅으로 돌아오게 하옵소서(:33-34)

여호수아의 가나안 입성 때 아이 성과의 싸움이 있었습니다.
무시해도 될 만한 작은 성이었는데
그 성에게 비참하게 패했었습니다.
패전의 원인이 아간의 죄 때문이었습니다.
그래서 이스라엘 사람들은 죄인을 잡아 처분하고
용서의 기도를 드렸더니
하나님께서 여호수아와 이스라엘 사람을 회복시켜 주셨습니다.
물론 그 당시는 성전(聖殿)에서 기도한 것은 아닙니다.
그런데 지금 솔로몬은 앞으로는 성전에서 기도할 것임을

아뢰고 있는 것입니다.

혹시 우리나라 백성들이 죄를 지어 하나님의 징계를 받게 된다면
그리스도인들은 함께 예배 처소인 교회에 모여 기도하라는
말씀으로 받아들이고 싶습니다.
그리스도인들은 총과 칼로 전쟁에 참여할 사람은 아닙니다.
그러나 전쟁은 하나님께 속한 것인 것을 알기에
그리스도인은 모여 중보 회개하면서
회복을 위해 기도해야 합니다.

만일 그들이 주께 범죄함으로 말미암아
하늘이 닫히고 비가 없어서 주께 벌을 받을 때에
이곳을 향하여 기도하며 주의 이름을 찬양하고 그들의 죄에서 떠나거든
주는 하늘에서 들으사 주의 종들과 주의 백성 이스라엘의 죄를 사하시고
그들이 마땅히 행할 선한 길을 가르쳐 주시오며
주의 백성에게 기업으로 주신 주의 땅에 비를 내리시옵소서(:35-36)

아합 왕 때 가뭄이 심했습니다.
무려 3년 6개월 동안 비가 내리지 않았습니다.
가뭄의 이유는 여러 가지입니다만
성경은 죄로 인한 가뭄이 있다고 합니다.
아합 왕 때의 가뭄이 그것입니다.
우상 숭배와 인권 유린 등등의 악한 죄에 대한
하나님의 심판으로서의 가뭄이었습니다.
오늘날 죄로 인한 가뭄 심판은 어떻게 나타날까요?

실제적으로 하늘에서 비가 없어서 가뭄을 겪을 수도 있습니다.
아니, 이미 물이 많아도 더이상 안전한 물이 아닌 것을 보면
또 다른 형태의 가뭄 심판을 겪고 있는 것인지도 모릅니다.
우리는 솔로몬의 기도를 생각하면서 기도해야 합니다.
성전에 모여 기도해야 하지 않을까요?

"그들이 마땅히 행할 선한 길을 가르쳐 주시오며"(:36중)
우리는 종종 어떻게 행해야 하는지를 몰라서
죄를 범할 때가 있습니다.
예를 들면 아내를 둘 이상을 얻는 것이
잘못인지 아닌지를 모르는 경우입니다.
아브라함도 야곱도 몰랐습니다.
이혼 문제를 생각해 봅시다.
전(前)에는 그러지 않았습니다만
오늘날에는 이혼하는 사람이 많으니깐
그것이 잘못인지 아닌지를 모르는 것입니다
그러므로 선한 것과 악한 것, 틀린 길과 바른 길을 배워야 합니다.
그리고 선한 길과 바른 길을 가르쳐 달라고 기도해야 합니다.
몰라서 죄악을 행하지 않도록 말입니다.

만일 이 땅에 기근이나 전염병이 있거나
곡식이 시들거나 깜부기가 나거나 메뚜기나 황충이 나거나
적국이 와서 성읍을 에워싸거나
무슨 재앙이나 무슨 질병이 있든지 막론하고

한 사람이나 혹 주의 온 백성 이스라엘이 다 각각 자기의 마음에
재앙을 깨닫고
이 성전을 향하여 손을 펴고 무슨 기도나 무슨 간구를 하거든
주는 계신 곳 하늘에서 들으시고 사하시며
각 사람의 마음을 아시오니 그들의 모든 행위대로 행하사 갚으시옵소서
주만 홀로 사람의 마음을 다 아심이니이다
그리하시면 그들이 주께서 우리 조상들에게 주신 땅에서 사는 동안에
항상 주를 경외하리이다 (:37-40)

죄로 인한 하나님의 심판으로 자연 재해나 전쟁,
혹은 질병을 만날 수도 있습니다.
그렇기에 닥치는 어려움 앞에서 말씀을 근거로 하여
진지하게 생각해야 합니다.
만일 지은 죄로 인해 자연 재해나 전쟁, 질병을 만난 것이라면
즉각적으로 회개해야 합니다.
하나님만은 인생의 마음을 아십니다.
"각 사람의 마음을 아시오니... 주만 홀로 사람의 마음을
다 아심이니이다"(:39)
하나님 앞에는 어떤 것도 숨기지 못합니다.
하나님은 인간의 깊은 속을 알고 계십니다.
그러므로 숨긴다는 것은 어리석은 일이고
변명하는 것도 어리석은 일입니다.
모든 문제를 정직하게 하나님께 토해 내십시오.
우리가 정직하게 고백한다면
하나님은 우리를 받아주시고 모든 문제를 해결해 주십니다.

5 8:41~43

성전 봉헌 중에 드린 솔로몬의 기도(3): 이방인을 생각하며

또 주의 백성 이스라엘에 속하지 아니한 자
곧 주의 이름을 위하여 먼 지방에서 온 이방인이라도
그들이 주의 크신 이름과 주의 능한 손과
주의 펴신 팔의 소문을 듣고 와서
이 성전을 향하여 기도하거든 주는 계신 곳 하늘에서 들으시고
이방인이 주께 부르짖는 대로 이루사
땅의 만민이 주의 이름을 알고 주의 백성 이스라엘처럼
경외하게 하시오며
또 내가 건축한 이 성전을 주의 이름으로 일컫는 줄을
알게 하옵소서(:41-43)

41절로 43절의 기도는 이방인이 하나님에 대한 소문을 듣고 성전

을 향하여 기도할 경우 응답해 주실 것을 간구하는 내용입니다. 그 이유가 있습니다. 첫째는 만민으로 주의 이름을 알게 하는 것이고, 두 번째는 이방인들도 이스라엘처럼 하나님을 경외하도록 하기 위함입니다. 세 번째로는 성전이 하나님의 집임을 알게 하려는 것입니다.

성전 건물에는 선교적 목적도 있습니다.
성전 건물을 통하여 하나님을 알리어
영혼을 구원하려는 것입니다.
오늘의 교회 건물도 이 일을 해야 합니다.
우리끼리 재미를 누리는 교회 건물이면 안 됩니다.
우리끼리 안락을 누리는 교회 건물이면 안 됩니다.
교회 건물을 통하여 이방인들로 하여금 하나님을 인식하게 하고
하나님께로 돌아오도록 해야 합니다.
그래서 저들도 구원받아 우리와 함께
하나님의 자녀가 되게 해야 합니다.
주의 백성이 그들의 적국과 더불어 싸우고자 하여

⑥ 8:44~45

성전 봉헌 중에 드린 솔로몬의 기도(4): 일상적인 일

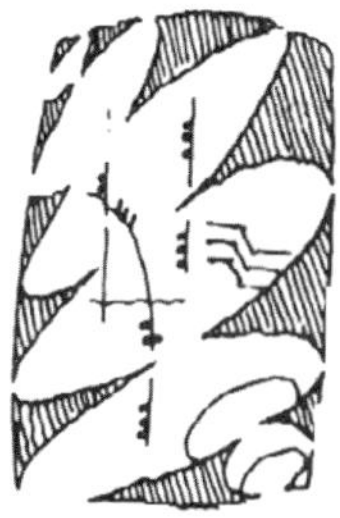

주께서 보내신 길로 나갈 때에
그들이 주께서 택하신 성읍과
내가 주의 이름을 위하여 건축한 성전이 있는 쪽을 향하여
여호와께 기도하거든
주는 하늘에서 그들의 기도와 간구를 들으시고
그들의 일을 돌아보옵소서 (:44-45)

일상적인 문제로 기도할 때도 성전을 생각하며 기도하십시오.
부부의 일이나, 자녀에 관한 것, 의식주 문제 등등 모든 문제를
성전을 생각하면서 기도하십시오.
나라의 부름으로 전쟁에 참여할 때도
성전을 생각하면서 기도해야 합니다.

피치 못할 사정으로 전쟁을 해야 할 때도
성전을 생각하면서 기도해야 합니다.
성전을 생각한다는 것은
하나님을 생각한다는 것이기 때문입니다.

❼ 8:46~51

성전 봉헌 중에 드린 솔로몬의 기도(4): 죄로 인해 포로가 되었을 때의 기도

범죄하지 아니하는 사람이 없사오니
그들이 주께 범죄함으로 주께서 그들에게 진노하사
그들을 적국에게 넘기시매
적국이 그들을 사로잡아 원근을 막론하고 적국의 땅으로 끌어간 후에
그들이 사로잡혀 간 땅에서 스스로 깨닫고
그 사로잡은 자의 땅에서 돌이켜 주께 간구하기를
우리가 범죄하여 반역을 행하며 악을 지었나이다 하며
자기를 사로잡아 간 적국의 땅에서 온 마음과 온 뜻으로 주께 돌아와서
주께서 그들의 조상들에게 주신 땅 곧 주께서 택하신 성읍과
내가 주의 이름을 위하여 건축한 성전 있는 쪽을 향하여
주께 기도하거든
주는 계신 곳 하늘에서 그들의 기도와 간구를 들으시고
그들의 일을 돌아보시오며

주께 범죄한 백성을 용서하시며 주께 범한 그 모든 허물을 사하시고
그들을 사로잡아 간 자 앞에서 그들로 불쌍히 여김을 얻게 하사
그 사람들로 그들을 불쌍히 여기게 하옵소서
그들은 주께서 철 풀무 같은 애굽에서 인도하여 내신 주의 백성,
주의 소유가 됨이니이다 (:46-51)

죄를 지어 이방에 포로로 잡혀가는 심판을 받을 때가
있을 것입니다.
그때도 성전을 생각하며 회개하고 기도할 때
회복시켜 주시기를 기도해야 합니다.
포로로 끌려간 나라가 강하다 하더라도 더 강하신 분이
하나님이신 것을 알고
하나님의 긍휼을 구하는 기도입니다.

훗날 이스라엘과 유다가 극심하게 범죄하자
하나님은 이들을 앗수르와 바벨론의 포로가 되게 하셨습니다.
나라는 초토화가 되고 씨가 마르는 지경까지 간 것입니다.
그러나 솔로몬의 이 기도를 알고 있었던 소수의 사람들이
성전을 바라보면서
하나님의 긍휼히 여기심과 회복을 기도했습니다.
다니엘이 그런 사람이고 모르드개, 에스더, 느헤미야, 에스라,
스룹바벨, 예수아 등등이 그런 사람들입니다.
하나님은 이들의 기도를 들으셨고 죽음의 땅에서
이스라엘을 회복시키셨던 것입니다.

"그들로 불쌍히 여김을 얻게 하사 그 사람들로 그들을 불쌍히 여기게 하옵소서"(:50하)

하나님은 사람의 마음을 움직이시는 분임을 믿기에
드리는 기도입니다.
적국(敵國) 사람들의 마음을 움직여 달라는 기도입니다.
우리가 겸손과 진실로 기도한다면
하나님은 우리를 괴롭히는 악한 사람의 마음까지도
부드럽게 하십니다.
나를 괴롭혔던 사람의 마음이 바뀌어
나를 불쌍히 여기는 마음이 되게 하십니다.
하나님은 사람의 마음을 바꾸시고 환경을
바꾸시는 분이시기 때문입니다.
그러므로 그런 하나님을 신실하게 신뢰하는 것이 지혜입니다.

❽ 8:52~53

성전 봉헌 중에 드린 솔로몬의 기도(5): 우리의 기도를 들으소서!

원하건대 주는 눈을 들어 종의 간구함과 주의 백성
이스라엘의 간구함을 보시고
주께 부르짖는 대로 들으시옵소서
주 여호와여 주께서 우리 조상을 애굽에서 인도하여 내실 때에
주의 종 모세를 통하여 말씀하심 같이
주께서 세상 만민 가운데에서 그들을 구별하여
주의 기업으로 삼으셨나이다(:52-53)

성전을 향한 기도,

주님을 향한 기도입니다.

성전 안에서 드리는 기도,

주님 안에서 드리는 기도입니다.

성전을 바라보고 드리는 기도,
주님을 상상하며 드리는 기도입니다.
죄를 지었습니까? 재앙 중에 있습니까? 고통 가운데 있습니까?
기도하십시오.
그러나 그냥 기도하는 것이 아니라
성전이신 주님을 향하여, 주님 안에서,
주님을 생각하며 기도하십시오.
하나님은 성전 되신 예수님을 붙들고 드리는 기도를
외면치 않으십니다.
"너희가 내 이름으로 무엇을 구하든지 내가 행하리니
이는 아버지로 하여금 아들로 말미암아
영광을 받으시게 하려 함이라"(요 14:13)

❾ 8:54~61

감동 속의 솔로몬 왕

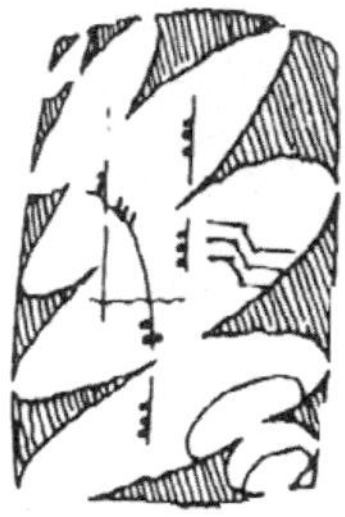

솔로몬 왕은 단(壇) 앞에서 무릎을 꿇고 손을 펴서 하늘을 향하여 간절한 기도를 드렸습니다. 온 백성들은 왕이 드리는 애절하고도 간절한 기도에 숙연했습니다. 이스라엘의 미래를 위한 기도였습니다. 정성의 땀이 흠뻑 젖은 가운데 솔로몬 왕의 기도가 마쳐지는 때, 진지함과 엄숙함으로 거룩함이 흐르고 있을 때입니다. 갑자기 하늘에서 제단으로 불이 쏟아지면서 번제단 위에 올려놓았던 짐승들을 순식간에 태워버렸습니다. 왕과 제사장들과 백성들은 두려움으로 가득찼습니다. 제물인 짐승들이 탄 제단에서 연기가 오르고 있었고 그 연기는 성전 뜰과 성전 사람들 주변을 덮었습니다(대하

7:1). 순간적으로 일어나는 일로 두려움에 빠져있던 백성들은 성전 뜰에 깔린 돌판 위에 엎드릴 수밖에 없었습니다.

"여호와께 감사하라! 그는 선하시고 그 인자하심이 영원하도다!"

누군가가 큰 소리로 하나님을 찬양하는 소리였습니다.

『이스라엘 모든 자손은 불이 내리는 것과 여호와의 영광이 성전 위에 있는 것을 보고 돌을 깐 땅에 엎드려 경배하며 여호와께 감사하여 이르되 선하시도다 그의 인자하심이 영원하도다 하니라』(대하7:3)

하늘에서 불이 내려 제단 위의 제물을 태웠습니다.
하나님의 응답입니다.
이제 성전을 통하여 하나님은 위대한 일을 하실 것입니다.

성전은 예수님을 말합니다.
하나님은 성전이신 예수님을 통하여 일하십니다.
예수님을 통하여 사람의 죄를 용서하시고 구원하시며
예수님을 통하여 치료하십니다.
예수님을 통하여 역사를 이끌고 가십니다.
솔로몬이 건축한 성전은 무너졌지만
참 성전이신 예수님은 여전히 우리와 함께 하시면서
이러한 일을 계속하십니다.

솔로몬의 기도가 마쳐지자 불이 내려왔습니다.
하나님은 그의 기도에 불로 응답하신 것입니다.

엘리야가 갈멜산에서 바알과 아세라 선지자들과의 싸움에서
기도한 후에 불이 내려와 제물을 태웠다는 말씀을 읽고
많은 도전을 받았었습니다.
그런데 솔로몬의 성전 봉헌 기도 후에
하늘에서 불이 내려온 것입니다.
엘리야 사건보다도 약 100년 정도 앞선 이야기입니다.

나의 기도도 불로 응답을 받았으면 하는 바램입니다.
불이 내려왔다는 것은 즉각적인 응답,
성령의 충만함을 의미합니다.
기도가 하나님께 상달되었는지 아닌지는
불의 응답, 즉 성령의 충만해지는 것으로 알 수 있습니다.
초대 교회 성도들이 하나님께 기도했을 때
그런 현상이 일어났습니다.
오순절에 모인 사람들에게 불로 임하신 성령입니다.
"오순절 날이 이미 이르매 그들이 다같이 한 곳에 모였더니
홀연히 하늘로부터 급하고 강한 바람 같은 소리가 있어
그들이 앉은 온 집에 가득하며
마치 불의 혀처럼 갈라지는 것들이
그들에게 보여 각 사람 위에 하나씩 임하여 있더니
그들이 다 성령의 충만함을 받고 성령이 말하게 하심을 따라
다른 언어들로 말하기를 시작하니라"(행 2:1-4)
"빌기를 다하매... 무리가 다 성령이 충만하여"(행 4:31상)
기도 응답으로 이런 역사가 임해야 합니다.

이런 응답은 기쁨을 줍니다. 사랑이 충만해집니다.
믿음도 생겨서 두려움이 없어지고 담대해집니다.

솔로몬 왕은 기뻤습니다. 다윗이 하나님께로부터 받은 성전 설계도대로 웅장한 여호와의 성전을 완공하여 봉헌을 하는 자리에서 하나님을 경험하게 된 것이 감격이었습니다. 감동에 찬 솔로몬 왕은 회중을 축복하고 싶었습니다. 그래서 백성을 바라보면서 하나님을 높였습니다.

"백성들아, 하나님을 찬양하라. 하나님은 우리에게 평화를 주셨고 오래전 모세를 통하여 우리에게 약속하신 좋은 것을 모두 이루어 주셨느니라. 우리 주 여호와를 찬양할지로다!"

솔로몬 왕은 흥분하고 있었습니다. 그리고 백성들에게 축복의 말을 쏟았습니다.

"나의 백성들이여, 하나님께서 우리 조상과 함께 하셨던 것처럼 우리와도 함께 계시기를 바라노라. 우리를 떠나시지 않기를 바라노라. 우리를 버리시지 않기를 바라노라." 솔로몬의 축복은 백성들의 마음을 기도의 마음으로 바꾸고 있을 만큼 감동이었습니다. 대부분의 백성들은 솔로몬의 축복 연설을 들으면서 속으로 '아멘' 으로 화답하고 있었습니다. "나의 백성들이여, 하나님께서 우리의 마음을 붙잡으셔서 우리로 하여금 다른 생각을 하지 않고 항상 하나님만을 향하게 하시길 바라노라. 우리 조상에게 주신 율례와 법도를 지킬 수 있는 능력도 주시기를 원하노라."

백성들은 그렇지 않아도 율법을 지키고 싶어도 지키지 못하는 것으로 인해 부담을 갖고 있었는데 율법을 지킬 수 있는 능력을 하나님이 주시기를 바란다는 왕의 말에 주먹을 불끈 쥐고 '아멘' 했습니다. 하나님이 능력을 주시면 율법을 지킬 수 있고 당당하게 살 수 있을 것이라는 믿음이 생겼기 때문이었습니다. 솔로몬은 계속 백성들을 축복했습니다.

"나의 백성들이여, 내가 그대들을 향하여 하는 이 축복의 말이 언제나 하나님 가까이에 있어서 하나님이 꼭 들어주시기를 바라노라. 하나님께서 나 왕이 하는 일은 물론이고 그대들이 하는 일들을 돌아보시면서 필요한 것을 공급해 주시기를 바라노라. 그러므로 우리가 섬기는 여호와만 참 신이시고 하나님 이외에는 신이 없음을 알게 하시기를 원하노라."

백성들은 계속되는 솔로몬 왕의 축복 연설을 들으면서 여기저기서 '아멘' 을 외치며 감동하고 있었습니다.

"나의 백성들이여, 그대들의 마음을 하나님께 온전히 바치시오! 오늘처럼 언제나 여호와의 법과 그의 계명들을 준수하시오. 그것이 우리가 행할 도리요."

『솔로몬이 무릎을 꿇고 손을 펴서 하늘을 향하여 이 기도와 간구로 여호와께 아뢰기를 마치고 여호와의 제단 앞에서 일어나 서서 큰 소리로 이스라엘의 온 회중을 위하여 축복하며 이르되 여호와를 찬송할지로다 그가 말씀하신 대로 그의 백성 이스라엘에게 태평을 주셨으니 그 종 모세를 통하여 무릇 말씀하신 그 모든 좋은 약속이 하나도 이루어지지 아니함이 없도다 우리 하나님 여호와께서 우리 조상들과 함께 계시던 것 같이 우리와 함께 계시옵고 우리를 떠나지 마시오며 버리지 마시옵고 우리의 마음을 주께로 향하여 그의 모든 길로 행하게 하시오며 우리 조상들에게 명령하신 계명과 법도와 율례를 지키게 하시기를 원하오며 여호와 앞에서 내가 간구한 이 말씀이 주야로 우리 하나님 여호와께 가까이 있게 하시옵고 또 주의 종의 일과 주의 백성 이스라엘의 일을 날마다 필요한 대로 돌아보사 이에 세상 만민에게 여호와께서만 하나님이시고 그 외에는 없는 줄을 알게 하시기를 원하노라 그런즉 너희의 마음을 우리 하나님 여호와께 온전히 바쳐 완전하게 하여 오늘과 같이 그의 법도를 행하며 그의 계명을 지킬지어다』(:54-61)

솔로몬이 이스라엘 백성들에게 했던 축복이
우리에게도 이루어지기를 소원합니다.
"우리를 떠나지 마시오며 버리지 마시옵고"(:57하)
하나님은 우리를 떠나시지도 버리시지도 않으십니다.
"야곱의 집이여 이스라엘 집에 남은 모든 자여 내게 들을지어다
배에서 태어남으로부터 내게 안겼고 태에서 남으로부터
내게 업힌 너희여
너희가 노년에 이르기까지 내가 그리하겠고
백발이 되기까지 내가 너희를 품을 것이라 내가 지었은즉
내가 업을 것이요 내가 품고 구하여 내리라"(사 46:3-4)
예수님께서도 약속하셨습니다.

"내가 너희를 고아와 같이 버려두지 아니하고"(요14:18)
"볼지어다 내가 세상 끝날까지 너희와 항상 함께 있으리라"(마 28:20)

"우리의 마음을 주께로 향하여 그의 모든 길로 행하게 하시오며
우리 조상들에게 명령하신 계명과 법도와
율례를 지키게 하시기를 원하오며"(:58)
하나님이 연약한 우리의 마음을 붙잡아 주시기를 바라는
기도입니다.
타락한 인간들은 생각이 복잡하고 마음이
하나님께로 고정되어 있지 않습니다.
이기적이고 계산적이고 쾌락적이고 자기도취적
자기중심적입니다.
본질적으로 하나님의 율법을 따르기를 싫어합니다.
이러한 마음과 태도를 통제할 수 없는 것이 인간입니다.
그렇기에 하나님께서 내 마음을 붙들어 주시기를
간구하는 것입니다.
우리의 생각과 마음 그리고 행동까지도
하나님이 주인으로서 붙들고 계시면 된다는
겸손한 마음이기 때문입니다.

솔로몬은 자신이 기도한 내용들이
언제나 '하나님께 가까이 있기'를 바랬습니다.
"여호와 앞에서 내가 간구한 이 말씀이

주야로 우리 하나님 여호와께 가까이 있게 하시옵고"(:59상)
우리의 기도들이 물거품이 되지 않기를 소원합니다.
열심히 기도했는데 허공에서 사라진다면 안타까운 일입니다.
그렇기에 우리의 기도가 천사들이 받들고 있는 금향로에 담겨져서
하나님께 드려지기를 바라는 마음입니다.
가정을 위해서 혹은 사업을 위해서 혹은 자녀나 이웃을 위해서
교회와 고통받는 자를 위해서 아니면
나 자신을 위해서 기도한 것들이
언제나 하나님 옆에 가까이 있기를 바라는 것입니다.
그러나 걱정 말고 감사합시다.
우리가 드리는 기도는 진정 하나님 가까이에 있기 때문입니다.
"네 생물과 이십사 장로들이 그 어린 양 앞에 엎드려
각각 거문고와 향이 가득한 금 대접을 가졌으니
이 향은 성도의 기도들이라"(계 5:8)

"주의 종의 일과 주의 백성 이스라엘의 일을 날마다
필요한 대로 돌아보사"(:59하)
그렇습니다.
우리의 일거수일투족 우리가 당하는 모든 일을
하나님께서 돌보아 주시면 얼마나 좋을까요?
그러나 그런 걱정은 하지 맙시다.
하나님은 우리를 눈동자같이 지키신다고 약속하셨기 때문입니다.
하나님은 우리의 아픔 억울함 그리고 당하는 모든 일을
알고 계시기 때문입니다.

지금은 하나님께서 가만히 계시는 것 같습니다만
얼마 후에는 모든 일을 선악간에 판단하실 것입니다.
스바냐 3장 19-20절의 말씀을 보십시오.
"그때에 내가 너를 괴롭게 하는 자를
다 벌하고 저는 자를 구원하며
쫓겨난 자를 모으며 온 세상에서 수욕 받는 자에게
칭찬과 명성을 얻게 하리라
내가 그때에 너희를 이끌고 그때에 너희를 모을지라
내가 너희 목전에서 너희의 사로잡힘을 돌이킬 때에
너희에게 천하 만민 가운데서 명성과 칭찬을 얻게 하리라
여호와의 말이니라"
지금도 우리의 당하는 일을 보고 계시는 하나님을 신뢰하면서,
굳건히 흔들림 없이 믿음 지켜야 합니다.

"(하나님) 그 외에는 없는 줄을 알게 하시기를 원하노라"(:60하)
우리가 섬기는 하나님만이 참 신(神)이고 유일하신 분임을
세상이 알게 되기를 바라는 기도입니다.
이런 세상이 올 것이고 오고 있습니다.
지금은 힘 있는 사람이 세상을 지배하는 것 같고
하나님은 없는 것 같습니다만
얼마 후에는 하나님을 믿지 않은 자들은
비참함 속에서 후회해도 소용없는 영멸(永滅)의 삶을 살 것입니다.
그리고 우리가 섬기는 하나님이 참 하나님임을 알게 될 것입니다.

지금의 이스라엘 백성은 하나님의 법도를 잘 지키고 있었습니다.
그래서 기쁨이 넘쳐 나고 축복 속에 있습니다.
그런데 문제는 '지금이 아니라 앞으로' 입니다.
기쁨과 행복 그리고 축복을 '계속해서 누리기 위해서' 는
하나님과 화목하고 하나님의 법도와 계명을 '계속 지켜야' 합니다.
지금의 신앙이 미래를 지켜주지 않습니다.
오늘은 오늘의 믿음으로 사는 것이고
내일은 내일의 신앙으로 사는 것입니다.
그러므로 하루하루 말씀 붙잡고
성실히 살아가야 하는 것입니다.

⑩ 8:62~66

성전 봉헌 축제

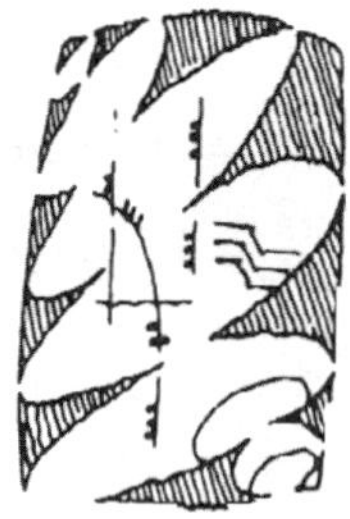

성전 낙성식의 절정(絕頂)은 제사였습니다. 전국에서 모인 백성들은 하나님께 감사의 제사를 드렸습니다. 제사장들이 불어대는 나팔 소리와 함께 축제의 분위기는 고조되고 있었습니다. 왕과 함께 드린 제사의 제물은 엄청났습니다. 소가 이만이천 마리였고 양이 십이만 마리였습니다. 성전 앞뜰에 있는 번제단은 드려진 수많은 소와 양을 사르기에는 너무도 작았습니다. 칠 일 동안 계속된 낙성 축제의 희생 제물들로 인하여 모리아 산과 예루살렘에는 제물 타는 냄새가 뒤덮혀 있었습니다. 은혜와 감사의 향냄새였습니다. 축제는 칠월 십일부터 시작되었습니다. 이날은 전례적으로 이스라엘의 큰 날인 대속일입니다. 대단한 제사가 행해지고 축제는 절정의 절정을 이루고 있었습니다. 그리고 또다시 칠일 동안 축제를 열었습니다. 팔일 째 되는 날에 큰 성회를 열고 또다시 축제가 칠일 동안 열렸습니다. 백성들은 일상으로 돌아갈 생각을 하지 않았고 감사와 감격으로 기쁨을 나누었던 것입니다. 칠월 이십삼일이 되어서야 솔로몬 왕은 해산을 명령했습니다. 모두들 자신의 장막으로 돌아가도록(대하7:9-10상).

칠월 십일에 맞추어 진행된 축제입니다. 대속일에 맞춰진 축제라는 뜻입니다. 이날은 이스라엘 백성들에게 있어서는 전통적으로 큰 날입니다. 대제사장이 일 년에 한번 지성소에 들어갈 수 있는 유일한 날이었습니다. 개인이 알고 혹은 모르고 지은 죄들이 씻음 받는 날이었고 국가적으로 지은 죄까지도 사함 받는 기쁨과 감격의 날이었습니다. 은혜의 날입니다. 솔로몬은 이날을 시발점으로 하는 축제를 연 것입니다. 앞으로 성전에서 이러한 은혜의 일들이 일어날 것이기 때문입니다.

백성들이 행복했습니다.

『이에 왕과 및 왕과 함께 한 이스라엘이 다 여호와 앞에 희생제물을 드리니라 솔로몬이 화목제의 희생제물을 드렸으니 곧 여호와께 드린 소가 이만 이천 마리요 양이 십이만 마리라 이와 같이 왕과 모든 이스라엘 자손이 여호와의 성전의 봉헌식을 행하였는데 그 날에 왕이 여호와의 성전 앞뜰 가운데를 거룩히 구별하고 거기서 번제와 소제와 감사제물의 기름을 드렸으니 이는 여호와의 앞 놋제단이 작으므로 번제물과 소제물과 화목제의 기름을 다 용납할 수 없음이라 그 때에 솔로몬이 칠 일과 칠 일 도합 십사 일간을 우리 하나님 여호와 앞에서 절기로 지켰는데 하맛 어귀에서부터 애굽 강까지의 온 이스라엘의 큰 회중이 모여 그와 함께 하였더니 여덟째 날에 솔로몬이 백성을 돌려보내매 백성이 왕을 위하여 축복하고 자기 장막으로 돌아가는데 여호와께서 그의 종 다윗과 그의 백성 이스라엘에게 베푸신 모든 은혜로 말미암아 기뻐하며 마음에 즐거워하였더라』(:62-66하)

은혜는 마음에 기쁨과 즐거움으로 가득 차게 합니다.
그런데 사람들은 이 기쁨과 즐거움을
유지하지 못하는 경우가 많습니다.
아주 단순한데도 말입니다.
우선은 은혜를 유지할 수 있도록,
믿음을 지킬 수 있도록 기도해야 합니다.
말씀을 따라 범죄하지 않음과 동시에
하나님께서 원하시는 것에 순종하면 됩니다.
겸손히 나 자신을 쳐서 그렇게 해야 합니다.
세상을 향해 한눈을 팔지 말고, 귀를 기울이지 말며
성령께서 마음속에 하시는 말씀에 귀를 기울이면 됩니다.

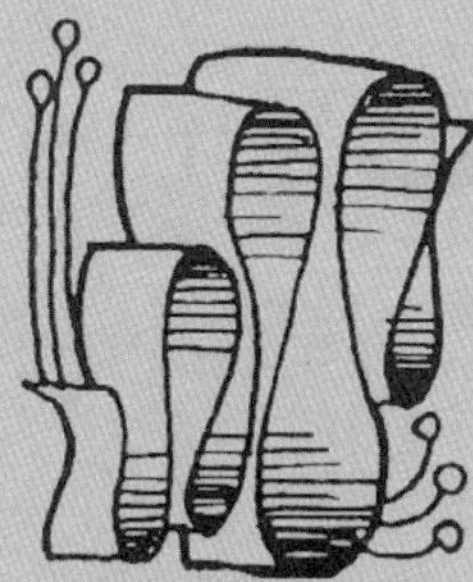

〉〉 제9장

많은 일들

솔로몬은 왕궁을 건축한다는 것이 무리라는 것을 알았습니다만 결국은 그 사업을 진행하기로 결심했습니다. 급기야 공개된 왕궁 설계도는 칠 년 동안 지은 성전보다 훨씬 크고 화려한 것이었습니다. 건축하는 기간도 두 배는 들 것이고 재원과 노동력 또한 성전과는 비교도 할 수 없을 만큼 막대하게 들어야만 가능한 설계였습니다. 문제는 민심(民心)이었습니다. 왕궁을 짓는다고 하면 분명 백성들의 분노가 이만저만이 아닐 것이라는 것을 예측하는 것이란 어렵지 않았습니다. 잘못하다가는 왕궁 건축으로 인해 민중봉기(民衆蜂起)도 일어날지 모른다는 우려를 하는 사람도 있었

❶ 9:1~9

나타나신 하나님

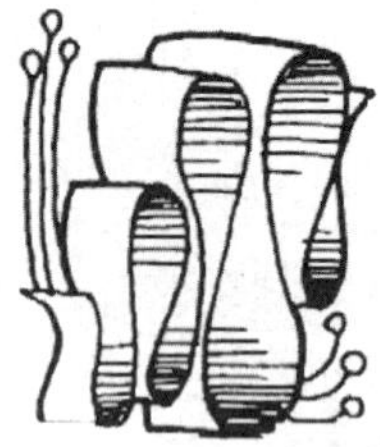

성전 건축을 완공하고 낙성식과 제사를 성대하게 마쳤습니다. 솔로몬 왕과 신하들 그리고 백성들은 성전 완공과 낙성식을 통하여 큰 은혜와 기쁨을 누렸습니다. 그렇게 백성들은 큰 기쁨에 취해 있었지만 솔로몬은 오래전부터 마음 한구석에서 자라기 시작한 한 일을 어떻게 시작할 것인가를 구상하고 있었습니다. 다름 아닌 왕궁 건축에 관한 것이었습니다. 지난 칠 년 동안 백성들이 큰 고생을 했다는 것을 알기에 이제는 백성들을 편히 살도록 해야 한다는 것을 알았습니다. 신하들의 충정어린 보고와 간언으로 그것이 얼마나 중요한 것인지를 알고 있었습니다. 그런데도 솔로몬은 자신 마음속에 있는 왕궁 건축에 대한 유혹과 미련을 버릴 수가 없었던 것입니다. 게다가 어떤 신하는 왕궁이 꼭 필요하다고 하면서 왕궁을 건축하고 싶은 왕의 마음에 불을 지르기도 했습니다.

솔로몬은 왕궁을 건축한다는 것이 무리라는 것을 알았습니다만 결국은 그 사업을 진행하기로 결심했습니다. 급기야 공개된 왕궁 설계도는 칠 년 동안 지은 성전보다 훨씬 크고 화려한 것이었습니다. 건축하는 기간도 두 배는 들 것이고 재원과 노동력 또한 성전과는 비교도 할 수 없을 만큼 막대하게 들어야만 가능한 설계였습니다. 문제는 민심(民心)이었습니다. 왕궁을 짓는다고 하면 분명 백성들의 분노가 이만저만이 아닐 것이라는 것을 예측하는 것이란 어렵지 않았습니다. 잘못하다가는 왕궁 건축으로 인해 민중봉기(民衆蜂起)도 일어날지 모른다는 우려를 하는 사람도 있었습니다. 그러나 강경 정책을 펴서라도 왕궁을 건축해야 한다는 몇몇 신하들의 소리에 왕의 마음은 기울어졌습니다. 그리고 결국 무리한 공사인 줄 알면서도 강행한 것입니다.

예측한 대로 왕궁 건축은 백성들의 몸과 마음과 삶 모두를 고통스럽게 했습니다. 무거운 세금을 내야 했고 과도한 노동도 의무적이었기에 말할 수 없는 불만이 쌓이고 있었습니다. 한번뿐인 자신의 인생을 건설 노역으로만 보내는 것이 한심하다는 생각으로 화가 치밀었습니다. 물론 심한 노역은 노예들이 했지만(9:22, 대하8:9상) 공사라는 자체가 지긋지긋했던 것입니다. 그러나 왕의 명령을 수행하는 아도니람 감역관의 몰아붙이기가 얼마나 무서웠는지 속에서는 불만이 가득하다 하더라도 아무 말도 할 수 없었습니다. 힘없는 서민들만 고달픈 것이 아니었습니다. 전국의 열두 관장들 역시 고달프긴 마찬가지였습니다. 또다시 왕실을 위해 엄청난 양의 식물을 바쳐야 했기 때문입니다. 백성도 지도자들도 지쳤습니다. 그런데다가 두로 왕 히람은 식물을 주겠다고 약속한 솔로몬이 제대로 약속을 이행하지 못하자 종종 불만을 터트렸습니다. 그렇게 십삼 년의 세월은 고통스럽게 흘렀고 결국 왕궁이 완공되었습니다. 멋은 있었습니다. 성전 설계도를 아이디어로 해서 그 위에 자신의 생각을 더 첨가해서 만든 궁전이기 때문이었습니다.

건축으로 이십 년의 세월을 보낸 솔로몬도 이제는 삼십대 후반입니다. 얼굴에는 노련미와 함께 고생한 흔적들이 스며있었습니다. 최고의 권력을 갖고 화려한 왕궁에서 살았지만 그의 모습은 늘 피곤한 모습이었고 기쁨이 없었습니다. 평안이 없는 얼굴입니다. 최고의 집에서 살면 행복할 줄 알았는데 큰 집에서 사는 것이나 오래전 작은 집에서 살 때나 그게 그것이었던 것입니다. 모든 것을 다 가졌음에도 불구하고 신나는 것도 행복한 것도 없었습니다. 인생이 별 것 아니라는 생각이 문득문득 들면서 우울해질 때가 한두 번이 아니었습니다.

그러던 어느날 하나님이 나타나셨습니다. 이십 년 전에 일천 번 제사 드렸을 때 나타나신 그분이었습니다. 얼마나 놀랐는지 모릅니다. 그 하나님께서 말씀하셨습니다. 십삼 년 전(前) 성전 봉헌식 때 드린 자신의 기도를 들으시고 말씀하셨던 그 소리였습니다. '그때 기도하자마자 불로 응답 하셨었는데...'

"솔로몬아, 네가 오래전에 성전 봉헌하면서 나에게 했던 기도를 내가 기억하고 있노라. 혹 내가 네 나라에 비를 내리지 않는다든지 메뚜기가 나타나 토산을 먹게 한다든지 혹은 전염병이 있게 된다면 이 성전을 바라보고 회개하고 겸손히 기도하고 나를 찾으면 내가 모든 죄를 사할 것이고 너희들을 고칠 것이니라."

하나님은 화려한 왕궁에 있는 솔로몬에게 십삼 년 전 완공한 성전에 대하여 말씀하시는 것입니다(대하 7:12-14).

"내가 성전을 거룩하게 하여 나에게 제사하는 곳으로 삼아 내 이름을 그곳에 두고 내 눈과 마음도 항상 그곳에 있어왔도다. 물론 앞으로도 그리할 것이다. 그러나 그러한 일이 계속되기 위해서 네 아버지 다윗이 행함같이 마음을 온전히 바르게 하여 내 앞에서 행하라. 모든 일에 내가 명령한 대로 순종하고 내 법도와 율례를 지켜야 하느니라. 그러면 내가 다윗에게 약속한 것을 계속 이룰 것이니라. 왕위가 계속되고 견고하게 될 것이다."(대하 7:15-16).

『솔로몬이 여호와의 성전과 왕궁 건축하기를 마치며 자기가 이루기를 원하던 모든 것을 마친 때에 여호와께서 전에 기브온에서 나타나심 같이 다시 솔로몬에게 나타나사 여호와께서 그에게 이르시되 네 기도와 네가 내 앞에서 간구한 바를 내가 들었은즉 나는 네가 건축한 이 성전을 거룩하게 구별하여 내 이름을 영원히 그곳에 두며 내 눈길과 내 마음이 항상 거기에 있으리니 네가 만일 네 아버지 다윗이 행함 같이 마음을 온전히 하고 바르게 하여 내 앞에서 행하며 내가 네게 명령한 대로 온갖 일에 순종하여 내 법도와 율례를 지키면 내가 네 아버지 다윗에게 말하기를 이스라엘의 왕위에 오를 사람이 네게서 끊어지지 아니하리라 한 대로 네 이스라엘의 왕위를 영원히 견고하게 하려니와』(:1-5)

솔로몬의 몸과 마음은 성전보다 훨씬 웅장하고
화려한 왕궁에 있었습니다.
그러나 하나님은 그가 그리도 뿌듯해하는 왕궁에는
관심이 없습니다.
하나님은 왕궁에 비하면 초라한 성전에 관심을 두고
계셨던 것입니다.
왕궁에는 아름답고 화려하고 진귀한 것들이 가득 차
있을지 모릅니다만
하나님은 그곳에는 계시지 않았습니다.
그러나 성전에는 하나님이 계셨습니다.
좋은 재목과 훌륭한 돌과 은금으로 만든 그릇과
장식품이 생명을 주지 않습니다.

생명은 하나님이 주십니다.

보이는 것을 좋아하고 자랑하지 마십시오.

보이는 것을 창조하신 보이지 않는 하나님을 바라보아야 합니다.

하나님의 마음이 가 있는 곳에

우리의 마음도 가 있어야 합니다.

하나님께서 솔로몬에게 말씀하셨습니다.

"성전을 거룩하게 구별하여 내 이름을 영원히 그곳에 두며

내 눈길과 내 마음을 항상 거기에" 두겠다고(9:3하).

하나님의 마음은 성전에 있는데

솔로몬의 마음은 하나님이 계시지 않은 왕궁에 있었습니다.

당신의 마음은 어디에 가 있습니까?

솔로몬은 뜨끔했습니다. 마치 자신의 마음이 다른 곳에 가 있는 것이 들켰기 때문입니다.

"그러나 만일 너나 너희 자손이 돌아서서 나를 따르지 않고 나의 계명과 법도를 지키지도 않으며 오히려 다른 신을 섬기고 그것을 경배한다면 내가 너희를 너희에게 준 땅에서 끊어버릴 것이다. 내가 구별한 이 성전까지도 던져버릴 것이고 모든 민족에게 조롱거리가 되게 할 것이니라. 그리고 이 성전을 지나가는 사람마다 황폐된 성전을 보고 자기 하나님을 버린 이스라엘이 하나님으로부터 버림받아 재앙을 받은 것이라는 말과 함께 저들에게 웃음거리가 되게 할 것이니라."

하나님의 말씀이었습니다.

『만일 너희나 너희의 자손이 아주 돌아서서 나를 따르지 아니하며 내가 너희 앞에 둔 나의 계명과 법도를 지키지 아니하고 가서 다른 신을 섬겨 그것을 경배하면 내가 이스라엘을 내가 그들에게 준 땅에서 끊어 버릴 것이요 내 이름을 위하여 내가 거룩하게 구별한 이 성전이라도 내 앞에서 던져 버리리니 이스라엘은 모든 민족 가운데에서 속담거리와 이야기거리가 될 것이며 이 성전이 높을지라도 지나가는 자마다 놀라며 비웃어 이르되 여호와께서 무슨 까닭으로 이 땅과 이 성전에 이같이 행하셨는고 하면 대답하기를 그들이 그들의 조상들을 애굽 땅에서 인도하여 내신 그들의 하나님 여호와를 버리고 다른 신을 따라가서 그를 경배하여 섬기므로 여호와께서 이 모든 재앙을 그들에게 내리심이라 하리라 하셨더라』(:6-9)(참/ 대하 7:19-22).

하나님의 관심은 건물이 아니라 사람입니다.
하나님은 사람이 지은 건물을 갖고 싶으신 게 아니라
그 건물을 지은 사람의 '마음'을 갖고 싶어 하십니다.
멋있고 웅장하고 화려한 건물이 아니라
진실하고 겸손하며 순수한 성품의 생명을 원하시는 것입니다.
하나님께 웅장한 건물을 지어드리는 것으로
하나님께 영광을 드린다고 생각하지 마십시오.
건물을 드리지 않아도 됩니다.
마음, 그것을 드려야 합니다.

마음을 온전히 드리라고 말씀합니다.
하나님의 법도를 순종하고 지키라고 말씀합니다.

'마음을 온전히' 한다는 말은 순전함을 말합니다.
두마음을 품지 말고 하나님께만 집중하라는 말씀입니다.
하나님은 오직 당신만을 사랑하기를 원하시는 것입니다.
'마음을 바르게 한다' 는 말은 양심에 꺼리는 일을
하지 말라는 말씀입니다.
양심을 거슬러 행동하지 말라는 말씀이고
음모를 꾸며 교묘한 말로 사람들을 속이지 말라는 말씀입니다.
하나님은 선한 양심의 사람을 기뻐하십니다.
'하나님의 법도에 순종' 하라는 말은 자기 포기를 말합니다.
인간의 생각과 계획은 늘 자기중심적이고
편리주의(便利主意)기 때문입니다.

축복과 저주는 하나님의 정하심이 아닙니다.
인간의 선택입니다.
하나님은 인간 앞에 복 받는 원리를 말씀하셨고
저주받게 되는 길을 알려 주셨습니다.
복 받기를 원하십니까?
복 받는 길을 따르면 됩니다.

❷ 9:10~14

장사꾼 왕을 이긴 솔로몬의 지혜

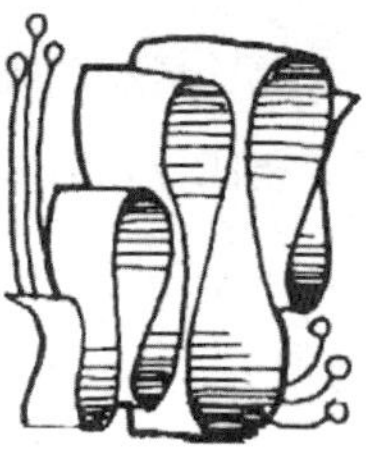

이십 년 동안의 성전과 왕궁 건축은 두로 왕 히람의 협조가 있었습니다. 그러나 히람 왕 역시 왕으로서 국내외의 문제를 해결해야 했기에 솔로몬과의 거래를 계속했었던 것입니다. 솔로몬이 많은 양의 식물과 기름을 주었습니다만 히람 왕은 단순히 식물만을 얻기 위한 것은 아니었습니다. 국토를 확보하려는 정책에 따른 솔로몬과의 거래였습니다. 솔로몬은 히람의 계획을 알고 있었지만 건축이 마쳐지기 전에 그가 땅을 얻게 된다면 분명 건축 자재와 인력 공급에 차질이 생길 것이기에 이런저런 핑계를 대면서 땅을 주겠다는 약조만 했던 것입니다. 그러다가 모든 건축이 완공된 것입니다.

"히람 왕이시여, 그동안 이 나라의 성전과 왕궁을 건축하는데 큰 도움을 주셔서 진심으로 감사합니다. 특히 두로의 백향목과 잣나무가 얼마나 좋은지 덕분에 이처럼 아름다운 건물을 지을 수가 있었습니다."

솔로몬은 두로 왕에게 인사를 했고 두로의 히람 왕은 자신의 요구를 말했습니다.

"왕이시여, 왕께서 건축하신 성전과 왕궁은 정말 대단한 건축물입니다. 이 땅 가운데 이렇게 아름답고 웅장하며 화려한 성전과 왕궁은 지금까지 없었습니다."

"하하. 그렇습니까? 감사합니다. 이 성전과 왕궁을 짓는데 히람 왕의 협조에 진심으로 감사를 드립니다."

솔로몬 왕과 히람 왕은 그동안의 이야기를 나누고 있었지만 속마음은 서로의 국익을 위해 어떻게 대처할 것인가를 생각하고 있었습니다.

"전하."

히람 왕이 자기의 뜻을 말했습니다. 그동안 협력한 것을 봐서라도 솔로몬이 거절할 수 없다는 것을 알고 하는 말입니다.

"북쪽의 성읍들을 제게 파시지요?"

솔로몬은 히람 왕이 영토를 확장해서 자신의 정치적인 기반을 굳건히 해야만 한하는 다급한 상황을 알고 있었습니다.

"하하. 그럽시다. 그동안 왕께서 많은 도움을 주셨는데 그만한 협조를 못하겠습니까?"

속을 감춘 능청스러운 솔로몬의 대답이었습니다.

"이미 왕께 드릴 성읍들을 북쪽에 따로 준비해 두었습니다. 갈릴리에 있는 성읍 이십 개를 드리리이다."

히람 왕은 반가웠습니다. 졸지에 이십 개의 성읍을 얻는다는 것도 흐뭇했고 자기 나라의 대신들을 떳떳하게 대할 수 있게 되었기 때문입니다. 히람은 기쁜 나머지 그 자리에서 솔로몬에게 약조를 했습니다.

"전하, 내가 금 백이십 달란트(약5톤)를 드리겠습니다."

"하하하. 감사합니다."

『솔로몬이 두 집 곧 여호와의 성전과 왕궁을 이십 년 만에 건축하기를 마치고 갈릴리 땅의 성읍 스무 곳을 히람에게 주었으니 이는 두로 왕 히람이 솔로몬에게 그 온갖 소원대로 백향목과 잣나무와 금을 제공하였음이라』(:10-11)

히람 왕은 솔로몬 왕과 회담 후에 만족한 마음으로 돌아갔습니다. 가는 길에 솔로몬 왕이 준 땅을 둘러볼 참이었습니다. 그동안 영토 문제로 마음고생한 것을 생각하면서 속이 시원한 발걸음이었습니다. 그런데 갈릴리에 도착하여 정작 솔로몬이 준 성읍들을 둘러보면서 히람의 마음이 씁쓸했습니다. 하나같이 마음에 들지 않았던 것입니다.

"에잇. 이건 수리해야 할 게 많은 성읍이지 않는가! 어째 이런 성읍을 줄 수 있단 말인가!"

성을 둘러본 히람 왕은 몹시 불쾌했습니다.

"하나같이 사람이 살 수 없는 곳이구먼! 불모지야 불모지!"

히람 왕은 두로로 돌아가 솔로몬과 약속한 대로 금 백이십 달란트를 보냈습니다.

『히람이 두로에서 와서 솔로몬이 자기에게 준 성읍들을 보고 눈에 들지 아니하여 이르기를 내 형제여 내게 준 이 성읍들이 이러한가 하고 이름하여 가불 땅이라 하였더니 그 이름이 오늘까지 있느니라 히람이 금 일백이십 달란트를 왕에게 보내었더라』(:12-14)

'가불' 이라는 말은 '불모지(不毛地)' 라는 말입니다. 이에 대한 해석은 여러 가지입니다. 첫째는 솔로몬이 준 성읍이 실상은 나쁜 땅이 아닌데 히람 왕의 마음에 들지 않았을 수도 있다는 해석입니다. 즉 해변가의 아름다운 왕궁에서 살고 있던 히람 왕에게 갈릴리 촌의 성읍들이 마음에 들었겠느냐는 말입니다. 두 번째 해석은 실제로 좋지 않은 성읍이었다는 해석입니다. 어쨌건 간에 히람은 땅과 성읍을 얻었고 그 값으로 금(金) 백이십 달란트를 지불한 것입니다. 그런데 중요한 것은 성경 기자는 이 사건을 통해 은근히 솔로몬의 외교 능력을 말하고 있는 듯합니다. 두로는 장사를 잘하는 나라로 유명한데 이 장사꾼 나라의 왕을 한 방에 날려버릴 만큼 솔로몬의 지혜가 탁월했다는 것을 소개하는 것 같습니다.

❸ 9:15~24

기타 건축 사업

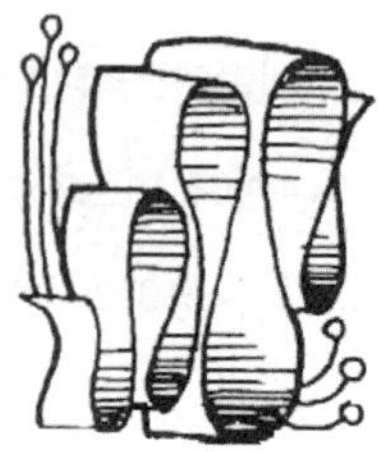

사실 솔로몬의 건축 공사는 성전과 왕궁만이 아니었습니다. 예루살렘 방어를 위해 높은 성채(城砦)의 밀로를 건축한 것도 대단히 큰 사업이었습니다. 또한 하솔과 므깃도와 게셀에도 성을 건축하였습니다. 므깃도는 군사적인 요충지대였기 때문이었지만, 게셀은 애굽 왕 바로의 딸을 위해 세워진 성읍이었습니다. 게셀은 가나안 원주민들이 살았던 곳인데 전에 솔로몬의 장인인 애굽의 바로가 군사들을 이끌고 와서 그들을 초토화 시킴으로 인해 이스라엘의 오랜 숙제였던 가나안 원주민을 축출했던 것입니다. 그러고 나서 바로 왕은 솔로몬에게 그 게셀을 잘 보수해서 자기의 딸에게 주라고 했던 것입니다. 바로의 부탁을 거절할 수 없었던 솔로몬 왕은 게셀을 다시 중건하여 바로의 딸을 위한 성읍으로 만들었습니다. 또한 솔로몬은 성읍뿐만 아니라 왕실의 재물을 쌓아 두기 위한 국고성(國庫城)을 지었고 군사들과 말, 병거들을 두기 위해 많은 성(城)들을 지었습니다.

『솔로몬 왕이 역군을 일으킨 까닭은 이러하니 여호와의 성전과 자기 왕궁과 밀로와 예루살렘 성과 하솔과 므깃도와 게셀을 건축하려 하였음이라 전에 애굽 왕 바로가 올라와서 게셀을 탈취하여 불사르고 그 성읍에 사는 가나안 사람을 죽이고 그 성읍을 자기 딸 솔로몬의 아내에게 예물로 주었더니 솔로몬이 게셀과 아래 벧호론을 건축하고 또 바알랏과 그 땅의 들에 있는 다드몰과 자기에게 있는 모든 국고성과 병거성들과 마병의 성들을 건축하고 솔로몬이 또 예루살렘과 레바논과 그가 다스리는 온 땅에 건축하고자 하던 것을 다 건축하였는데』(:15-19)

하솔과 므깃도에 세워진 성(城)은 군사적 방어진이었고 게셀은 애굽 바로 왕의 딸을 위한 성읍이었습니다. 그것은 왕궁 건설만큼 큰 노역(勞役)이었습니다. 고고학적인 연구에 의하면 각각의 성들은 이중벽으로 되어있었는데 바깥벽은 약 1.5m의 두께, 안쪽 벽은 1.2m의 두께로 되어있었다고 합니다. 바깥벽과 안쪽벽과의 간격은 2.1m나 되었다고 하니 정말 대단한 요새이고 성읍인 것이지요. 그런데 이 세 성읍만 그런 것이 아니고 당시에 건축한 많은 성읍들이 그러한 구조로 되어있었던 것이 발견됩니다. 그러니 백성들의 노역이 얼마나 고통스러웠겠느냐 하는 것입니다.

건축에 대한 부담은 이스라엘 사람들이 몫이었음에도 솔로몬은 고달픈 노역만은 이스라엘 백성들이 아닌 이방인들에게 지웠습니다. 아모리 사람, 헷 사람, 브리스 사람, 히위 사람과 여부스 사람을 시켰고 이스라엘 사람들은 주로 관리자로 임명을 했습니다. 이스라엘 사람들은 군사나 관리직, 혹은 병거와 마병 대장으로 삼았고 특히 이스라엘 사람 가운데 오백오십 명의 사람들을 뽑아 중요 감독자로 삼았습니다.

『이스라엘 자손이 아닌 아모리 사람과 헷 사람과 브리스 사람과 히위 사람과 여부스 사람 중 남아 있는 모든 사람 곧 이스라엘 자손이 다 멸하지 못하므로 그 땅에 남아 있는 그들의 자손들을 솔로몬이 노예로 역군을 삼아 오늘까지 이르렀으되 다만 이스라엘 자손은 솔로몬이 노예를 삼지 아니하였으니 그들은 군사와 그 신하와 고관과 대장이며 병거와 마병의 지휘관이 됨이었더라 솔로몬에게 일을 감독하는 우두머리 오백오십 명이 있어 일하는 백성을 다스렸더라』(:20-23)

감독하는 우두머리 숫자에 궁금함이 있습니다. 열왕기상(9:23)에는 감독의 숫자가 오백오십 명으로 나와 있고 역대하(8:10)에는 이백오십 명으로 나와 있기 때문입니다. 왜 이리도 많은 차이가 날까요? 별별 해석이 다 있습니다. 하나는, 열왕기상에서는 육체노동을 하지 않는 모든 관리자를 기록했기에 오백오십 명이라고 했다는 것이고 역대기에서는 높은 관리자만을 기록했기에 이백오십 명이라는 해석입니다. 다른 해석은, 열왕기서는 이스라엘 및 이방인 감독까지도 포함한 숫자이기에 오백오십 명이라고 하고 역대기의 숫자는

단지 이스라엘 감독만을 언급했기에 이백오십 명이라는 해석 입니다. 어쨌든 차이가 나는 것만은 분명한데...?

애굽에서 온 바로의 딸은 호화로운 삶을 누리고 있었습니다. 바로 왕이 그녀에게 게셀 성읍을 주기도 했고 솔로몬 역시 그녀를 위해 엄청난 궁전을 지었습니다. 사실 솔로몬은 그녀를 두려워하고 있었던 것입니다. 그 중요한 예루살렘 밀로보다 그녀를 위한 궁전을 더 먼저 건축해야 마음이 편할 정도였습니다. 물론 그녀를 위한 궁은 예루살렘 성안에 두지는 않았습니다. 우상을 섬기는 이방 여인을 신성한 성에 두는 것을 백성들이 허락하지 않았기 때문입니다(대하8:11). 하여간 솔로몬은 바로의 딸이 새로운 궁으로 들어가고 나서야 밀로 건축을 시작할 수 만큼 솔로몬에게 바로의 딸은 부담스러운 존재였던 것입니다.

『바로의 딸이 다윗 성에서부터 올라와 솔로몬이 그를 위하여 건축한 궁에 이를 때에 솔로몬이 밀로를 건축하였더라』(:24)

④ 9:25

솔로몬의 종교 생활

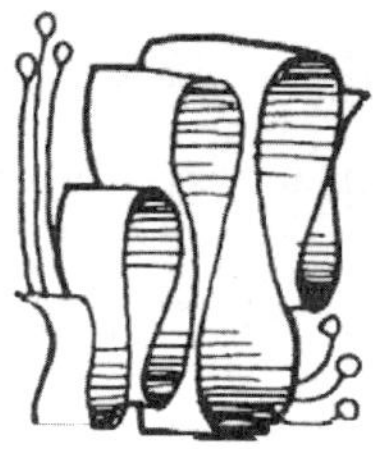

성전을 건축한 솔로몬은 일 년에 세 차례씩, 무교절과 칠칠절과 초막절(대하8:13)에 성전 낭실 앞에 있는 번제단에서 번제와 감사제의 큰 제사를 드렸습니다. 이러한 큰 제사로 인해 백성들의 마음을 다잡으려고 하는 것이었습니다. 물론 제사장들과 레위 사람들의 직무를 잘하게 하는 일도 소홀히 하지 않았습니다. 만일 여호와를 섬기는 일에 있어서 백성들에게 빌미를 잡히게 되면 걷잡을 수 없는 내란이 일어날 것이 두려웠기 때문입니다. 그래서 제사장들과 레위인들로 하여금 다윗이 한 것과 똑같은 신앙 형태를 따르게 했습니다. 왕은 신앙의 문제만은 아주 조심스럽게 다루면서 종교인들에게겐 엄격한 충성을 요구했던 것입니다. 종교인들은 왕의 말이라면 절대 복종할 수밖에 없었습니다(대하 8:14).

『솔로몬이 여호와를 위하여 쌓은 제단 위에 해마다 세 번씩 번제와 감사의 제물을 드리고 또 여호와 앞에 있는 제단에 분향하니라 이에 성전 짓는 일을 마치니라』(:25)

열왕기 기사에 기록된 솔로몬의 종교 행위는 단 한 줄만 기록되어 있습니다(8:25). 반면에 역대기에서는 좀 더 자세히 기록되어 있습니다. 특히 역대하 8장 14절에서는 솔로몬이 제사장과 레위인들을 다룬 사건을 기록하는데 그 말씀 말미에 의미 있는 말을 기록해 놓았습니다. "이는 하나님의 사람 다윗이 전에 이렇게 명령하였음이라"는 기록입니다. 이 말이 암시하는 것은 이스라엘 사람들은 신앙에 있어서 다윗을 동경하고 있었다는 것이고 솔로몬이 다윗의 명령을 따라 했다는 것은 다윗의 신앙 형태를 따르지 않으면 민심을 얻기가 어려울 것이라는 판단에서 그렇게 했다는 말입니다. 게다가 제사장과 레위인들이 솔로몬의 명령한 바를 "전혀 어기지 아니하였"(대하8:15하)는 것을 보면 솔로몬은 신앙생활을 한 것이 아니라 신앙을 통치 수단으로 여긴 것이라고 생각됩니다. 종교인들이 왕의 명령에 완벽하게 복종하였다는 것이 그런 힌트를 줍니다. 왕이 '제사장들의 말, 하나님의 말씀을 따랐다' 고 해야 맞는 것이 아닌가요?

솔로몬에겐 아름다운 성전이 있었습니다.

그러나 그에겐 아름다운 예배는 없었습니다.

그가 지은 성전은 모든 것이 있고 결점이 없는

건축물이었습니다만(대하 8:16)

그의 마음속에는 성전은 없었습니다.

반면에 그의 부친 다윗에겐 아름다운 성전은 없었습니다.

그러나 그는 아름다운 예배자였습니다.

그가 예배한 장소는 황량하고 초라했습니다만

그의 마음은 완벽하고 거룩하며 아름다운 성전이었습니다.

솔로몬은 멋지고 웅장한 예배를 드렸습니다만

백성들은 그를 존경하지 않았습니다.

다윗의 예배는 엉덩이가 보이는 천박한 모습이었지만

백성들은 그의 예배를 기뻐했고 그런 그를 존경했습니다.

솔로몬은 예배를 사람의 마음을 얻는 수단으로 사용했으나

아무 사람도 얻지 못했습니다만

다윗은 하나님만을 온전히 경외하며 예배하였더니

많은 사람을 얻었습니다.

예배는 마음입니다.

당신의 예배는 어떻습니까?

⑤ 9:26~28

조선(造船) 사업

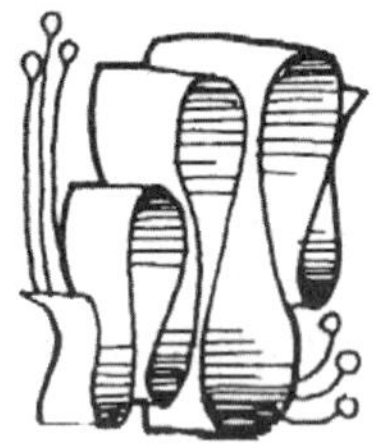

솔로몬은 건축하는 일은 물론이고 수많은 일을 했습니다. 조선(造船) 사업도 했습니다. 홍해 쪽에 에시온 게벨이라는 곳에서 배를 만들었습니다. 배를 만들 때는 히람 왕이 보낸 조선 기술자들과 협력을 해서 만들었습니다. 만들어진 배로는 금(金)이 많이 난다는 오빌 지역에 가서 금 사백이십 달란트(약17톤)를 가지고 왔습니다.

솔로몬은 바쁘게 열심히 산 것은 분명합니다.
수많은 건축물을 세웠고 정원을 만들었으며 요새와
성을 쌓았습니다.

하나님이 복을 주시기도 했지만
그의 성실함은 그를 부유하고 화려하게 만든 것입니다.
지식에 대한 연구도 대단해서 수천의 잠언과 책을 썼습니다.
예술에도 상당한 관심을 가진 사람입니다.
게다가 천 명의 여인까지도 데리고 살면서 쾌락을 즐겼으니
정말 바쁜 삶을 산 것만은 분명합니다.
그런데 그의 속사람은 어떠했는지요?
솔로몬의 그의 많은 기록들 가운데 어떤 곳에서도
솔로몬의 영적인 갈등이나 하나님과의 씨름했다는 것이
발견되지 않습니다.
아마 두 가지일 것입니다.
하나는 영적인 일에 관심이 없었든지
아니면 영적으로 죽어 있는 상태이든지.
사람들이 말하는 성공자 솔로몬은 참된 성공자일까요?
그 대답은 솔로몬 스스로가 합니다.
"예루살렘 왕 전도자의 말씀이라
전도자가 이르되 헛되고 헛되며 헛되고 헛되니
모든 것이 헛되도다
해 아래에서 수고하는 모든 수고가 사람에게 무엇이 유익한가"
(전1:1-3).
솔로몬은 스스로 자신을 성공자가 아니라고 고백합니다.

>> 제10장

소문

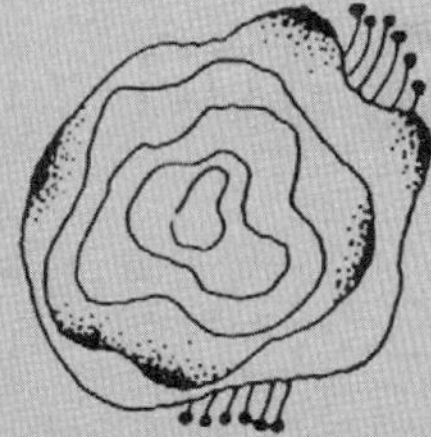

잘 살려고 하나님께서 정해 준 구역을 떠났잖아요. 하나님 없이도 행복해 질 수 있다는 믿음으로 떠난 거잖아요. 하나님 마음 아픈 것은 생각도 하지 않고 말이어요. 그래서 얻은 것이 무엇인지는 몰라도 재산을 얻었겠죠. 좋은 집에서도 살겠구요. 그리고 또 무엇을 얻었을까요? 그런데 중요한 것들을 잃었네요. 그나마 간들간들했던 신앙 잃었네요. 10년 동안 하나님께 제사 드리지 않았을 거구요. 남편도 잃었구요. 두 아들도 잃었답니다. 잘 살 [illegible] 되었는데 같이 잘 살 사람들이 다 떠났네요. 왜 섞일 수 없는 아니 섞이면 안 되는 모압으로 갔는지요. 지금의 어려움을 극복하기 위해 하나님을 버리면 안 됩니다. 그러면 금방은 해결이 오는 것 같은데 조금 지나면 더 큰 어려움이 온다는 교훈 잊지 마세요. 주님 안에서 발버둥을 쳐야 합니다. 약속의 땅 안에서 노력해야죠. 주님이 우리에게 정해주신 구역이 있잖아요. 아무리 힘들어도 그 구역을

❶ 10:1~13

소문 듣고 온 여왕

솔로몬이 성전(聖殿)과 자기 왕궁(王宮)을 다 건축하고 또한 그 밖의 건축물들을 완공했습니다. 성전과 솔로몬의 레바논 궁전, 왕비들을 위한 궁들, 지역마다 세워진 성읍들, 적의 침입을 막기 위한 군사 시설들은 정말 대단했습니다. 소문은 건축물들이 완공되어서 난 것이 아니라 이미 거대한 건축이 시작될 때부터 사람들의 입을 통해 퍼져나갔었습니다. 이러한 엄청난 사업들을 성공적으로 할 수 있었던 것은 애굽 바로 왕의 비호가 있기도 했고 또 주변 국가들과 부족들 대부분이 솔로몬과의 혼인정책으로 인한 끈끈함 때문이기도 했습니다. 솔로몬의 건축 사업은 세계적으로 유명한 사업이었습니다.

뿐만 아니었습니다. 글을 쓰는 저술가나 시인은 물론 노래하는 사람들에게도 솔로몬은 매력 있는 사람이었습니다. 솔로몬이 쓴 잠언이나 시(詩)들은 이미 먼 나라의 문인(文人)들의 손에까지 들어가서 읽혀지고 평가되면서 유명세를 타고 있었습니다. 문학뿐 아니라 과학에 있어서도 마찬가지였습니다. 식물을 연구하는 학자나 동물을 연구하는 학자나 해양학을 연구하는 학자들까지도 솔로몬이 연구한 자료들을 귀하게 여겼고 솔로몬의 학문적인 출중함에 감탄했습니다. 온 세상 사람들이 솔로몬을 만나 한 수 배우기를 원했고 많은 사람들이 예루살렘으로 몰려왔습니다. 특히 왕들과 왕들이 보낸 사람들이 많았습니다.

『사람들이 솔로몬의 지혜를 들으러 왔으니 이는 그의 지혜의 소문을 들은 천하 모든 왕들이 보낸 자들이더라』(4:34)

유대 랍비들이 전하는 전설에 따르면 솔로몬의 지혜의 탁월함은 짐승들의 언어를 알아듣는 수준이었다고 합니다. 믿거나 말거나.

솔로몬이 성전과 왕궁을 건축한 것만 계산해도 이십 년의 세월이었습니다. 그러니 솔로몬도 삼십 칠세가 넘어서고 있었습니다. 건축 후에 또 시간들이 지났을 것이니 아마도 사십대 초반이 되었을 때입니다. 하고 싶은 모든 것을 이룬 배부른 사람, 솔로몬은 낭만을 즐겼고 시(詩)를 읊으면서 인생을 논하곤 했습니다. 찾아온 내노라하는 석학(碩學)들과 방문한 국가들의 왕들을 접하면서 인생을 즐겼던 것입니다.

늘 그랬던 것처럼 이날 아침도 비서 한 사람이 하루 스케줄을 가지고 왔습니다. 오늘도 국빈 한 분을 만나야 한다고 합니다. 보고를 받고 보니 정말 먼 곳에서 온 국빈이었습니다. 스바라는 나라의 왕이었습니다. 그런데 솔로몬의 귀를 번쩍이게 한 것은 먼 나라나 혹은 왕이라는 것 때문이 아니라 그 손님이 여왕이라는 것 때문이었습니다. 흥미있는 일이었습니다. 스바는 이스라엘은 물론 주변 나라와도 교분(交分)이 거의 없었습니다. 아라비아 남방 먼 나라에 그런 나라가 있다는 소리만 들었을 뿐입니다. 그런데 그곳에서 여왕이 왔다는 것입니다.

먼 동방의 나라 스바까지 솔로몬의 소문이 나 있었습니다. 스바의 백성들은 솔로몬이 건축한 웅대한 건축물에 관한 소문을 이야기했고 솔로몬이 지었다고 하는 글과 시(詩) 그리고 많은 책들을 접하고 있었습니다. 그리고 백성들 가운데 떠도는 솔로몬에 관한 이야기가 스바의 왕실까지 들어간 것입니다. 스바의 왕은 여자였습니다. 여왕은 들어보지 못한 이스라엘이라는 나라와 그 나라의 왕인 솔로몬의 이야기에 흥미를 느끼기 시작했습니다. 솔로몬이 저술한 과학 책들은 스바 여왕의 관심을 끌기에 충분했을 뿐 아니라 가지고 있던 궁금증들을 풀어주기에 만족할 만한 책들이었습니다. 여왕은 신하들을 시켜서 솔로몬 왕이 지었다는 책들을 구하게 했고 여왕의 손에 전달된 솔로몬의 풍부한 감성이 흐르는 잠언과 시(詩)들은 그녀의 마음에 흥미를 일으키기에 충분했습니다.

스바 여왕의 솔로몬에 관한 생각은 흥미가 되어가고 있었고 흥미를 넘어서서 만나보고 싶을 정도였습니다. 여왕은 솔로몬에 관한 모든 자료들을 수집할 것을 명령했습니다. 그가 지은 책은 물론이요 솔로몬의 개인 신상에 관한 것까지도 자세히 조사하게 했습니다. 그의 집안에 관한 것, 그의 용모에 관한 것, 그의 신장, 그의 좋아하는 음식, 그의 취향 등등.

스바 여왕의 손에 솔로몬이 지었다는 책 한 권이 전달되었습니다. 「Song Of Songs」(아가)라는 제목이었습니다. '사랑의 노래'... 여왕은 솔로몬이 지었다는「아가」를 읽으면서 경탄을 금하지 못했습니다. 왕실에서 읽혀지는 것이 부끄러울 만큼 적나라한 내용들로 가득 차 있었기 때문입니다. 그러나 여왕은 책을 놓을 수가 없었습니다. 흐르는 사랑 이야기에 젖어들어가면서 여왕의 마음에는 저자인 솔로몬 왕에 대한 생각으로 가득 차 있었습니다. 아니 그녀의 가슴에는 본적도 없는 솔로몬이라는 이스라엘 왕으로 가득 찬 것입니다. 여왕은 밤마다 솔로몬에 대한 생각으로 잠을 설치기가 한두번이 아니었습니다. 국정(國政)을 제대로 볼 수 없었습니다. '어찌해야 하나?' 왕이기 전에 한 여인으로서 솔로몬이 그리워지기 시작한 것입니다. 꼭 한번 만나 보고 싶었습니다.

그리움의 감정이 생긴 것일까요? 그리도 엄하고 빈틈없던 스바의 여왕의 마음이 흔들렸는지 신하들에게 이스라엘로 갈 것을 준비시켰습니다. 왠지 많은 것을 갖고 가고 싶었습니다. 최고의 것을 갖고 가고 싶었습니다. 좋은 금(金)으로 백이십 달란트(4.5톤)나 준비했습니다. 스바의 특산물인 향품과 값진 보석들도 준비했습니다. 정말 듣던대로 멋있는 왕이라면 모든 것을 준다 하더라도 아깝지 않을 것이라는 생각입니다. 아니 더 드리고 싶을 수도 있을 것입니다.

스바 여왕은 호위하는 군사들과 함께 솔로몬 왕이 있는 이스라엘의 예루살렘을 향하여 여행을 시작했습니다. '정말 그가 그리도 지혜로운 사람일까? 그가 건축한 궁들이 그리도 아름다울까? 책에서 읽은 대로 그는 그리도 명석한 사람일까?' 그러면서도 사십대 초반 남성으로서의 모습이 궁금하기도 했습니다. 예루살렘까지는 짧은 거리도 아니고 평탄한 길도 아닙니다. 여행하기에 좋은 날씨도 아니었습니다. 그러나 여왕은 속에 있는 마음을 감추고 침묵으로 긴 여행을 즐기고 있었습니다. 솔로몬 왕을 만난다는 흥분으로 말입니다.

스바 여왕의 방문 소식을 들은 예루살렘 궁은 국빈 영접 준비를 철저하게 하고 있었습니다. 이번에 방문하는 왕은 여왕이라는 것 때문에 좀 더 준비가 주밀해야 했습니다. 솔로몬은 언제나 그랬던 것처럼 이웃 나라 국왕의 방문이기에 군대장관인 브나야를 보내 영접하게 했습니다.

브나야의 영접을 받은 스바 여왕은 처음부터 놀랐습니다. 브나야가 입은 갑옷과 그가 타고 온 병거부터가 이제까지 보지 못한 멋진 모습이었기 때문입니다. 게다가 자신을 맞이하러 온 브나야를 경호하는 호위병들이 들고 있는 방패가 금(金)으로 만들어져 있었기 때문입니다.

브나야는 국빈을 모시는 영빈관(迎賓館)으로 스바 여왕을 모셨습니다. 영빈관(迎賓館)을 들어선 여왕은 그 웅장함과 화려함으로 인해 또 한번 놀랄 수밖에 없었습니다. 스바 여왕은 그곳에서 하룻밤을 지내게 되어있었습니다만 솔로몬을 만난다는 흥분된 마음으로 잠을 이룰 수가 없었습니다.

궁금했던 분, 소문으로만 듣던 분을 만나러 갑니다.
길이 멀어도 갑니다.
그분에 대한 소문이 정말인지 확인하러 갑니다.
그분에게는 자연에 대한 궁금함의 해답이 있다기에
그분에게는 바다 속의 궁금함에 대한 대답이 있다기에
그분에게는 인생의 문제들에 대한 대답이 있다기에 갑니다.
그리고 그분에게는 사랑에 대한 답변도 있다기에
그분을 만나러 갑니다.
기대되고 흥분되고 들뜬 마음으로.
소문으로 듣던 크신 분
예수라고 하는 그분께로 갑니다.

지혜를 들으려고 갑니다.

바른길을 안내 받으려고 갑니다.
무엇을 붙잡아야 하는지 어떤 것을 놓아야 하는지
들으려고 갑니다.
어떻게 사랑해야 하는지 어떻게 사랑받아야 하는지
들으려고 갑니다.
어디로 가야 하는지 어떻게 저 높은 곳을 가야 하는지를
배우기 위해 그분께로 갑니다.
솔로몬보다 크신 분 예수께로 갑니다.
"솔로몬보다 더 큰 이가 여기 있느니라"(마12:42)

내가 가진 귀한 것을 가지고 갑니다.
스바 여왕이 진귀한 것을 가지고 솔로몬 왕에게로 간 것처럼
아니 그보다 더 귀한 것들을 가지고 그분께로 갑니다.
내게 금(金)과 은(銀) 없고 진귀한 향품과 보석은 없지만
정성 담긴 마음의 예물 가지고
하나님의 아들이신 왕 중의 왕
예수, 그분께로 갑니다.

아침 일찍부터 궁전 내실은 국빈 스바 여왕을 맞이하기 위해 분주했습니다. 정해진 시간이 되자 솔로몬 왕은 자신의 보좌(寶座)에 앉았고 곧바로 궁중 오케스트라의 연주와 함께 스바의 여왕이 솔로몬 왕의 보좌 앞으로 안내되었습니다. 그날 아침 스바 여왕은 일찍부터 일어나 몸단장을 하였습니다. 왠지 설레는 마음으로 화장을 했고 가장 우아하

면서도 품위 있는 옷으로 치장을 했습니다. 고운 냄새를 풍기는 향수를 뿌린 것은 물론이었습니다. 스바 여왕을 치장해 주는 시녀들도 여왕의 우아한 아름다움에 감탄했습니다. 공작이 날개를 펴서 자태를 자랑하는 것처럼 스바 여왕도 무척 아름다웠습니다.

스바 여왕이 솔로몬 왕과 눈을 마주쳤습니다. 여왕의 아름다움은 솔로몬의 화려한 궁전에서는 더 아름다웠습니다. 사실 솔로몬도 얼마나 궁금했는지 모릅니다. 이번에 만날 손님이 여왕이라는 것 때문에 말입니다. 그러다가 두 나라의 정상이 한 자리에서 만나 눈이 마주친 것입니다. 솔로몬 왕은 극진한 예의로 스바 여왕을 영접했고 스바 여왕도 품위 있는 예의로 솔로몬의 영접을 받아들였습니다. 스바 여왕은 겉으로는 태연한 척 했지만 궁궐은 물론 솔로몬이 앉아 있는 보좌(寶座)를 보고 경탄하고 있었습니다. 스바 여왕은 아주 자연스럽고도 고운 미소와 함께 솔로몬 왕의 지혜를 시험하듯 입을 열었습니다.

"전하, 제가 수수께끼를 낼테니 대답하시겠습니까?"

"그럼요. 말씀해 보시지요. 제가 대답할 수 있을지 모르겠습니다만. 하하."

"그럼 제가 질문을 드리겠습니다. 나오는 것은 일곱이요 들어가는 것은 아홉이라 둘이 마실 것을 내니 하나가 마시는 것이 있는데 그것이 무엇이나이까?"

스바 여왕의 물음이었습니다.

솔로몬 왕은 곰곰이 생각을 하더니 빙그레 웃으면서 대답을 했습니다.

"일곱은 여인이 더럽혀지는 날이요, 아홉은 임신의 달수이겠고, 둘은 마실 것을 내는 젖가슴이고, 하나는 이를 마시는 아이가 아니겠습니까?"

"아, 그렇습니까? 대단하십니다."

스바 여왕은 솔로몬의 재치 있는 대답을 듣고 놀라면서 함께 웃었습니다. 두 왕은 신하들이 가지고 나온 이스라엘 특유의 차(茶)를 마시면서 이야기가 계속되었습니다.

"솔로몬 왕이시여, 이런 이야기를 아십니까? 한 여인이 그녀의 아들에게 말하기를 아버지가 내 아버지이고 네 할아버지가 내 남편이며 네가 내 아들이고 나는 네 누나라고 말하였다고 합니다. 이게 무슨 말이겠습니까?"

솔로몬은 사뭇 놀라면서 대답했습니다.

"이런. 먼 땅에서 오신 왕께서 우리나라의 역사를 알고 계시니 대단하십니다. 그것은 분명 이스라엘의 조상인 롯의 딸이 그녀의 아들들에게 하는 말이 아니겠습니까?"

여왕의 질문은 계속되었습니다.

"그렇다면 전하, 이 세상에서 단 한번만 해를 본 적이 있는 땅은 어떤 땅인지 아시나요?"

"창조 이후로 물이 모인 그 땅과 홍해가 갈라지던 그 바다 바닥이 아니겠습니까?"

솔로몬의 재치 있는 대답에 여왕은 놀라면서 계속 질문을 던졌습니다.

"그럼 또 묻겠습니다. 열 개의 문이 있는데 하나가 열리고 아홉이 닫히는 때는 언제이고 아홉이 열리고 하나가 닫히는 때가 있다고 합니다. 그게 무엇이고 언제 그런 일이 일어나는지요?"

솔로몬이 가만히 생각하더니 스바 여왕의 얼굴을 쳐다보았습니다. 그녀의 용모는 아름다웠고 반면에 질문하는 여인의 모습이 귀여웠습니다.

"사람이 아니겠습니까? 사람의 몸에는 구멍이 열 개가 있는데 두 눈, 두 귀, 두 콧구멍, 입, 대변과 소변을 보는 구멍 그리고 배꼽이지요. 그런데 사람이 에미 뱃속에 있을 때는 열 개의 문(門) 중에 아홉은 닫혀 있고 하나만 열려 있지만 출생하면서는 아홉의 문은 열리고 하나의 문은 닫히게 되는 게 아니겠습니까. 맞습니까?"

스바 여왕은 놀랐습니다.

"그렇다면 셋이 굴에 들어갔다가 다섯이 거기서 나왔답니다. 그것이 무엇인지 아시나요?"

"거참, 여왕께서는 나를 만나기 위해 우리 민족의 이야기를 많이 연구하셨나 봅니다. 하하. 롯과 그의 두 딸과 그들의 두 자녀 아닙니까?"

솔로몬은 마치 스바 여왕의 마음을 꿰뚫고 있는 것처럼 대답했고 스바 여왕은 자신의 질문에 여유 있게 답하는 솔로몬 왕의 지혜에 감탄하고 있었습니다.

스바 여왕은 솔로몬 왕이 앉는 보좌(寶座)를 보면서 감탄했습니다. 전체가 금으로 덮혀 있었고 보좌 좌우에 세워진 짐승들 상(像)까지도 금으로 입혀져 있었습니다.

"여왕께서는 우리나라의 궁전을 둘러보시겠습니까? 제가 안내해 드리지요."

"말씀이라고 하십니까? 그렇게 해 주신다면 감사하지요."

여왕은 솔로몬 왕의 친절한 안내를 받으며 궁궐을 둘러보았습니다. 솔로몬의 보좌는 물론이고 신복들이 앉는 좌석까지도 대단했습니다. 궁궐의 신하들이 서 있는 모습과 그들이 입고 있는 의복 등을 보면서 또 한 번 놀라지 않을 수 없었습니다. 성전도 소개받았습니다. 이방인은 성전 내부를 보는 것이 금지되어 있었기에 성전 오르는 계단에만 서 있을 수밖에 없었습니다만 그것 자체로도 여왕은 정신이 없었습니다. 여왕은 감탄했습니다.

"전하, 참으로 대단합니다. 제가 듣던 것보다도 훨씬 대단합니다."

『스바의 여왕이 솔로몬의 모든 지혜와 그 건축한 왕궁과 그 상의 식물과 그의 신하들의 좌석과 그의 시종들이 시립한 것과 그들의 관복과 술 관원들과 여호와의 성전에 올라가는 층계를 보고 크게 감동되어 왕께 말하되 내가 내 나라에서 당신의 행위와 당신의 지혜에 대하여 들은 소문이 사실이로다』(:4-6)

두 왕은 궁궐을 거닐다가 궁궐 호수에 이르렀습니다. 스바 여왕은 신하에게 백향목 하나를 잘라 오라고 시켰습니다. 솔로몬 왕은 여왕의 행동을 묻지 않았습니다. 여왕의 말을 따라 신하가 잘려진 백향목을 가지고 오자 스바 여왕은 그것을 호수에 던지라고 하더니 솔로몬 왕에게 물었습니다.

"저 백향목의 어느 쪽이 뿌리 부분이고 어느 쪽이 가지 부분인 줄 아시겠습니까?"

솔로몬은 대답했습니다.

"물속으로 들어간 곳이 뿌리 부분이고 물에 떠 있는 부분이 가지 부분이 아니겠습니까?"

스바 여왕은 또 한 번 감탄했습니다.

"솔로몬 왕이시여, 당신은 참으로 대단하십니다. 그 지혜가 참으로 탁월하십니다. 왕의 신하들은 늘 왕의 이런 지혜를 듣고 배울테니 복 있는 사람들입니다. 왕께서 섬기시는 신은 여호와 하나님이라고 하셨지요? 그 신이 당신께 이스라엘의 왕위를 주셨고 그 신이 당신을 사랑하사 정의와 공의를 행하게 하셨습니다."

『이제 와서 친히 본즉 내게 말한 것은 절반도 못되니 당신의 지혜와 복이 내가 들은 소문보다 더하도다 복되도다 당신의 사람들이여 복되도다 당신의 이 신하들이여 항상 당신 앞에 서서 당신의 지혜를 들음이로다 당신의 하나님 여호와를 송축할지로다 여호와께서 당신을 기뻐하사 이스라엘 왕위에 올리셨고 여호와께서 영원히 이스라엘을 사랑하시므로 당신을 세워 왕으로 삼아 정의와 공의를 행하게 하셨도다 하고』(:7하-9)

스바 여왕은 솔로몬 왕에게 자신이 가지고 온 예물들을 선물했습니다. 그런데 그 예물들 하나하나가 진귀한 것들이었고 양도 많았습니다. 금(金)이 무려 백이십 달란트(4톤)나 되었고 진귀한 향품과 보석 등이었습니다. 국고성을 맡은 신하가 솔로몬 왕께 보고하였습니다. 지금까지 받은 선물들 가운데 가장 많은 향품을 선물 받으셨다고.

『이에 그가 금 일백이십 달란트와 심히 많은 향품과 보석을 왕에게 드렸으니 스바의 여왕이 솔로몬 왕에게 드린 것처럼 많은 향품이 다시 오지 아니하였더라』(:10)

아깝지 않았습니다.
그 많은 금(金)과 향품 그리고 보석들을
솔로몬 왕에게 드려도 말입니다.
더 드리고 싶었습니다.

그분은 듣던 것보다 더 훌륭한 분이었습니다.

듣던 것보다 더 큰 분이었습니다.

그분은 지혜로운 분이었고 그분은 모든 것을 알고 계셨습니다.

그리고 그분은 나의 모든 궁금함을 해결해 주셨습니다.

내가 가지고 있는 속상한 일들도 해결해 주셨고

상처로 딱지진 아픔들도 치료해 주셨습니다.

혼자 숨기고 있는 죄로 인한 고통들도 모두 씻어 주셨습니다.

그분은 내가 지고 있는 무거운 짐들을 떨쳐버리게 하셨습니다.

그분 안에 답이 있었고 그분으로 인해 행복이 왔습니다.

그렇기에 그분을 사랑하게 되었고 그분을 경배하게 되었습니다.

그분께 모든 것을 드림이 나의 행복입니다.

그분은 솔로몬보다 크신 예수님입니다.

"솔로몬보다 더 큰 이가 여기 있느니라"(마 12:42)

솔로몬 왕도 예의를 갖추었습니다. 방문한 국빈들에게 이스라엘의 귀한 것으로 답례를 한 것처럼 여왕에게도 진귀한 선물을 했습니다. 그리고 특별히 스바 여왕이 원하는 것이 있다면 모든 것을 선물했습니다. 스바 여왕과의 만남은 아름다웠습니다.

『솔로몬 왕이 왕의 규례대로 스바의 여왕에게 물건을 준 것 외에 또 그의 소원대로 구하는 것을 주니 이에 그가 그의 신하들과 함께 본국으로 돌아갔더라』(:13)

스바 여왕이 솔로몬에게 요구해서 얻어간 것이 무엇이었을까

요? 금(金)이나 은(銀)은 아닐 것이고, 보석이나 향품도 아닐 것입니다. 왜냐하면 그런 것은 스바 땅에도 있는 것이기 때문입니다. 생각건대 가구(家具)나 악기들이 아니었겠나 하는 생각입니다. 왜냐하면 11-12절 때문입니다. 『히람의 배들이 오빌에서 많은 백단목과 보석을 운반하여 오매 왕이 백단목으로 여호와의 성전과 왕궁의 난간을 만들고 또 노래하는 자를 위하여 수금과 비파를 만들었으니 이같은 백단목은 전에도 온 일이 없었고 오늘까지도 보지 못하였더라』 11-12절은 문맥에 있어서 스바 여왕 방문 이야기와 어울리지 않게 쓰여져 있습니다. 그렇다면 11-12절이 의미하는 바가 어떤 것일까 하는 것입니다. 11-12절은 히람의 배들이 오빌에서 백단목을 가지고 온 것과 그 백단목으로 성전과 왕궁의 난간을 만들었고 특히 수금과 비파를 만들었다고 하는 것이 열쇠일 것 같습니다. 백단목으로 만든 가구는 최상질의 가구였는데 스바 여왕이 그것을 갖고 싶었을 거라는 생각입니다. 여자는 가구에 관심이 많기 때문입니다. 그리고 백단목으로 만든 수금과 비파의 소리를 듣고 섬세한 여성으로서 그 악기들을 갖고 싶지 않았을까요? 그래서 그러한 것들을 갖고 싶어했을 것이고 솔로몬 왕은 귀한 가구와 악기들을 선물했을 것이라는 생각입니다.

원하는 대로 다 주었습니다.
만나주신 것, 말씀해 주신 것,
깨닫게 해 주신 것만도 은혜였습니다.

그래서 고마움으로 나의 모든 것을 드린 것뿐인데
그분은 내가 갖고 싶다는 것을 모두 주셨습니다.
솔로몬보다 크신 그분이 말입니다.
이것이 내가 받은 넘치는 복입니다.
그분께 받은 복이 너무 큽니다.
세어보고 싶습니다. 그분이 주신 복들 말입니다.
누군가가 노래한 것이 생각납니다.
"받은 복을 세어보아라 크신 복을 네가 알리라.
받은 복을 세어보아라 주의 크신 복을 네가 알리라."

솔로몬 왕과 스바 여왕의 사랑 이야기가 전설로 전해 내려옵니다. 여왕이라는 것이 자체가 남정네에게는 대단한 호감을 갖게 합니다. 신비감이 있습니다. 우아하고 아름답다는 생각과 어머니 같은 섬세한 사랑의 소유자라고 생각이 듭니다. 베일에 가려진 신비의 단어, 「여왕」이라는 것이 그렇게 만듭니다. 스바 여왕이 방문한다는 보고를 받았을 때부터 솔로몬은 궁금했습니다. 천 명의 여인들이 자신의 여인이라고 했지만 대화나 인격의 관계가 아니라 기껏해야 정략적인 아내들이 대부분이었고 나머지는 하룻밤을 지낸 정도의 여인들이었습니다. 전혀 조심할 필요가 없는 사람들이었습니다. 그런데 여왕은 달랐습니다. 함부로 할 수 없는 여자라는 생각이 들었습니다. 그런데 그녀를 만나고 나니 그 정도가 아니었습니다. 그녀는 당당히 학문을 이야기할 수 있는 지혜와 지식의 여인이었고 말과 몸의 움직임 그리고 생각과 태도에 있어서 빈틈이 없는 여인이었습니다. 그러한 그녀의 모습이 솔로몬의 마음을 강하게 사로잡았습니다.

스바 여왕에게도 이러한 감정은 마찬가지였습니다. 대화가 되는 남정네를 만난 것입니다. 솔로몬 왕과 스바 여왕의 만남은 정치적인 관계에서 개인적인 만남이 되었습니다. 그 만남은 권력과 지식과 지혜 그리고 부를 한 손에 쥔 사내와 그러한 것들과 더불어 다른 한 손에는 아름다움을 소유한 여인과의 만남이 되고 있었습니다. 둘이 함께 있는 시간은 진지하고 유익했습니다. 번득거리는 지혜와 지식으로 시간을 보내면서 들키고 싶지 않은 감정들이 스쳐지나 갔습니다. 그러다가 함께 사랑을 나누고.

스바 여왕은 정을 가슴에 품고 자기 나라로 돌아갔습니다. 그런데 스바에 도착한 얼마 후부터 여왕의 몸에 이상이 생겼습니다. 배가 불러왔습니다. 임신이었습니다. 여왕의 몸에 솔로몬 왕의 씨가 자라고 있었던 것입니다. '기쁨일까? 아니면 고통일까?' 스바 여왕의 가슴은 혼란스러웠습니다. 그런데 왠지 쑥스러움보다는 그분의 아이를 가졌다는 것이 여왕의 마음을 행복하게 했습니다. 여왕은 불러오는 배를 만지면서 솔로몬 왕과의 사랑을 간직했습니다. 그리고 시간이 되어 낳은 아기는 아들이었습니다. 여왕은 그의 이름을 「메넬리크」라고 지었습니다. 훗날 이 아이가 에디오피아 왕국의 조상이 되었다고 합니다. 전설에.

스바 여왕이 솔로몬에게서 놀란 것은
모두 시각(視覺)적인 것입니다.
모두가 훌륭한 것들이었습니다.
멋있고 훌륭하고 화려하고 탁월한 것들이었습니다.
그러나 솔로몬에게서 신령한 것, 경건한 것은 보지 못했습니다.
무너지지 않을 것들을 보았어야 하는데
솔로몬은 그런 것은 보여줄 수 없었던 것입니다.
모두가 무너질 것들만 보였던 것입니다.

사람들이 우리에게서 무엇을 보고 놀라고 있을까요?
명성, 학위, 물질, 집, 화려함, 인기, 업적들?
그러나 이러한 모든 것은 사라질 것들입니다.
이런 것들이 나쁜 것이라고 할 수는 없겠습니다만
그러나 눈으로는 볼 수 없는 경건과 신령함을 보여줘야 합니다.
그것이 성도가 가진 최고의 것이기 때문입니다.

나의 왕이신 주님이 이 땅에 계실 때,
솔로몬이 가진 것과 같은 것은 없으셨습니다.
반면에 그분에게는 형언할 수 없는 경건함이 있었습니다.
손에는 아무것도 없었고 밤에는 주무실 곳이 없었습니다.
식사 때도 마땅히 갈 곳이 없었습니다.
그러나 그분에게는 신령한 경외스러움이 흘렀습니다.

솔로몬은 많이 가졌습니다.

그런데 아무것도 가지지 않으신 예수님이
비교도 안 될 만큼 귀합니다.
그 속에 생명이 있었기 때문입니다.

신앙의 여정
스바 여왕과 솔로몬의 이야기를 통해 주님과의 관계를 생각합니다.
첫째는 '소문'에 대한 이야기입니다(:1상).
스바 여왕이 솔로몬의 소식을 들은 것처럼 사람들은
예수님의 소문을 듣습니다.
그리고 어떤 이는 그 소문의 실체를 확인하기 위하여
오는 사람이 있고
어떤 사람은 소문을 들었습니다만
그것으로 끝나는 사람이 있습니다.
두 번째는 '시험'하는 이야기입니다(:1하).
스바 여왕은 솔로몬에 관해 듣던 소문이 사실인지를
확인하기 위하여 시험했습니다.
사람들 가운데도 주님에 대한 소문을 듣고 와서
정말 그러한가 하여 시험하는 경우도 있습니다.
세 번째는 '마음을 여는' 이야기입니다(:2하-3).
스바 여왕은 솔로몬에게 마음을 열고
자신의 모든 문제를 다 말합니다.
문제를 해결하기 위해서였고 또 해결을 받았습니다.
우리도 주님께 마음을 열어야 합니다.
갖고 있는 모든 문제를 내놓고 도움을 구해야 합니다.

솔로몬보다 크신 주님은 모든 것을 해결해 주실 것입니다.

네 번째는 '감동' 하는 이야기입니다(4-5).

스바 여왕은 솔로몬이 이루어 놓은 것을 보고 감동했습니다.

우리도 주님이 이루어 놓은 일을 보고 감동할 때가 많습니다.

다섯 번째는 '간증' 하는 이야기입니다(:6-8).

스바 여왕은 솔로몬과의 만남에서 얻은 행복과 놀람을

사람들에게 이야기했습니다.

우리도 주님을 만난 은혜와 위대하신 주님을

사람들에게 간증해야 해야 합니다.

여섯 번째는 '하나님께 영광' 돌리는 이야기입니다(:9).

스바 여왕은 솔로몬의 위대함을 통해

하나님께 영광을 돌렸습니다.

우리도 예수님을 만나 그분을 보내주신

하나님께 영광을 돌려야 합니다.

영광을 받으실 분은 오직 하나님 한분이시기 때문입니다.

일곱 번째는 '헌신' 하는 이야기입니다(:10)

스바 여왕은 받은 감동(은혜)에 자신이 준비한 모든 것을

드렸습니다.

우리도 주님께 모든 것을 드려야 합니다.

여덟 번째는 '축복 받음' 의 이야기입니다(:13).

솔로몬은 자신을 인정한 스바 여왕에게 많은 물건을 주었고

또 원하는 것이라면 다 주었습니다.

우리 주님도 당신을 만나 영접한 자에게 많은 것을 주십니다.

동시에 구하면 구하는 모든 것을 주시는 분입니다

❷ 10:14~29

솔로몬의 부와 명성

솔로몬 치세 사십 년 동안 나라는 모든 것이 풍부했습니다. 국가적인 천재(天災)도 없었고 주변 국가의 침입도 없었고 매년 풍년이었으며 먹고 사는 데는 그다지 어려움이 없었습니다. 백성들의 삶이 풍성하다보니 세금도 넉넉히 거둬들이는 것도 큰 문제는 아니었습니다. 매년 거둬들인 세입금은 금(金)으로만 육백육십육 달란트(약23톤)나 되었습니다. 게다가 외국에서 내는 세금(조공)도 있었습니다. 무역상들이 내야 하는 세금과 이스라엘을 통과하는 세금도 있었습니다.

『솔로몬의 세입금의 무게가 금 육백육십육 달란트요 그 외에 또 상인들과 무역하는 객상과 아라비아의 모든 왕들과 나라의 고관들에게서도 가져온지

라』(:14–15)

솔로몬 왕의 시대의 부(富)는 방패에서 나타납니다. 금(金)으로 방패를 만들었으니 얼마나 금(金)이 흔했다는 말인지요. 큰 금방패를 이백개 만들었습니다. 방패 한 개에 금(金)이 육백 세겔(6kg)정도 들었다고 합니다. 그것을 이백개를 만들었으니 큰 금방패를 위해 금(金) 1,200kg(12톤)이 소용된 것입니다. 뿐만 아닙니다. 작은 금방패도 만들었습니다. 작은 방패는 금(金)이 약 삼 마네(1.8kg)가 들었습니다. 그것을 삼백개 만들었다고 하니 작은 방패를 위해서 금(金)이 약 540kg이 소용된 것입니다. 솔로몬은 이러한 금방패를 레바논에서 가지고 온 나무로 만든 궁에 두고 보관했습니다.

『솔로몬 왕이 쳐서 늘인 금으로 큰 방패 이백 개를 만들었으니 매 방패에 든 금이 육백 세겔이며 또 쳐서 늘인 금으로 작은 방패 삼백 개를 만들었으니 매 방패에 든 금이 삼 마네라 왕이 이것들을 레바논 나무 궁에 두었더라』(:16–17)

방패가 사람과 나라를 지켜 주는 것이 아닙니다.
방패를 금으로 만들었다고 안전한 것이 아닙니다.
지켜 주는 것은 하나님입니다.
금으로 만든 방패를 자랑하지 마십시오.
하나님을 자랑하십시오.
하나님만이 믿을만한 방패입니다.

솔로몬 왕의 보좌(寶座) 또한 대단했습니다. 보좌는 나무가 아닌 상아(象牙)로 만들었고 그 위에는 금(金)으로 덮었습니다. 보좌까지 올라가기 위해서는 여섯 개의 계단이 있었습니다. 보좌의 뒤에는 둥근 머리가 있었고 보좌의 앉은 자리 양편에는 팔걸이가 있었는데 그 곁에는 사자상(像)이 하나씩 있었습니다. 보좌까지 오르는 여섯 계단에는 매계단마다 양쪽에 사자상(像)이 있었습니다. 모두 열두 마리 상(像)였습니다. 어느 나라에도 없는 웅장하고 아름다운 작품들이었습니다.

『왕이 또 상아로 큰 보좌를 만들고 정금으로 입혔으니 그 보좌에는 여섯 층계가 있고 보좌 뒤에 둥근 머리가 있고 앉는 자리 양쪽에는 팔걸이가 있고 팔걸이 곁에는 사자가 하나씩 서 있으며 또 열두 사자가 있어 그 여섯 층계 좌우편에 서 있으니 어느 나라에도 이같이 만든 것이 없었더라』(:18-20)

앉는 의자가 평안함을 주는 것이 아닙니다.
평안은 하나님이 주시는 것입니다.
정금 의자를 부러워하지 마십시오.
주님과의 교제를 부러워하십시오.
보좌에 올라가는 사자들의 위엄을 부러워하지 마십시오.
천군 천사가 나를 호위하고 있는지를 점검하십시오.

솔로몬 왕이 사용하는 그릇들은 금(金)이었고 왕궁의 모든 그릇들도 금(金)이었습니다. 은(銀)으로 만든 것은 하나도 없었습니다. 솔로몬 왕은 히람과 만든 배로 매 삼년에 한 차례씩 금(金)과 은(銀), 상아(象牙), 그리고 잔나비(원숭이 종류라고 함)와 공작과 같은 것들을 실어 왔기에 금이 풍성했습니다. 솔로몬의 재산은 참으로 많았습니다. 부자였습니다. 뿐만 아니라 천하 열왕 보다도 지혜가 특출났습니다. 그러한 소문은 이미 온 세상에 퍼져 있었고 열왕들은 솔로몬에게 지혜를 배우고 또한 그의 얼굴을 보기 위하여 왔습니다. 물론 빈손으로 오지 않았습니다. 은그릇 금그릇 의복 갑옷 향품 말 노새 등등 좋은 것은 다 가지고 왔습니다.

『솔로몬 왕이 마시는 그릇은 다 금이요 레바논 나무 궁의 그릇들도 다 정금이라 은 기물이 없으니 솔로몬의 시대에 은을 귀히 여기지 아니함은 왕이 바다에 다시스 배들을 두어 히람의 배와 함께 있게 하고 그 다시스 배로 삼 년에 한 번씩 금과 은과 상아와 원숭이와 공작을 실어 왔음이더라 솔로몬 왕의 재산과 지혜가 세상의 그 어느 왕보다 큰지라 온 세상 사람들이 다 하나님께서 솔로몬의 마음에 주신 지혜를 들으며 그의 얼굴을 보기 원하여 그들이 각기 예물을 가지고 왔으니 곧 은 그릇과 금 그릇과 의복과 갑옷과 향품과 말과 노새라 해마다 그리하였더라』(:21-25)

솔로몬 시대에 이름이 계속 등장하는 사람은 히람입니다. 두로 왕을 말합니다. 왜 두로 왕과 그리도 친밀하게 지냈을까요? 고대의 두로는 물질만능주의 국가였습니다. 두로는 장사와 무역으로 상당한 부를 누린 나라입니다. 그런 결과 먹을 것과 마실 것, 입을 것은 물론이요 사치스런 것들이 풍부했습니

다. 편안함을 넘어 쓰고도 남은 것들로 풍부했던 나라입니다. (훗날 두로는 이 물질만능으로 인해 하나님께 심판을 받습니다). 솔로몬은 그런 두로 왕과 친밀하게 지내면서 이스라엘을 부자 나라로 만들고 있었던 것입니다.

성경은 솔로몬의 재산과 지혜가 어떤 나라의 열왕들 보다
컸다고 말합니다(:23).
그런데 그의 믿음에 대한 기록은 보이지 않습니다.
솔로몬은 사람들에게 인기가 있었다고 말합니다(:24).
그런데 그가 하나님께 인정을 받았다는 말은
어디에도 없습니다.
솔로몬은 많은 것을 받은 사람이라고 말하고 있습니다(:25).
그런데 그가 하나님께 드렸다는 말은 찾기 어렵습니다.
그러나 다윗은 그렇지 않았습니다.
그의 재산이나 지혜에 관한 기록이 없습니다.
사람들이 그를 만나기 위해 몰려 왔다는 말도 없습니다.
여기저기서 많은 재물을 받았다는 말도 없습니다.
반면에 하나님 마음에 합한 사람이라는 기록이 있습니다.
그런데 그 말이 참 아름답고 존귀합니다.
다윗처럼 하나님 마음에 합한 사람이라는 별명이면 충분합니다.

우리 주님은
모든 것에 부요하신 분이요 모든 지혜 위에 계신 분입니다.

세상 모든 사람이 나의 주님의 지혜를 배우기 위해 그에게 오며 그의 얼굴을 보기 원합니다.
세상의 모든 사람이 나의 주님께 예물을 드리며 경배합니다.
그분은 경배받으시기에 합당하신 분입니다.

솔로몬의 전차부대는 유명했습니다. 애굽의 것과 같았기 때문입니다. 병거가 천사백대였고 병거를 모는 마병이 만이천명(마부 혹은 말)이었습니다. 이 거대한 전차부대의 병거와 말들은 따로 두는 곳이 있었습니다. 예루살렘과 전국에 있었습니다. 이 말들은 품질이 좋은 말이었습니다. 성능이 좋은 병거와 가장 품종 좋은 말은 모두 애굽과 시실리아에서 사왔습니다. 병거 한대의 값은 은 육백 세겔(6kg)정도였고 말 값은 백오십 세겔(1.5kg)이었습니다. 물론 이러한 병거와 말의 수입은 단지 자신의 전차부대만을 위한 것이 아니었습니다. 자신의 전차부대를 위해서도 수입을 했지만 헷사람들과 아람사람들에게 팔기 위해 수입하기도 했었던 것입니다. 예루살렘 거리는 (좀 과장된 표현이겠지만) 은(銀)과 돌이 구분이 가지 않을 정도였습니다. 거리의 나무는 그 비싼 백향목으로 즐비해 있었습니다.

『솔로몬이 병거와 마병을 모으매 병거가 천사백 대요 마병이 만이천 명이라 병거성에도 두고 예루살렘 왕에게도 두었으며 왕이 예루살렘에서 은을 돌 같이 흔하게 하고 백향목을 평지의 뽕나무 같이 많게 하였더라 솔로몬의 말들은 애굽에서 들여왔으니 왕의 상인들이 값주고 산 것이며 애굽에서 들여온 병거는 한 대에 은 육백 세겔이요 말은 한 필에 백오십 세겔이라 이와 같이 헷 사람의 모든 왕과 아람 왕들에게 그것들을 되팔기도 하였더라 』(:29)

10장은 여러 가지 내용을 섞어 놓았습니다. 전반부는 스바 여왕의 방문 기록입니다. 여왕의 방문의 기록 목적은 솔로몬의 지혜는 물론 부와 영화가 얼마나 대단한지를 보여주려고 한 것입니다. 이 부분은 하나님께서 열왕기상 3장 12-13절에 약속하신 것을 이루신 하나님의 신실하심을 보여주고 있습니다. 『내가 네 말대로 하여 네게 지혜롭고 총명한 마음을 주노니 네 앞에도 너와 같은 자가 없었거니와 네 뒤에도 너와 같은 자가 일어남이 없으리라 내가 또 네가 구하지 아니한 부귀와 영광도 네게 주노니 네 평생에 왕들 중에 너와 같은 자가 없을 것이라』

10장의 두 번째 이야기는 솔로몬의 태도를 기록하고 있습니다. 하나님은 신실하셔서 약속을 이루어 주셨지만 솔로몬은 그렇지 못했음을 말하고 있습니다. 그는 하나님의 말씀을 정면으로 위반했습니다. 왕에 대한 말씀이 신명기 17장 14-17절에 기록되어 있는데 첫째는 말을 많이 두지 말고 말을 얻으려고 애굽으로 내려가지 말라고 한 것입니다. 그런데 솔로몬은 말을 많이 두었을 뿐만 아니라 그 말들 대부분을 애굽에서 사왔습니다. 두 번째는 아내를 많이 두어서 마음이 미혹 받게 되지 말라는 말씀입니다. (이 문제는 너무 심각하여 다음 장에서 구체적으로 다루어집니다). 세 번째는 은금을 자기를 위하여 많이 쌓아 두지 말라고 하셨습니다. 그런데 솔로몬은 자신을 위한 부(富)를 축적해 놓은 것입니다. (다윗은 은금을 모두 여호와의 전 곳간에 바친 반면 솔로몬은 자기 궁인 레바논 궁에 두었다고 기록합니다). 문은 솔로몬은 하나님의 뜻을 따르지 않았음을 암시하고 있는 것입니다.

우리의 삶의 이야기도 기록되고 있습니다.
하나님의 말씀을 따르는 삶을 사는지
하나님의 말씀을 무시하면서 사는지 기록되고 있습니다.
겉은 흠을 잡을 것이 없는데 속사람은 하나님과
먼 사람인지도 기록됩니다.
반면에 겉사람은 초라하지만 속사람은
하나님 마음에 합한 사람으로도 기록됩니다.
겉은 부유하지만 속사람은 가난한 사람으로
겉은 가난하지만 속사람은 부유한 사람으로도 기록됩니다.
우리에 대해서는 어떻게 기록되고 있을까요?

〉〉 제11장

경고들

잘 살려고 하나님께서 정해 준 구역을 떠났잖아요. 하나님 없이도 행복해 질 수 있다는 믿음으로 떠난 거잖아요. 하나님 마음 아픈 것은 생각도 하지 않고 말이어요. 그래서 얻은 것이 무엇인지는 몰라도 재산을 얻었겠죠. 좋은 집에서도 살겠구요. 그리고 또 무엇을 얻었을까요? 그런데 중요한 것들을 잃었네요. 그나마 간들간들했던 신앙 잃었네요. 10년 동안 하나님께 제사 드리지 않았을 거구요. 남편도 잃었구요. 두 아들도 잃었답니다. 잘 살려 가서 잘 살게 되었는데 같이 잘 살 사람들이 다 떠났네요. 왜 섞일 수 없는 아니 섞이면 안 되는 모압으로 갔는지요. 지금의 어려움을 극복하기 위해 하나님을 버리면 안 됩니다. 그러면 금방은 해결이 오는 것 같은데 조금 지나면 더 큰 어려움이 온다는 교훈 잊지 마세요. 주님 안에서 발버둥을 쳐야 합니다. 약속의 땅 안에서 노력해야죠. 주님이 우리에게 정해주신 구역이 있잖아요. 아무리 힘들어도 그 구역을 벗어나지 마시라구요. 그것이 바로 믿음... 입니다.

❶ 11:1~13

깨어지는 그릇

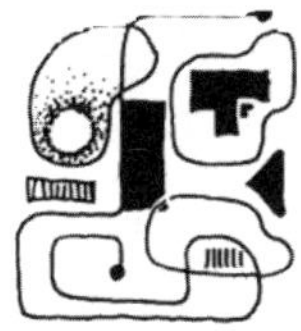

솔로몬에게는 여자가 많았습니다.

솔로몬은 분명 화려했고 인기 절정의 사람이었고 모든 것을 가진 사람이었습니다. 그런 것들을 복이라고 생각했는지는 몰라도 솔로몬은 그런 것들을 얻기 위해 수단과 방법을 가리지 않았습니다. 그에게 하나님의 말씀을 지킨다는 것은 중요하지도 않고 의미도 없었습니다. 최고가 되고 성공을 해야 했기 때문입니다. 그렇기에 이웃 나라의 왕들과 혹은 힘 있는 성주(城主)들과 사돈 관계를 맺는 일에도 별다른 망설임이 없었습니다. 그렇게 하는 것이 전쟁을 막는 가장 좋은 방법이라고 생각했기 때문입니다. 모압 여인도 괜찮았습니다. 암몬 여인이나 에돔 여인이나 시돈의 여인이나 헷 여인도 괜찮았습니다. 전쟁 없는 국가를 만들고 자신의 야망과 이루고 싶은 것을 위해서는 모든 것을 허락했고 받아들였습니다. 혹 누군가가 그의 결혼에 대하여 잘못된 일을 하고 있다고 하면 나라를 위해 정략적으로 결혼을 하는 것이라고 핑계할 수도 있습니다. 핑계입니다. 분명 핑계입니다. 솔로몬은 나라의 안녕을 위해서 이방 여인들과 결혼을 한다는 그것은 자신의 야망을 이루고 쾌락을 합리적으로 누리기 위한 교활한 변명이 불과한 것입니다. 죄였습니다. 신하들과 백성들을 속일 수는 있었습니다만(사실은 그들도 속은 것이 아니라 속은 척 한 것입니다.) 그러나 하나님은 속지도 속는 척도 하시지 않으셨습니다. 단호하게 그의 행위에 따른 악한 마음을 지적하셨습니다.

『솔로몬 왕이 바로의 딸 외에 이방의 많은 여인을 사랑하였으니 곧 모압과 암몬과 에돔과 시돈과 헷 여인이라... 솔로몬이 그들을 사랑하였더라』(:1-2하)

거짓말하면 안 됩니다.
하나님은 폐부(마음 깊은 곳)를 감찰하시는 분이십니다.
솔로몬은 성전 건축과 백성의 안녕 그리고 평화를 위한
어쩔 수 없는 결혼들이었다고 말할 것입니다.
웃기지 마십시오. 하나님을 만홀히 여기는 말입니다.
솔로몬은 그것을 빙자하여 야망을 이루고 있는 것이고
쾌락을 즐기고 있는 것입니다.
남자치고 백 명의 여자를 마다하는 사람이 있나요?

단지 윤리와 도덕 그리고 가정 때문에 참고 절제할 뿐이지
사람은 모두 똑같습니다.
그러므로 애초부터 죄악을 통해서 선한 일을 하려는 생각은
사탄이 주는 생각인 줄 알아야 합니다.
위대한 업적을 남기지 않아도 됩니다.
경건하게 사는 것이 중요합니다.
영웅이나 유명한 사람 되는 것이 중요한 것 아닙니다.
말씀 따라 거룩하게 사는 것이 중요합니다.

솔로몬은 무려 후비(后妃)가 칠백 명이었고 빈장(嬪?)이 삼백 명이었습니다. 천 명의 여인을 거느리고 산 사나이입니다. 솔로몬은 여인을 볼 때마다 기분이 좋았습니다. 왕에게 바쳐진 여인이니 젊었고 몸매도 늘씬했고 아름다운 여인들이었습니다. 게다가 최고의 치장을 했으니 얼마나 예뻤는지 모릅니다. 새로운 여인을 만나면 얼마 동안은 신선했고 좋았습니다. 밀월(蜜月)의 기간이니 솔로몬에게는 여인이 얼마나 예쁘고 귀여웠겠는지요. 여인들은 솔로몬이 예뻐해 주는 틈을 타 원하는 것을 얻기 위해 더욱 요염한 자태를 부렸고 결국 솔로몬은 여인들이 요구하는 것들을 들어줄 수밖에 없었던 것입니다. 그런데 여인들이 구한 것은 자신들이 섬기는 신들을 위한 신전을 지어달라는 요구였습니다. 그런데도 솔로몬은 그들의 요구를 들어주곤 했던 것입니다. 이방에서 온 여인들은 자신들이 섬기는 신(神)을 섬김과 동시에 솔로

몬과 이스라엘 백성들에게 자신이 섬기는 신을 소개했고 자기들의 제사 때가 되면 솔로몬이 동행해 주길 바랬지요. 솔로몬은 여인들의 비위를 맞추기 위해서 저들과 함께 제사에 참여하기도 했습니다. 여인들은 무엇보다도 솔로몬으로 하여금 자기가 섬기는 신을 섬기도록 하기 위해 열심을 냈던 것입니다.

솔로몬은 이방신(異邦神) 섬기는 것을 심각하게 생각하지 않았습니다. 어느 경우에는 아침에는 시돈 사람이 세운 아스다롯 신전 참배를 했고 낮에는 암몬에서 온 여인이 섬기는 밀곰 신전 제사에 참석을 하기도 했습니다. 저녁에는 다른 암몬 여인이 섬기는 몰록 신전에 참석하기도 했습니다.

나라는 대신들에 의해 잘 운영되고 있었습니다. 나라의 살림은 잘 걷히는 세금으로 인해 풍성했고, 주변 국가와의 관계는 별문제 없이 평화로웠습니다. 문제가 있다면 외국에서 온 여인들이 서로 솔로몬을 모시기 위해 벌리는 일들이었습니다. 솔로몬은 이 여인들에게 사랑을 주든지 아니면 신전(神殿)을 지어주든지 해야 했던 것입니다. 천 명 여인들의 투정과 질투는 솔로몬 왕의 생활을 엉망으로 만들었습니다.

『왕은 후궁이 칠백 명이요 첩이 삼백 명이라 그의 여인들이 왕의 마음을 돌아서게 하였더라 솔로몬의 나이가 많을 때에 그의 여인들이 그의 마음을 돌려 다른 신들을 따르게 하였으므로 왕의 마음이 그의 아버지 다윗의 마음과 같지 아니하여 그의 하나님 여호와 앞에 온전하지 못하였으니 이는 시돈 사람의 여신 아스다롯을 따르고 암몬 사람의 가증한 밀곰을 따름이라 솔로몬이 여호와의 눈앞에서 악을 행하여 그의 아버지 다윗이 여호와를 온전히 따름 같이 따르지 아니하고 모압의 가증한 그모스를 위하여 예루살렘 앞 산에 산당을 지었고 또 암몬 자손의 가증한 몰록을 위하여 그와 같이 하였으며 그가 또 그의 이방 여인들을 위하여 다 그와 같이 한지라 그들이 자기의 신들에게 분향하며 제사하였더라』(:3-8)

'아스다롯'은 팔레스타인과 시리아에 만연해 있던 사랑과 풍요의 신입니다. '밀곰'은 암몬의 국가 신(神)으로 아동 제사와 관련되어 '몰록'(Moloch)이라고도 불립니다. 즉 솔로몬 시대에 이스라엘의 신앙은 혼합 종교였다는 것을 말하고 있는 것입니다.

멋있고 웅대하고 아름다운 성전은 사람들로 하여금 솔로몬을 훌륭한 신앙인으로 생각하게 했고 화려하고 웅대한 궁전은 사람들로 하여금 솔로몬이 모든 권력을 쥔 사람이라는 생각이 들게 했습니다. 자기 집을 금(金)으로 입혀 놓고, 은(銀)을 돌 같이 여기고, 거리에는 그 비싸고 귀한 백향목을 즐비하게 심어 놓은 것을 본 사람들은 솔로몬 왕을 부족함이 없는 사람이라고 생각하기에 충분했습니다. 수많은 책을 쓰고 노래를 만든 것으로 인해 사람들은 그는 모르는 것이 없는 지혜자라고 여겼습니다. 전국에 군사 시설의 밀로들을 만들어 놓고 성을 쌓아 놓았기에 사람들은 솔로몬의 나라는 안전하다고 생각했습니다. 방문한 열왕들을 앉혀 놓고 인생을 가르치기도 하고 정치를 가르치는 것을 보고 그를 부러워했습니다. 천하(天下)의 미인들을 품에 품고 있기에 행복한 사나이라고 생각했습니다.

그러나 하나님은 그를 실패자라고 하셨습니다. 사람들이 성공한 사람이라고 하면서 부러워하는 그를, 하나님은 보기 싫어 떠나셨습니다. 물론 그냥 떠나신 것은 아닙니다. 떠나시기 전에 두 번이나 친히 나타나셔서 허황되고 거짓되고 위선된 삶을 그치라고 말씀을 하셨었습니다. 그러나 듣지 않았던 것입니다. 여호와의 명령을 준수하면서 살라고 권고하셨었습니다만 솔로몬은 귀를 막았습니다. 보이는 화려함과 끌어당기는 유혹을 뿌리치지 못하고 그것을 그대로 즐겼습니다. 그래서 여호와께서 그를 떠나신 것입니다.

『솔로몬이 마음을 돌려 이스라엘의 하나님 여호와를 떠나므로 여호와께서 그에게 진노하시니라 여호와께서 일찍이 두 번이나 그에게 나타나시고』(:9)

허탈한 성공자입니다.
사람들은 그를 성공자라고 했습니다.
그러나 그는 늘 목말라 했습니다.
더 큰 성공자가 되지 않으면 목마름이 해결되지 않을 것 같습니다.
그래서 성공자라는 소리를 듣는데도 또 다른 목표을 세웠습니다.

인간의 잠재력은 무한하다는 논리(論理)를 내세우면서
더 큰 성공을 위해 혈안 되어 있었습니다.
좀 더 많은 금(金)과 은(銀)을 소유하려고 뛰었고
좀 더 좋고 좀 더 많은 말과 병거를 얻기 위해 바빴습니다.
좀 더 훌륭하고 화려한 갑옷을 갖기 위한 프로젝트를 세웠습니다.
좀 더 많은 책을 쓰기 위해 정보와 자료를 모았습니다.
좀 더 높이 올라서 좀처럼 후손들이 깨기 어려운
성공을 해야 하겠기에 미친듯이 살았습니다.
성공을 위해서라면 약간의 거짓말도 했습니다.
성공하고 나면 그런 것들 쯤은 잊혀지기 때문입니다.
성공자가 되어야 신앙도 인정받을 수 있기에
성경과는 상관없는 줄 알면서도 성공을 위해 달려가는 것입니다.
하나님의 음성과 경고는 들리지 않습니다.
성공을 해야만 합니다.
하나님의 영이 떠난 줄도 모른 채 성공을 잡으려고 뜁니다.
허탈한 성공자의 길에서 돌이켜야 합니다.
그만 멈추고 주님께로 돌아오십시오.

하나님이 결심하셨습니다. 오래전에 축복을 약속하셨던 하나님은 약속대로 솔로몬에게 많은 복을 주셨습니다. 그런데 이제 악인의 길에서 있는 솔로몬에게 심판을 결심하셨습니다. 반드시 이루어질 결심이었습니다.

『이 일에 대하여 명령하사 다른 신을 따르지 말라 하셨으나 그가 여호와의 명령을 지키지 않았으므로 여호와께서 솔로몬에게 말씀하시되 네게 이러한 일이 있었고 또 네가 내 언약과 내가 네게 명령한 법도를 지키지 아니하였으니 내가 반드시 이 나라를 네게서 빼앗아 네 신하에게 주리라 그러나 네 아버지 다윗을 위하여 네 세대에는 이 일을 행하지 아니하고 네 아들의 손에서 빼앗으려니와 오직 내가 이 나라를 다 빼앗지 아니하고 내 종 다윗과 내가 택한 예루살렘을 위하여 한 지파를 네 아들에게 주리라 하셨더라』 (:10-13)

오늘 우리를 향하신 하나님의 마음은 어떤 것일까요?
혹 하나님께서 생각하시기를,
'내가 준 축복을 빼앗아 다른 사람에게 주어야겠구나'
하는 마음을 갖고 계시는 경우는 아니겠지요?
솔로몬이 미워서 그러신 것이 아니었습니다.
그냥 놔두면 솔로몬을 망치게 되기 때문이었습니다.
솔로몬 스스로가 통제할 수 없는 지경에 와 있기에
하나님께서 죄를 멈추게 하시기 위해
축복을 빼앗으시려는 것입니다.

더이상 타락을 멈추게 하는 브레이크가 작동을 할 수 없을 정도의 위험한 수준에 와 있는 우리의 모습이라면...
하나님이 개입하셔서 죄를 멈추도록 하시기 위해
모든 것을 빼앗아 가신다면 그것은 축복입니다.
산상에서 설교하신 우리 주님의 말씀을 들어봅시다.
"만일 네 오른 눈이 너로 실족하게 하거든 빼어 내버리라

네 백체 중 하나가 없어지고 온 몸이 지옥에
던져지지 않는 것이 유익하며
또한 만일 네 오른손이 너로 실족하게 하거든 찍어 내버리라
네 백체 중 하나가 없어지고 온 몸이 지옥에 던져지지 않는 것
이 유익하니라"(마 5:29–30)
모든 것을 잃어도, 왕좌와 금관 그리고 나라를 잃어도
오히려 영원한 것을 소유하는 것이 복이기에
하나님께서는 솔로몬이 가지고 있는 모든 것들을
빼앗으시기로 결심하신 것입니다.
하나님의 빼앗음은 사랑입니다.

❷ 11:14~22

축복이 된 고통: 하닷 이야기

솔로몬이 왕이 되자마자 못되게 노는 무리가 있었습니다. 에돔 사람 하닷이 주동이 된 무리였습니다. 큰 무리는 아니었습니다만 어린 솔로몬 왕에게는 신경이 많이 쓰이는 집단이었습니다. 정부를 대상으로 한 깡패 집단이었습니다. 솔로몬의 대적(對敵)이었습니다. 그런데 이 무리들을 두신 것은 하나님이셨습니다.

『여호와께서 에돔 사람 하닷을 일으켜 솔로몬의 대적이 되게 하시니...』(:14상)

두목인 하닷은 남쪽의 에돔 나라의 왕족이었습니다. 이야기는 이렇습니다. 솔로몬이 왕이 되었을 때가 주전 970년경이고 나이는 약 십삼 세였습니다. 그런데 주전 1,000년경, 즉 솔로몬이 태어나기 전에, 다윗이 예루살렘에서 나라를 다스릴 때, 다윗의 나이가 사십 세 정도 되었을 때 다윗은 요압 장군과 함께 시퍼런 칼을 들고 한창 주변 나라들을 정복하고 있었습니다. 그때 요압이 에돔 땅을 정복했고 그 땅에서 끔찍한 일을 했습니다. 요압과 그의 군대는 육개월을 머물었는데 에돔 사람의 씨를 말리기 위해 남자들을 모두 죽이는 대학살을 단행했던 것입니다. 물론 그렇게 잔인한 행위를 한 것은 에돔 족속이 이스라엘 사람들에게 먼저 잔인한 행동을 한 것에 대한 보복이긴 했습니다만 어쨌든 매우 끔찍한 일이었습니다(삼하 8장).

『전에 다윗이 에돔에 있을 때에 군대 지휘관 요압이 가서 죽임을 당한 자들을 장사하고 에돔의 남자를 다 쳐서 죽였는데』(:15)

이때 에돔 왕실은 쑥밭이 되었었는데도 신하들 가운데 몇몇 충성된 자들이 왕의 씨를 보존하기 위해 열 살도 되지 않은 어린 왕자인 하닷을 데리고 극적으로 빠져나온 것입니다. 그들은 이스라엘 사람들에게 들키지 않기 위해 남쪽 미디안을 경유하여 바란을 거쳐 애굽으로 망명을 했고 애굽에 들어간 에돔 사람들은 어린 하닷 왕자를 데리고 바로 왕 앞으로가 도움을 구했는데 애굽 왕은 긍휼한 마음으로 하닷을 보살펴주었던 것입니다.

『미디안을 떠나 바란에 이르고 거기서 사람을 데리고 애굽으로 가서 애굽 왕 바로에게 나아가매 바로가 그에게 집과 먹을 양식을 주며 또 토지를 주

었더라』(:18)

애굽에서의 하닷은 지도자로서의 성장을 했습니다. 바로 왕이 그렇게 교육을 시킨 것입니다. 하닷의 능력은 출중했습니다. 바로가 보기에도 괜찮은 인물이었고 탐이날 만큼 훌륭히 자랐습니다. 그를 아끼던 바로는 그를 자신의 처제(妻弟)와 결혼을 시켰던 것입니다. 그리고 그 둘 사이에서 그누밧이라는 아들까지 생겼습니다. 애굽의 바로는 물론이고 그의 아내 다브네스는 누구보다도 제부(弟夫)인 하닷을 아꼈고 또 그의 가족을 사랑했습니다. 바로는 하닷이 낳은 아이(그누밧)를 자기 아들처럼 궁중에서 자라도록 했습니다.

『하닷이 바로의 눈 앞에 크게 은총을 얻었으므로 바로가 자기의 처제 곧 왕비 다브네스의 아우를 그의 아내로 삼으매 다브네스의 아우가 그로 말미암아 아들 그누밧을 낳았더니 다브네스가 그 아이를 바로의 궁중에서 젖을 떼게 하매 그누밧이 바로의 궁에서 바로의 아들 가운데 있었더라』(:19-20)

어쨌든 하닷은 애굽에서 생활하면서 다윗과 그의 장군인 요압이 자신의 부친과 자신의 나라인 에돔에게 행한 잔인한 행위들을 잊지 않았고 반드시 원수를 갚겠다는 적개심과 복수심으로 불타고 있었습니다. 그러나 마음뿐이었습니다. 그래서 때만을 기다리면서 세력을 키우고 있었던 것입니다. 그런 세월이 흘러 삼십년이 지났습니다. 다윗은 나이가 들어 세상을 떠났고 그의 아들 솔로몬이 왕이 되었다는 소리와 함께 늙은 요압도 솔로몬에게 숙청되었다는 소식을 들은 것입니다. 사십대가 넘어선 하닷은 비장의 결심을 했습니다. 자신의 조상과 에돔 왕실의 원수를 갚겠다고. 그러나 바로에게는 이 마음을 숨겼습니다. 그리고 단지 고국으로 돌아가겠다고 말했습니다.

『하닷이 애굽에 있어서 다윗이 그의 조상들과 함께 잔 것과 군대 지휘관 요압이 죽은 것을 듣고 바로에게 아뢰되 나를 보내어 내 고국으로 가게 하옵소서』(:21)

바로는 느닷없이 떠나겠다고 하는 하닷의 말에 놀랐고 또 그렇게 하지 말라고 말렸습니다만 하닷은 속마음을 감춘 채 보내 달라고 한 것입니다. 이 하닷이 에돔으로 돌아와서 솔로몬 초기부터 이스라엘을 괴롭히기 시작한 것입니다. 어린 솔로몬이 이 에돔 사람 하닷 때문에 얼마나 두려웠고 힘이 들었는지 모릅니다. 솔로몬은 이것 때문에 하나님께 기도하곤 했습니다.

솔로몬 치세 초기의 대적 하닷은 어린 솔로몬으로 하여금
하나님을 의지하는 원인 중의 하나가 되었음이 분명합니다.
일천 번 제사의 결심을 하게 했던 무시할 수 없는
원인들 중의 하나입니다.
고통은 하나님께로 향하게 하는 중요한 촉진제입니다.
사람들은 고통을 싫어합니다. 편한 것을 좋아하지요.
그런데 사람은 편하면 하나님을 찾지 않습니다.

편하면 신앙생활을 하면서도 말이 많습니다.

편하면 많은 경우 적당히 신앙생활 합니다.

편하면 성경대로 하지 않고 기분에 따라 합니다.

성수 주일도, 십일조는 물론 헌금 생활도,

아이들 교육도, 기도회도, 성경 공부도,

모두 편하게 합니다. 자기중심으로 한다는 말입니다.

그러나 문제가 생기면 다릅니다.

비정상적인(?) 사람처럼 행동합니다.

일천 번 제사와 같은 행동을 하게 됩니다.

일주일 혹은 그 이상 금식을 합니다.

집에서 잠을 안 자고 교회나 기도원에서 철야기도를 합니다.

완전히 하나님께 매달리는 사람이 됩니다.

문제, 그것은 사람으로 하여금 하나님께로 더 가까이 가게 하는

아주 귀중한 축복입니다.

"여호와께서 에돔 사람 하닷을 일으켜

솔로몬의 대적이 되게 하시니"(:14)

❸ 11:23~25

정신 차리게 하는 또 다른 고통: 르손 이야기

하닷이 솔로몬 초기부터 대적이었다면

르손이라는 사람은 솔로몬 통치 중간부터 대적으로 나타났습니다. 원래 르손은 북쪽 지방에 자리한 소바 왕 하닷에셀의 신하(노예)였습니다. 하닷에셀 왕은 금으로 된 방패를 갖고 있을 만큼 부유했던 왕입니다. 게다가 자기 땅 북쪽의 나라들을 규합하여 연합 체제를 만들어 우두머리 역할을 했던 막강한 힘의 보유자였습니다. 그런데 다윗이 이 연합국과 연합국의 수장인 소바의 하닷에셀을 쳐부순 것입니다. 이로 인해 북쪽 동맹군들은 초토화가 된 것입니다. 이때 노예였던 르손이 하닷에셀이 무너지는 것을 보고 도망을 쳐서 다메섹으로 가 그곳에서 한 세력을 만들어 두목이 된 것입니다. 그러더니 급기야는 나라를 세워 왕이 되어 수리아라는 나라를 세운 것입니다. 이 수리아는 다윗 당시에는 이스라엘에 얼씬도 하지 못했었는데 솔로몬이 어린 나이에 왕좌에 오르자 이스라엘을 괴롭히기 시작하여 솔로몬 치세 동안 힘들게 던 것입니다.

『그는 그의 주인 소바 왕 하닷에셀에게서 도망한 자라 다윗이 소바 사람을 죽일 때에 르손이 사람들을 자기에게 모으고 그 무리의 괴수가 되어 다메섹으로 가서 살다가 거기서 왕이 되었더라 솔로몬의 일평생에... 르손이 수리아 왕이 되어 이스라엘을 대적하고 미워하였더라』(:23하-25)

여기서도 놓칠 수 없는 말씀이 있습니다.
"하나님이 르손을 일으켜 솔로몬의 대적자가 되게 하시니"
(:23)

하나님은 분명 솔로몬에게 대적이 없게 하실 수도 있으십니다.
그런데 대적을 주셨습니다.
왜 그러셨을까요?
하나님을 기억하게 하고 하나님을 의지하게 하기 위함입니다.

우리의 삶 속에도 우리를 대적하고 미워하는 사람이 있습니다.
그런데 그런 못된 사람을 하나님이 보내신 사람이라는 것을 생각해 보셨나요?
아니 하나님이 보낸 사람이라고 생각하십시오.
그러면 원망이 사라질 것이고 속상함도 사라질 것입니다.
괴롭히는 그 사람이 없었다면 어쩌면 당신은 이미 하나님을 떠나 하나님 없이 살고 있을지도 모릅니다.
괴롭히는 대적들 때문에 하나님을 의지할 수 밖에 없었고
지금도 계속 괴롭히는 대적 때문에
하나님을 의지하고 있는 것이기도 합니다.
대적은 괴로운 것이기는 하지만
오히려 그것이 하나님의 은혜입니다.

하나님이 보내신 대적으로 인해 솔로몬이 한 일이 있습니다.
성(城)들을 든든히 쌓은 것입니다.
살기 위해서 하나님을 의지하는 계기가 된 것은 물론
든든한 성(城)들과 군사 시설들을 많이 구축하게 된 것입니다.
이것이 고통 속에 숨겨져 있었던 축복입니다.
대적이 없었으면 방벽을 쌓을 리가 없었을 것입니다.
그러나 대적으로 인한 고통이 있었기에 솔로몬은 큰일을 했습니다.

우리 가운데서도 억울해서 공부하는 사람이 있습니다.
원통해서 성실히 살아 돈을 버는 사람이 있습니다.
못된 놈들의 더럽고 치사한 행동 때문에
악착같이 살아 성공하려는 사람이 있습니다.
대적으로 인해 지금은 괴롭지만
생각을 돌려 그 대적을 하나님께서 보낸 사람이라고 생각하고
하나님을 의지하고 더 열심히 살아야겠다는 기회로 삼는다면
우리의 삶은 훨씬 더 풍성해질 것입니다.
『하나님이 르손을 일으켜 솔로몬의 대적자가 되게 하시니』
(:23)

❹ 11:26~40

심판을 위한 대적: 여로보암 이야기

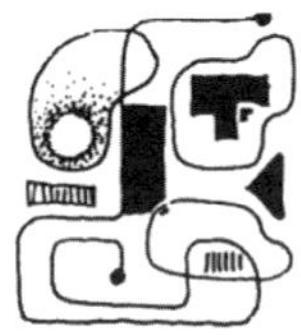

솔로몬의 신하 가운데 여로보암이라는 사람이 있었습니다. 에브라임 지파 사람인데 그의 어머니의 이름은 스루아인데 과부였습니다. 여로보암은 용맹스런 장수였고 부지런했으며 냉철한 판단력을 가진 자였습니다. 그런 그의 출중함이 밀로를 건축하고 다윗성의 무너진 곳을 보수 공사 할 때 솔로몬의 눈에 띄었고 왕은 그에게 관직을 주어 요셉 족속(에브라임과 므낫세 지파)이 하는 일을 감독하도록 했는데 그런 그가 솔로몬에게 끝까지 충성하지 않고 배신자가 되어 결국 대적이 되었지요.

여로보암은 자신이 감독하는 요셉 족속 사람들의 아우성 소리에 마음이 불편했습니다. 그도 그런 것이 이십 년 이상 계속해서 건축 사업을 하는 정부로 인해 백성들이 많이 탈진되어 있었기 때문이었습니다. 백성들도 그랬지만 여로보암도 불만이 많았습니다. 아무리 나라를 위한 일이라고는 하지만 끊임없이 계속되는 강제 노동이 비합리적이라는 생각이 들었기 때문입니다. 여로보암은 종종 총감역관인 아도니람에게 직언(直言)을 서슴치 않았습니다. 그러나 아도니람는 민심을 대변하는 여로보암의 말을 듣기는커녕 오히려 더 화려한 이스라엘을 만들기 위해 조금만 더 희생을 해 줄 것을 강요도 하고, 한편으로는 윽박지르기도 하면서 여로보암의 말을 무시한 것입니다.

여로보암은 합리적이었습니다. 일을 시키는 대로 하기는 했습니다만 백성들의 고통과 불평을 잘 알았던 그는 백성들의 입장을 대변하여 정부의 불합리한 강제 노역 정책과 과도한 세금에 대하여 용기를 내어 때로는 거칠게 이야기하기도 했던 것입니다. 그런 그는 많은 사람들에게 존경을 받기 시작한 것입니다. 물론 인기를 얻기 위해 그가 그렇게 한 것은 아니었습니다. 진정 백성을 위한 행동이었습니다.

여로보암에게는 스승이 있었습니다. 그의 고향인 에브라임 땅 실로에서 사역하는 아히야 선자자였습니다. 어려서부터 여로보암은 아히야에게 신앙에 있어서나 혹은 삶에 있어서 많은 것을 배웠고 영향을 받았었습니다. 여로보암이 존경하는 어른이었습니다. 여로보암은 오래전 고향을 떠나 예루살렘에서 밀로를 건축하고 다윗성의 무너진 부분을 보수하는 일을 하고 있었기에 아히야 선지자를 만날 수가 없었습니다. 그러나 종종 아히야 선지자가 그리워질 때가 있었습니다. 아히야 선지자는 사회의 문제와 현 정부의 문제를 정확하게 알고 있었기 때문에 그로부터 조언을 듣고 싶었기 때문입니다.

어느날 여로보암이 예루살렘을 성을 빠져나가 길을 가고 있는데 뵙고 싶었던 실로의 아히야 선지자께서 오고 있었습니다. 반가웠습니다. 시간이 저녁이라 그런지 거리에는 아무도 없었고 여로보암과 선지자 아히야만 있었습니다. 둘은 서로 너무도 반가웠습니다. 아니 아히야 선지자도 여로보암이 반가웠지만 스승을 만난 여로보암은 마음에 있던 오래된 무거움이 내려가는 것 같았습니다.

선지자 아히야는 새옷을 입고 있었습니다. 아히야는 여로보암이 감독관으로 예루살렘에서 일을 하고 있지만 노동자의 편에서 정부에 직언(直言)을 서슴치 않는다는 소리도 듣곤 했었습니다. 아히야 선지자 역시 솔로몬 정부의 비합리적인 강제 노역과 과도한 세금에 대하여 잘못을 지적하던 과격한 선지자였습니다. 사실 그가 예루살렘에 온 것은 하나님의 말씀을 따르지 않고 행하는 솔로몬의 정치와 도덕적 타락,

백성들의 피를 빨아먹는 높은 세금 그리고 노역을 위한 강제 징집 등등을 생각하다가 참다못해 정부에서 일하고 있다고 하는 여로보암을 일부러 만나러 온 것이고 또 솔로몬 왕에게도 경고하기 위해 온 것입니다. 그리고 민중의 고통과 마음을 알고 있는 여로보암이 오히려 백성들의 지도자가 되는 것이 낫다는 생각으로 온 것입니다. 그런 생각을 가진 아히야 선지자와 정부에 대하여 바른말을 하는 여로보암이 길에서 만난 것입니다. 아히야 선지자는 자신이 입고 있던 새옷을 잡아 열두 조각으로 찢었습니다. 그리고 열 조각을 여로보암에게 주면서 무서운 말을 하는 것이 아니겠습니까?

"여로보암, 하나님께서 솔로몬이 다스리는 열두 지파의 이스라엘을 찢어 열 지파를 자네에게 주신다고 하셨네. 자네가 받은 옷 조각을 그것을 의미하는 것이니 하나님의 뜻이 줄 알고 이스라엘의 왕이 될 준비를 하게나."

『솔로몬의 신하 느밧의 아들 여로보암이 또한 손을 들어 왕을 대적하였으니 그는 에브라임 족속인 스레다 사람이요 그의 어머니의 이름은 스루아이니 과부더라 그가 손을 들어 왕을 대적하는 까닭은 이러하니라 솔로몬이 밀로를 건축하고 그의 아버지 다윗의 성읍이 무너진 것을 수축하였는데 이 사람 여로보암은 큰 용사라 솔로몬이 이 청년의 부지런함을 보고 세워 요셉 족속의 일을 감독하게 하였더니 그 즈음에 여로보암이 예루살렘에서 나갈 때에 실로 사람 선지자 아히야가 길에서 그를 만나니 아히야가 새 의복을 입었고 그 두 사람만 들에 있었더라 아히야가 자기가 입은 새 옷을 잡아 열두 조각으로 찢고 여로보암에게 이르되 너는 열 조각을 가지라 이스라엘의 하나님 여호와의 말씀이 내가 이 나라를 솔로몬의 손에서 찢어 빼앗아 열 지파를 네게 주고 (:26-31)

아히야 선지자의 만난 후로부터 솔로몬 정부를 향한 여로보암의 말은 더욱 강해지고 거칠어졌습니다. 비합리적인 강제 노역을 위한 징집을 노골적으로 비판했습니다. 건축을 위한 세금 정책에 대해서도 마찬가지였습니다. 그럴수록 백성들은 여로보암에게 열광했고 여론은 여로보암을 민중과 노동자의 대변인으로 인정하기 시작했습니다. 여론은 무서웠습니다. 그동안 정부를 향한 여러 대적이 있었지만 이처럼 강력한 도전은 없었습니다. 그리고 여로보암이 중심이 된 시위는 무서울 정도로 급속히 확산이 되고 있었던 것입니다. 솔로몬 왕과 정부는 이 일의 주동자인 여로보암을 두려워했습니다. 단합으로 용기를 얻은 백성들은 감역관 아도니야의 지시를 노골적으로 무시하기 시작했습니다. 백성은 정부의 말을 듣는 것이 아니라 여로보암의 말을 듣고 있었던 것입니다. 정부는 여로보암을 회유하기 위하여 달래보기도 하는 등 가진 노력을 다했습니다만 민중의 힘을 얻은 여로보암은 한 발자국도 물러서지 않았습니다. 이미 물러설 수 없는 노동자의 우상이 되어있었습니다.

"백성들이여, 솔로몬 정부는 부패한 정부입니다. 솔로몬 왕은 더 이상 하나님을 섬기는 왕이 아닙니다. 그는 이미 하나님을 버렸습니다. 보십시오. 그는 여자들의 치마폭에 싸여서 그녀들이 섬기는 우상을 섬기고 있습니다. 시돈 여자가 섬기는 아스다롯을 섬기고 있습니다. 왕은 모압의 신 그모스도 섬기고 있으며 암몬의 신인 밀곰도 경배하고 섬기고 있습니다. 이 신들 섬기는 방법은 어린아이를 산채로 제물로 드리는 것 아닙니까? 그것만이 아니라 수많은 여인들이 가지고 온 우상들을 섬기고 있습니다. 그는 더 이상 다윗과 우리 선조들이 섬긴 여호와 하나님을 섬기지 않는 것입니다. 하나님의 율법을 무시하고 있는 것입니다. 이런 왕이 우리 이스라엘의 왕일 수 있는 것입니까?"

여로보암은 백성들 앞에서 솔로몬의 엉터리 신앙과 우상 숭배에 직격탄을 날렸고 백성들은 여로보암의 말에 속이 시원하다는 듯 환호를 하며 호응을 했습니다.

"뿐만 아닙니다. 솔로몬이 그의 선대 왕 다윗의 유언에 따라 하나님의 성전을 건축한다고 했을 때 우리 모든 백성은 환호를 했고 적극적으로 도왔습니다. 무려 칠년 동안 우리는 최선을 다했었습니다. 그런데 왕은 또 다시 궁전을 짓겠다고 하면서 백성들을 고역으로 몰았습니다. 그것만이 아닙니다. 이방 여인들의 궁전까지 짓게 했습니다. 우리는 짐승이 아닙니다. 왕의 욕심을 채우기 위해 태어난 존재가 아닙니다. 우리도 인간답게 살 권리가 있습니다!"

여로보암의 말은 백성들의 마음을 얻기에 충분했습니다. 하는 말마다 바른 말이었고 그의 말을 들은 백성들의 속은 오랫동안 막혀있던 것이 뚫리는 기분이었습니다.

여로보암은 백성들 앞에서는 말하지 않았지만 자신과 친밀하게 지내는 사람들에게는 아히야 선지자가 한 말을 전했습니다.

"이보게들, 아히야 선지자가 나에게 하신 말씀이 있다네." "뭔가? 말해보게나."

"조심스런 말이긴 한데만 선지자가 하나님께로부터 받은 말씀이라고 하면서 나에게 한 말이야. 내가 왕이 될 것이라고 하셨어! 하나님께서 솔로몬 왕의 죄악을 보시고 그에게서 열 지파를 떼어 나에게 주어 나라를 세우라고 하셨다고 하셨네."

여로보암의 말을 듣는 사람들은 깜짝 놀랐습니다.

"하나님이 그렇게 하시는 이유는 솔로몬 왕이 다윗 왕의 길을 가지 않고 죄악의 길을 따랐기 때문이라고 하셨다네. 그러시면서 나에게는 하나님의 명령을 순종하고 하나님의 눈에 합당한 일을 하고 율법과 규례를 잘 따르기만 하면 나라가 견고해질 것이라고 하셨다네!"

몇몇 사람에게 말한 것이었는데 여로보암의 말은 급속도로 퍼졌습니다. 그리고 듣는 사람마다 그렇게 되어야 한다고 하면서 그런 날이 빨리 오기를 바랐던 것입니다. 이런 민심을 왕궁이 모르지 않았습니다.

그리고 역모(逆謀)를 꾸미는 여로보암을 더 이상 방관만 할 수는 없었습니다. 결국 그를 체포할 것을 명령했지요. 그러나 그는 호락호락 응하지 않았습니다. 백성과 노동자들이 그를 보호했던 것입니다. 급기야는 여로보암을 암살하라는 명령을 내렸습니다.

"여로보암을 죽여라!"

공개적으로 암살 명령이 내려지자 여로보암은 더 이상 이스라엘 땅에 머무를 수가 없어서 결국 애굽으로 망명을 떠났습니다. 애굽 왕 시삭은 여로보암의 망명을 받아 주었고 솔로몬이 죽을 때까지 그곳에서 생활할 수 있도록 도와주었습니다.

『오직 내 종 다윗을 위하고 이스라엘 모든 지파 중에서 택한 성읍 예루살렘을 위하여 한 지파를 솔로몬에게 주리니 이는 그들이 나를 버리고 시돈 사람의 여신 아스다롯과 모압의 신 그모스와 암몬 자손의 신 밀곰을 경배하며 그의 아버지 다윗이 행함 같지 아니하여 내 길로 행하지 아니하며 나 보기에 정직한 일과 내 법도와 내 율례를 행하지 아니함이니라 그러나 내가 택한 내 종 다윗이 내 명령과 내 법도를 지켰으므로 내가 그를 위하여 솔로몬의 생전에는 온 나라를 그의 손에서 빼앗지 아니하고 주관하게 하려니와 내가 그의 아들의 손에서 나라를 빼앗아 그 열 지파를 네게 줄 것이요 그의 아들에게는 내가 한 지파를 주어서 내가 거기에 내 이름을 두고자 하여 택한 성읍 예루살렘에서 내 종 다윗이 항상 내 앞에 등불을 가지고 있게 하리라 내가 너를 취하리니 너는 네 마음에 원하는 대로 다스려 이스라엘 위에 왕이 되되 네가 만일 내가 명령한 모든 일에 순종하고 내 길로 행하며 내 눈에 합당한 일을 하며 내 종 다윗이 행함 같이 내 율례와 명령을 지키면 내가 너와 함께 있어 내가 다윗을 위하여 세운 것 같이 너를 위하여 견고한 집을 세우고 이스라엘을 네게 주리라 내가 이로 말미암아 다윗의 자손을 괴롭게 할 것이나 영원히 하지는 아니하리라 하셨느니라 한지라 이러므로 솔로몬이 여로보암을 죽이려 하매 여로보암이 일어나 애굽으로 도망하여 애굽 왕 시삭에게 이르러 솔로몬이 죽기까지 애굽에 있으니라」(:32-40)

여로보암이 애굽으로 망명을 떠나자 노동자들은 졸지에 수장을 잃은 듯 정부를 상대로 한 투쟁을 더 이상 할 수가 없었습니다. 정부는 정부대로 더 강력한 노동자 감독 체계를 세웠고 노역은 더 힘들어졌을 뿐입니다. 여로보암이 애굽으로 망명을 떠난 다음 여로보암이 맡아서 하던 예루살렘의 밀로와 다윗성 수축 공사는 다시 재개되어 마무리를 했습니다.

솔로몬은 역사상 최고의 왕입니다.
예수님도 그것을 인정하셨습니다.
그는 최고의 권력(權力)과 부(富)를 가졌고
최고의 먹을 것을 먹었고 제일 좋은 옷을 입었고
제일 좋은 집에서 살았고 제일 좋은 의자에 앉았던 사람입니다.
그러나 그가 그 영광의 화려함을 한 몸에 지니고 있기까지는
백성들의 땀과 눈물, 피가 있었습니다.
백성들의 희생으로 인해 솔로몬은
인류 최고의 화려함을 누렸습니다.

그런데 자신의 영광을 위해 백성들의 노동력을 착취하는 것은 죄라는 걸 아십니까?

사람을 희생시키지 않아도 솔로몬은
그런 인물이 될 수 있었습니다.
하나님이 그렇게 약속하셨기 때문입니다.
그런데 하나님을 떠나 스스로 그 위치에 오르려다 보니
폭군이 되어 사람들의 노동력을 착취했고 무리한 세금을 거둬서
영광의 자리에 앉은 것입니다.
그렇게 하지 않아도 오를 자리였는데,
하나님만을 잘 섬겼다면 약속받은 영화(榮華)도 얻고
백성에게도 존경을 받아 마음도 행복했을 것입니다만
하나님을 떠났기에 '행복하지 않은
영화(榮華)의 주인공'이 된 것입니다.

당신이 가진 영화(榮華)는 행복한 영화인가요?
밖의 사람들이 볼 때는 멋있어 보이고 화려해 보일 수 있습니다.
그런데 진정 당신은 행복한가요?
자신은 알고 있습니다. 그리고 주님이 알고 계십니다.
아마 사탄도 알고 있을 겁니다.
누가 보기에는 활짝 핀 꽃 같은 영화로움일지 모릅니다만
어쩌면 당신의 속사람은 외로움과 목마름이요,
혹은 우울함의 검은 안개로 쌓인 길거리 같을 수 있습니다.

주님께로 오십시오.

그리고 주님을 의지하고 그분께 인생을 드리십시오.

그때 행복은 물론 넘치는 풍부함을 경험할 수 있게 됩니다.

행복하지 않은 삶을 몇 푼의 돈이나 명예

그리고 인기를 가지고 감추려 하지 마십시오.

행복은 오직 주님 안에 있을 뿐입니다.

❺ 11:41~43

솔로몬의 죽음

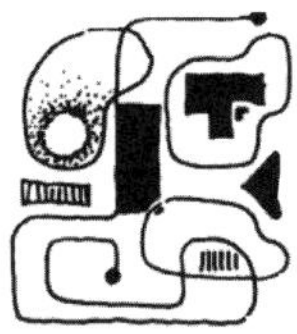

사십 년의 통치가 끝이 났습니다.

십삼 세의 어린 나이에 왕위를 이어 받고 두려움 가운데서 출발한 왕국이었습니다. 그런데 오십삼 세의 젊은 나이에 죽음을 맞이한 것입니다. 사람들은 다윗성에 있는 왕실 묘지에 한 시대의 위대한(?) 성공자를 매장했습니다. 그가 세운 화려한 왕국을 여러 역사가들(나단 학파, 아히야 학파, 잇도 학파)이 책에 기록하였습니다(대하9:29). 나단 선지자 학파에서는 무엇이라고 그의 역사를 평가했을지 궁금합니다. 여로보암에게 왕이 될 것이라고 했던 아히야 선지자는 어떻게 평가했을까요? 여로보암 입장에서 역사를 쓴 선견자 잇도는 솔로몬을 어떻게 기록했을까요?

『솔로몬의 남은 사적과 그의 행한 모든 일과 그의 지혜는 솔로몬의 실록에 기록되지 아니하였느냐 솔로몬이 예루살렘에서 온 이스라엘을 다스린 날수가 사십 년이라 솔로몬이 그의 조상들과 함께 자매 그의 아버지 다윗의 성읍에 장사되고 그의 아들 르호보암이 대신하여 왕이 되니라』(:41-43)

사람들이 나를 지켜보고 있습니다.
그리고 표면적인 나를 기록합니다.
내가 만든 것들, 내가 이루어 놓은 것들 하나하나를 기록합니다.
그리고 그 결과물이 어떤 통로를 통해 나왔는지도 기록합니다.
선한 수단을 통해서 만들어진 작품인지
아니면 작품은 대단한 것인데 죄를 통해
만들어진 작품인지를 기록합니다.
후손들이 훌륭하고 대단한 작품이라고 하면서 경탄하는 그것이
수많은 사람들의 피를 흘리고 만들어진 작품이라면
그것은 아름다움이 아니라
'한'(恨)입니다.

하나님 나라에 있는 책에 우리의 삶이 기록되고 있습니다.
그 책에는 우리의 업적(業績)이 기록되는 것이 아닙니다.
마음이 기록되고 있습니다.
하나님 나라의 책에 위대하게 기록된 사람은
큰 집을 지은 사람이 아닙니다.

돈을 많이 낸 사람이나 사회사업을 많이 한 사람이 아닙니다.

책을 많이 쓴 사람도 아닙니다.

진실한 마음으로 산 사람이 위대한 사람이고

큰 사람으로 기록됩니다.

하나님은 마음을 보시기 때문입니다.

에필로그

저는 종종 등산을 합니다.

일주일에 네다섯번은 다닙니다. 물론 처음부터 그런 것은 아닙니다. 처음에는 일주일에 한번 다녔습니다. 처음 시작할 때 다닌 산은 매우 높은 산을 찾아다녔었습니다. 등산하는 시간으로 5시간 정도였는데 높은 산이다 보니 실상 등산을 하는 날은 하루가 등산으로 꽉 찼었습니다. 산까지의 거리도 그렇고 산의 높이가 해발 800M 이상 되었기 때문입니다. 그런데 요즘은 교회 뒤에 있는 500M 정도 되는 산을 오릅니다. 등산을 시작하는 곳도 가깝고 또 산의 높이가 높지 않아서 일주일에 여러 번 다닐 수 있는 것이지요. 두 시간 정도면 모든 산행을 마치고 일상의 생활을 할 수 있습니다. 높은 산은 이른 아침부터 저녁까지 하루 종일이었다면 요즘 산행은 오후 저녁 해가 지기 전 약 두 시간 정도합니다. 그렇다고 높은 산만이 매력있는 것은 아닙니다. 높은 산은 높은 산대로 낮은 산은 낮은 산대로 매력이 있습니다.

산을 왜 가냐고 묻는 사람이 있습니다. 저는 처음 등산을 시작한 이유가 답답하고 억울한 것(?)을 푸는 방편으로서 등산을 시작했었습니다. 어떤 힘든 일(?)로 인해 화가 나고 분하고 속이 터지는데 풀 수가 없는 겁니다. 그냥 있자니 자꾸 생각나고 생각이 나니 분하고 분하니 더 열통이 터지곤 했습니다. 그러다가는 큰 병을 얻을 것 같았습니다. 그래서 택한 것이 그런 것들이 생각나지 않도록 하기 위해 높은 산 오를 것을 생각한 것입니다. 그런데 아주 잘한 선택이었습니다. 그때는 영남의 알프스를 비롯하여 영남지방에서 높다는 산만을 찾아 오르곤 했었습니다. 지금 생각하면 그런 산을 매주 올랐던 제가 대견스럽다는 생각을 합니다. 그런데 지금은 등산을 하는 목적이 다릅니다. 건강을 위해 다닙니다. 높은 산을 가지도 않습니다. 교회 뒤에 있는 500M 정도의 산을 다닙니다. 또 다른 것이 있다면 전에는 일주일에 한번이었고 요즘은 거의 매일 다닌다는 것이지요.

제가 산을 자주 가니깐 어떤 사람은 시간이 남아 다닌다고 하는 사람도 있습니다. 그렇지 않습니다. 나에게 매우 중요한 일이기에 다닙니다. 시간의 여유가 있으면 더 좋고, 하루의 일정이 꽉 차 있더라도 산을 꼭 다녀오려고 노력합니다. 목회 사역과 함께 연구를 하고 글을 쓰고 사람을 만나는 것이 일과의 중요한 일인 것처럼 산을 다녀오는 것도 그와 비등한 중요한 일입니다. 목회를 하는 저에게 매일 새벽기도를 하고 말씀 묵상을 하는 것이 중요한 것처럼 산행도 그만큼 중요하다는 말입니다. 심한 표현이겠지만 등산을 안 하는 날은 죄를 짓는 것 같습니다. 시간이 남아서 등산을 하는 것이 아니라 제게는 중요한 일이기에 하는 것입니다.

산이 좋냐고 묻는 사람도 있습니다. 네. 좋습니다. 어떤 일을 할 때 좋아서만 하는 일이 어디 있겠습니까만 그래도 저는 좋기에 등산을 합니다. 산마다 다른 모양이기에 설레는 기쁨이 있습니다. 요즘은 늘 같은 산을 갑니다만 계절마다의 분위기가 다르기에 설렙니다. 삭막하고 차가운 겨울은 겨울대로, 그러던 산이 연두색을 띄우는 봄은 희망을 느끼게 하기에, 여름은 울창함으로 인한 풍성함과 넉넉함을 주기에, 그리고 가을에는 오색단풍의 아름다움이 있기에 감동입니다. 겨울로 들어가는 늦가을에는 몇 개 남지 않은 아슬아슬한 나뭇잎을 봅니다. 그 마른 잎은 보는 이로 하여금 떨리는 아쉬움을 간직하게 만듭니다. 그러면서 그 산으로부터 약속을 받는답니다. 조금 있으면 다시 새싹이 날 것이라는 약속입니다.

늘 그 산을 가는데도 일주일마다 산은 변해 있습니다. 아니 매일 바뀌어 있습니다. 그 변하는 산이 좋지 않을 수가 없답니다. 계곡에 물이 흐를 때는 흐르는 것으로, 물이 없으면 없는대로 산은 많은 것을 보여줍니다. 같은 길을 가지만 다릅니다. 하물며 다른 길을 간다면 얼마나 기대가 크겠는지요. 구비구비가 다르고 경사도 높낮이도 다릅니다. 길에 놓인 돌도 다르고 나무도 다릅니다. 산은 다른 곳도 다르고 같은 곳도 다릅니다. 그래서 산이 아름답더라구요. 참 좋습니다.

산을 오르는 것이 힘들지 않냐고 묻는 사람도 있습니다. 힘듭니다. 힘들 정도가 아니라 늘 갈등합니다. '오늘은 갈까 말까' 하는 갈등입니다. 늘 가지만 늘 출발하기 전에는 '오늘만은 쉬고 내일 가자' 라는 생각과 싸웁니다. 등산하는 것을 중요한 일로 정해두었는데도 나서려고 할 때면 늘 그렇습니다. 그리고 산행을 시작하는 곳에서 이르러 올라가기 시작하면서도 많이 힘듭니다. '그냥 쉴걸.' 이제 겨우 산을 오르기 시작했는데 다리가 아프고, 숨도 찹니다. 오늘은 포기하고 다시 돌아가고 싶답니다. 그래도 기왕에 왔으니 이를 악물고 천천히 길을 밟고 올라갑니다. 숨이 찹니다. 다리도 아픕니다. 땀도 납니다. 시작한 지 얼마나 됐다고 시계를 봅니다. 그리고 늘 오르던 산이기에 내가 가는 장소까지 남은 거리를 생각합니다. 그렇게 하는 것이 제 산행의 시작입니다. 늘 갈등과 힘듦으로 산행을 시작하지요. 그런데 이상한 것은 오르면 오를수록 그 힘든 마음은 사라집니다. 그리고 잘 왔다는 마음으로 바뀝니다. 분명 다리는 더 아프고 숨도 더 차고 땀도 많이 나는데 마음은 가볍고 즐겁게 바뀌어져서 오르고 있는 것입니다. 그렇게 바뀐 것이 어느 시점부터인지는 모릅니다. 그런데 나도 모르는 순간에

'부담의 마음'이 '즐거움의 마음'으로 바뀌어서 걷고 있는 것을 알게 됩니다. 등산의 매력입니다! 그리고는 정상이 보이기 시작하면 마지막 에너지를 쏟아내면서 오릅니다. 그때가 제일 고통스럽습니다. 그런데 정상에 오르고 나면 세상을 다 얻은 것 같습니다. 시원한 바람이 느껴지면서 평안이 밀려옵니다. 자신감이 밀려옵니다. 그리고 처음에 했던 갈등과 힘듦은 생각도 나지 않습니다. 연실 '좋다. 참 좋다.' 고 할 뿐입니다.

정상에 오르면 산이 박수를 쳐주는 것 같습니다. 수고했다고 격려하기도 하고 고생한 것을 위로하기도 하는 것 같습니다. 나를 기다렸다고 말하는 것 같습니다. 다시 와줘서 고맙다고 하는 것 같습니다. 산도 나를 좋아하는 것 같습니다. 나도 산에게 말합니다. '보고 싶어서 왔다' 고 말하고 '또 변했네' 라고 말하고, 사람들이 많을 때는 '오늘은 시끄럽지?' 라고 말하고 사람이 없을 때는 '외로워 보인다' 고 말합니다. 산과 나는 느낍니다. 그리고 대화합니다. 그래서 산이 좋습니다.

정상에서 산과 놀다가 다시 내려가야 합니다. 더 있고 싶지만 머물 수 없기에 내려가야 합니다. 내려갈 때는 둘레를 한번 둘러보고 내려갑니다. 그리고 말합니다. 내일 또 오겠다고. 산도 압니다. 아쉬워도 가야 하는 것을 알고 내일 또 오기를 바랍니다. 그리고 내일도 여기 있겠고 말합니다. 나를 기다리면서 조금 바뀌어 있을 것이라는 말을 하면서 날 보냅니다. 마치 꼭 오게 하려는 몸부림인 것 같습니다. 조심히 내려가랍니다. 내려갈 때 무릎이 상할 수 있으니 조심조심, 미끄러지지 않도록 조심조심 내려가라고 일러줍니다. 산은 참 친절합니다.

산을 오르면서 생각도 하고 말도 합니다. 노래도 하고 구경도 합니다. 누구랑하는 하는 게 아닙니다. 산이랑합니다. 요즘은 산과 솔로몬 이야기를 많이 했습니다. 산에 오를 때마다 솔로몬 이야기가 대부분이었습니다. 산이 많이 물어보더라고요. 솔로몬이 부럽냐고? 솔로몬 되고 싶냐는 질문도 들었습니다. 솔로몬을 친구로 두고 싶냐는 질문도 했습니다. 나의 대답은 간단했습니다. 부럽지도 되고 싶지도, 그를 친구로 두고 싶지도 않다고. 오직 산이 부럽다고 말했습니다. 우직한 산이 부럽다고 말입니다. 우직한 게 좋거든요. 솔로몬이 되고 싶기는요. 전혀 그렇지 않습니다. 솔로몬은 피곤합니다. 그런데 산은 그렇지 않습니다. 상쾌합니다. 시원합니다. 솔로몬을 친구로 두면 복잡할 것이지만 산이 친구가 되면 평안할 것이기에 산에게 나와 친구하자고 했습니다. 산도 좋아하는 것 같습니다. 요즘 산과 솔로몬 이야기를 많이 했답니다. 그리고 산과 나눈 솔로몬 이야기를 글로 옮겼습니다. 모든 것을 가진 솔로몬의 이야기를.